YINGKE® 盈科

盈科全国业务指导委员会系列丛书

不良资产市场处置的方式与工具

盈科律师事务所 / 编

郭　韧　张　雯　王　琴　祝佳伟
方　月　黄　畅　张　静　王玉鸽　/ 著

METHODS AND TOOLS FOR DISPOSING OF NON-PERFORMING ASSETS IN THE MARKET

法律出版社 LAW PRESS · CHINA

北京

图书在版编目(CIP)数据

不良资产市场处置的方式与工具 / 盈科律师事务所编 ; 郭韧等著. -- 北京 : 法律出版社, 2023
ISBN 978-7-5197-8656-4

Ⅰ. ①不… Ⅱ. ①盈… ②郭… Ⅲ. ①不良资产-资产管理-法规-研究-中国 Ⅳ. ①D922.291.04

中国国家版本馆 CIP 数据核字(2023)第 243647 号

不良资产市场处置的方式与工具
BULIANG ZICHAN SHICHANG CHUZHI DE FANGSHI YU GONGJU

盈科律师事务所 编
郭 韧 等著

策划编辑 朱海波
责任编辑 朱海波 杨雨晴
装帧设计 汪奇峰 臧晓飞

出版发行 法律出版社
编辑统筹 法律应用出版分社
责任校对 蒋 橙
责任印制 刘晓伟
经　　销 新华书店

开本 710 毫米×1000 毫米 1/16
印张 15.25 **字数** 240 千
版本 2023 年 12 月第 1 版
印次 2023 年 12 月第 1 次印刷
印刷 固安华明印业有限公司

地址:北京市丰台区莲花池西里 7 号(100073)
网址:www.lawpress.com.cn
投稿邮箱:info@lawpress.com.cn
举报盗版邮箱:jbwq@lawpress.com.cn
销售电话:010-83938349
客服电话:010-83938350
咨询电话:010-63939796

书号:ISBN 978-7-5197-8656-4
定价:58.00 元

凡购买本社图书,如有印装错误,我社负责退换。电话:010-83938349

本书编著者

郭　韧　张　雯　王　琴　祝佳伟　方　月　黄　畅　张　静　王玉鸽　著

YINGKE® 盈科

序

英国作家查尔斯·狄更斯的《双城记》中“这是一个最好的时代,也是一个最坏的时代”,用来形容当前的不良资产市场最合适不过。受国际市场需求放缓、地缘政治等影响,国内商业银行不良贷款上升、非银金融机构风险类项目增加、实体企业债务不断累积,不良资产规模不断扩大。如习近平总书记所说,当今世界正处于百年未有之大变局。如何于时代变局中谋机遇,不良资产处置或许是一个不错的锚点。

不良资产处置,一直被认为是一个非常特殊的行业,因为其几乎是逆经济发展周期的行业。当前经济增速放缓,但不良资产市场供给充沛,似乎瞬间站在了风口上。《管子·牧民》中所言,“天下不患无财,患无人以分之”,现今亦是,当前不用担心天下没有财富可用,需要担心的是没有人去经营、管理这些财富,致使财富不能被人们所用。通过对不良资产进行适当处置,可以实现不良资产的流转并创造新的价值。

我国的不良资产发展是从1999年这个时间分割点开始的,由政策导向到逐步市场化,最终实现全面商业化的一个过程。近年来,随着我国经济结构调整和银行资产规模扩张,国内不良资产行业持续火热,参与者纷至沓来。笔者所编的《不良资产市场处置的方式与工具》这本书,第一章系统介绍了不良资产概念与种类,分别介绍了银行类不良资产、非金融机构类不良资产、小额信用类不良资产的概念、特点、形成原因和存在的问题。第二章主要介绍了当前不良资产处置难点及监管。当前国际经济周期下行,经济增速整体放缓,此外银行本身不良资产处置能力孱弱以及顶层设计与监管的不足,导致当前不良资产处置存在困难。同时,结合当前监管主体及监管政策的不断完善,监管法治化进程不断迈进。第三章着重梳理了不良资产投资与收购,从不良资产的市场规模、行业参与者、市场产品、市场特点角度分析当前不良资产投资市场,从不良资产收购主体和收购方式角度分析不良资产收购行业现状。第四章对不良资产项目尽职调查提供实务操作流程，详细介绍尽职调查工作流程与方法及尽调工具介绍，并进行尽调案例展示。第五章系统梳理了不良资产处置方式，具体包括诉讼清收、不良债权转让、资产收益权转让、以物抵债、债务重组、债转股、不良资产证券化、拍卖出售等方式。从理论及实务的角度对不良资产处置方式进行详细论述。第六章结合实务中不良资产处置方式所需的各类文本进行实例展示，包括诉讼文书、债权转让类文本、以房抵债类文本、债转股类文本、不良资产证券化类文本、不良资产重整文本等。

笔者团队结合以往的工作经验以及对不良资产行业的思考编写此书，对不良资产的处置方式及工具进行梳理，以期为读者了解不良资产处置提供实务借鉴。无论是不良资产处置行业的从业者还是投资人，如读过本书后有所收获，那么将是笔者最大的荣幸和欣慰，也算为行业贡献一点“微光”。鉴于能力视野及时间限制，本书中还有很多缺失或不当之处，敬请谅解，期待各位读者与笔者交流想法，提出宝贵的意见与建议！

郭韧律师

2023 年 12 月 18 日

目录

第一章　不良资产概念与种类

第一节　产 生 历 史

市场对不良资产的定义分为狭义和广义两种。从狭义来看,不良资产主要指银行无法按预先约定的期限和利率收回本金与利息的不良贷款,俗称“呆账”与“坏账”。从广义来看,除狭义定义所给予的范围外,不良资产还包括企业按财务会计制度规定已从账面核销以及未核销但已计提减值的债权、物权和股权资产。其中,债权类不良资产主要是指难以收回的应收账款、其他应收款等款项,此类款项较易产生坏账损失。物权类不良资产主要指由于技术陈旧、市价下跌等导致可回收金额或可变现净额小于账面价值或成本的设备、房屋等实物资产。股权类不良资产主要指可回收金额低于其账面价值的股权投资等。[①]

近年来随着我国经济结构调整和银行资产规模扩张,国内不良资产行业持续火热,参与者众多。我国的不良资产发展是从 1999 年这个时间分割点开始的,是由政策导向到逐步市场化,最终实现全面商业化的一个过程。

第一阶段:自我管理阶段。

1999 年以前,我国并没有专门的不良资产交易市场,信贷违约问题均由各银行及金融机构自行管理。

第二阶段:政策主导型。

1999 年,我国在借鉴国际成功经验的基础上决定成立中国信达资产管理公司、华融资产管理公司、东方资产管理公司和长城资产管理公司等四家金融资产管理公司(Asset Management Corporation, AMC),注册资本金均为 100 亿元人民币,由财政部全额拨入,以解决四大国有商业银行的巨额不良贷款。1999 年

---

① 参见光大证券固收研究团队:《彼之砒霜,吾之蜜糖:不良资产市场概况——不良资产专题研究报告之一》,载微信公众号“债券人”2022 年 4 月 16 日。

至 2000 年中国银行、农业银行、工商银行、建设银行四大国有商业银行先后剥离 1.4 万亿元不良贷款到金融资产管理公司。

第三阶段:商业化转型开始。

2004 年,为配合四大商行改制上市,“美化”其资产负债表,四大 AMC 再次对四大行的不良资产进行大规模剥离,以第二轮不良贷款的剥离为契机,四大 MAC 的商业化转型开始启动。

2006 年,随着财政部规定的政策性债权处置的最后期限来临,四大 AMC 不良资产政策性业务基本结束。至 2006 年年底,四大 AMC 总计收购国有商业银行不良资产共计 24,971 亿元。金融 AMC 充分运用债务追偿、债权转让、债务重组和企业重组等手段,截至 2006 年年末,累计处置不良债权 12,012 亿元,其中回收现金 2110 亿元。

第四阶段:全面商业化发展。

2006 年,四大 AMC 不良资产政策性业务已基本结束,不良资产正式开始全面商业化进程,商业化运作正式开始。东方资产管理公司于 2006 年年末以战略投资者的身份入股江苏银行;中国信达资产管理公司于 2006 年和澳洲联邦银行的全资附属公司康联首域集团有限公司共同成立了信达澳亚基金管理公司(原为信达澳银基金);长城资产管理公司于 2007 年开始涉足证券、银行和中小企业融资领域;华融资产管理公司于 2007 年整合成立华融证券股份有限公司。同时,四大 AMC 在证券、银行、信托、私募股权、保险、金融租赁等领域逐步开展子业务并取得相关牌照。

自 2010 年 6 月开始,AMC 机构进行股份制改造,中国信达资产管理公司与华融资产管理公司纷纷在香港上市。四大 AMC 均建立了金融控股平台。同时,近 30 家地方性 AMC 机构相继成立,越来越多的民营不良资产投资者和线上平台进入,不良资产处置机构日渐丰富。

2016 年 10 月,原中国银行保险监督管理委员会办公厅向各省级政府下发《关于适当调整地方资产管理公司有关政策的函》(银监办便函〔2016〕1738 号),取消了对地方不良资产管理公司收购不良资产不得对外转让的限制,允许有意愿的省市增设一家,地方不良资产管理公司迅速增加,截至 2021 年 12 月,地方不良资产管理公司已达 61 家。

2017 年 8 月,建设银行、农业银行、工商银行、中国银行和交通银行获批成立全资子公司——金融资产投资公司(AIC),这些公司为非银金融机构,由境内商业银行作为主要股东发起设立,允许其他符合条件的投资者入股,主要的工作就是实施债转股,坚持市场化定价。

2018 年,市场上便有大量非持牌机构通过设立不良资产投资部门或投资基金,与上游供给方、中游服务商合作,在全国各地收购不良资产包,开展不良资产业务。在我国浙江、广东等经济发达省份,从事不良资产处置的民营机构数量较多。

第五阶段:外资限制放开,第五家全国性 AMC 成立。

2020 年中美双方签署《中华人民共和国政府和美利坚合众国政府经济贸易协议》,该协议规定中国应允许美国金融服务提供从省级范围牌照开始申请 AMC 牌照,使其可以直接从中资银行收购不良资产。2020 年 2 月,橡树资本全资子公司——Oaktree(北京)投资管理有限公司成立,这标志着首家外资 AMC 正式落户我国。

2020 年 3 月,原中国银行保险监督管理委员会批复建投中信资产管理有限责任公司转型为金融资产管理公司,并更名为中国银河资产管理有限责任公司,自此我国第五大全国性 AMC 正式落地。外资的加入与第五家全国性 AMC 的落地意味着我国不良资产市场参与主体日渐扩大,行业竞争日益加剧。

2023 年国家金融监督管理总局的成立标志着中国金融不良资产行业进入了一个全新的发展周期。总局规划通过加强对金融机构资产质量的监管要求,有望实现更高效的不良资产处置,降低金融风险,推动市场更有效率地配置资源。

第二节　银行类不良资产

从不良资产的来源分类,不良资产包括金融不良资产和非金融不良资产。2005 年 11 月 18 日原中国银监会、财政部颁布的《不良金融资产处置尽职指引》(银监发〔2005〕72 号)第 3 条第 1 项规定,不良金融资产指银行业金融机构和金融资产管理公司经营中形成、通过购买或其他方式取得的不良信贷资产和非信贷资产,如不良债权、股权和实物类资产等。金融不良资产又分为银行不良资产和非银行金融不良资产。由于银行在我国金融系统中有举足轻重的作用,其资产规模远大于其他非银行金融机构,因此银行业不良资产是金融不良资产的主要组成部分。

一、银行类不良资产的概念

银行不良资产主要是不良贷款。不良贷款(债权),是指银行持有的不能按期、按量足额回收本息的各类债权资产。最初在 1996 年中国人民银行在其发布的《贷款通则》中规定,贷款分为正常贷款、逾期贷款、呆滞贷款和呆账贷款,其中不良贷款系指呆账贷款、呆滞贷款、逾期贷款。2001 年年底,中国人民银行正式发布了《贷款分类指导原则》(已失效),该管理方法一改过去使用多年的"一逾两呆"的贷款分类标准。2023 年 2 月 10 日原中国银行保险监督管理委员会印发《商业银行金融资产风险分类办法》(以下简称《风险分类办法》)为促进商业银行准确评估信用风险,真实反映金融资产质量提供指引。

根据《风险分类办法》第 6 条,评估银行贷款质量,采用以风险为基础的分类方法(以下简称贷款风险分类法),即把贷款分为正常、关注、次级、可疑和损失五类,后三类合称为不良贷款。

根据《风险分类办法》,五类贷款的定义分别为:

正常:借款人能够履行合同,没有足够理由怀疑贷款本息不能按时足额偿付。

关注:尽管借款人目前有能力偿还贷款本息,但存在一些可能对偿还产生不利影响的因素。

次级:借款人的还款能力出现明显问题,完全依靠其正常营业收入无法足额偿还贷款本息,即使执行担保,也可能会造成一定损失。

可疑:借款人无法足额偿还贷款本息,即使执行担保,也肯定要造成较大损失。

损失:在采取所有可能的措施或一切必要的法律程序之后,本息仍然无法收回,或只能收回极少部分。

当借款人目前有能力偿还本息,但存在一些对偿还贷款本息产生不利影响的因素时,其贷款将被划归为关注类贷款。若不利因素发生恶化并影响借款人的偿债能力,这部分关注类贷款也将被划归为不良贷款。

二、银行类不良资产的成因

银行不良资产问题不仅严重制约银行自身体制的转换,并且已成为制约金融环境健康发展的掣肘因素,制约着我国政府在公共管理领域的步伐,其形成原因也是多重的。

从客观方面分析,主要有两大因素,一是在全球经济复苏乏力的大背景下,我国经济发展减缓暴露了过去在金融领域和实体经济方面存在的发展性和结构性的问题,造成了近年来银行不良资产波动上升的现实局面。二是四大 AMC 在剥离不良资产时对银行资质要求较高,导致银行不良资产的存量依旧较大。

从主观方面分析,从银行自身来看,银行内部管理体系仍有待完善。在争夺市场方面,银行有追求短期效益、忽视长远发展的冲动,过度注重营利性指标考核,导致大量资金流入高收入、高风险行业资产,也加剧了银行不良资产风险的集聚,是导致中小型银行产生不良资产的间接推手。

三、银行类不良资产的特点

一是存量性。存量性指银行不良资产必须是已经存在的资产,是权利明确的资产。从社会融资总量视角看,银行不良资产是存量资产,其交易不增加社会融资总量。AMC 通过“盘活存量”,提升资产的配置效率和使用效率,可以优化经济结构,直接服务实体经济。

二是非正常。非正常指银行不良资产在安全性、流动性和营利性方面是有问题的。从安全性看,可能不能按约定或预期实现未来经济利益;从流动性看,可能出现流动性困难或者快速变现将产生较大损失;从营利性看,存在是低效资产或者收益不能抵偿成本的资产的可能性。

三是规制性。规制性指银行不良资产业务准入、收购处置标准都有明确的监管要求。它作为特殊的金融产品,是受监管的金融牌照业务,具有极强的规制性。

四是可批量转让。批量转让作为不良贷款的处置方式之一,为商业银行扩展了一条合规、快速处置不良资产的渠道,但是在不良资产批量转让过程中,卖方比买方掌握更多的资产质量信息,是典型的次品市场。买方较难进行价值判断而不愿出高价,因此卖方的信息披露和买方的尽职调查就非常重要。

五是周期性。受宏观经济周期波动和企业经营生命周期等因素影响,银行不良资产具有明显的周期性,即不良资产的数量与经济周期呈逆向变动关系。这就要求必须进行逆周期运作,在经济下行期收购不良资产,对不良资产实施重整,等待经济上行期价值修复时,处置不良资产。

四、银行类不良资产存在的问题

一是规模较大、影响突出。银行业不良总规模、增幅不断增加,同期,银行业资产总规模、增幅上并没有比不良增速高出多少,这着实是压在银行业经营管理上的"巨石",不仅体现在总金额及增速上,还体现在部分银行自身的不良规模大、比率高,对其利润和资本侵蚀十分严重。个别银行的不良问题已造成风险事件,引起了监管的高度关注和定向处置。尽管银行业将化解和防范不良作为当前核心诉求之一,但不良问题的影响短期内也难以消除。

二是处置难、周期长。2013~2014 年,银行业发展结束"黄金十年",不良问题开始加速凸显,其中主要为对公类,制造、能源、钢贸、造船、渔业等领域的民营企业规模居于前列,一方面经过前期处置,已通过处置房产、土地等优质抵、质押物收回了部分金额;另一方面受经济下行、资产价格低迷等因素影响,剩余部分特别是担保物权的价值在逐步消散。尤其是在整体去杠杆和房地产严调控等大背景下,存量物权的价值难现大涨,处置收益或难以抵消通胀影响,处置难度很大。

三是外部环境严峻化。一方面,国内金融监管强度不减、范围扩大,并重点围绕违法、违规等扩大风险排查面;同时,同业竞争的压力,涉及两家或两家以上银行的交叉项目,财产保全的先后、诉讼查封的快慢、破产清算的顺序等都将引发各家银行资源的抢夺。另一方面,全球经济增长乏力、贸易摩擦加剧和地缘政治风险等造成的不利影响仍将持续。

第三节　非金融机构类不良资产

一、非金融机构类不良资产的概念

根据财政部、原中国银监会《金融资产管理公司开展非金融机构不良资产业务管理办法》(财金〔2015〕56号)的规定,非金融机构不良资产指非金融机构所有的,但不能为其带来经济利益,或带来的经济利益低于账面价值,已经发生价值贬损的资产,以及各类金融机构作为中间人受托管理其他法人或自然人财产形成的不良资产等其他经监管部门认可的不良资产。也就是说,非金融机构不良资产是原中国银监会、中国证监会、原中国保监会监管的金融机构以外的境内事业单位、企业法人、社会团体或其他组织基于经营往来、资金往来及其他企业行为产生的。

二、非金融机构类不良资产的成因

非金融不良资产的形成主要有两个方面的原因:

一是内部原因,非金融不良资产产生的根源在于企业内部的经营失误,具体体现在往来资金管理的缺位、成本利润不配比、投资决策失误。在形式上表现为企业暂时的经营困境,如果处理不当,最终可能导致企业破产清算或兼并重组。

二是外部原因,外部环境不平衡、不确定性比较多,特别是世界经济增长、国际贸易增长都出现放缓趋势,国内长期积累的结构性矛盾比较突出,国内外经济形势与环境正在变得严峻和复杂,企业营商环境较为艰难。

三、非金融机构类不良资产的特点

第一,涵盖的类别较多,包括权益类、实物类和其他类不良资产。但实务中,由于从事非金融机构不良资产业务的金融资产管理公司本身属于非银行金融机构,因此业务上受一定限制,主要的业务类别仍是权益类不良资产,如应收账款、关联企业借款、股东借款、股权等不良资产，其中又以应收账款、关联企业贷款等商业债权为主。

第二，形成原因复杂多样。由于非金融机构在业务操作上的非规范性，往往表现出债权要素不齐备，有可能还存在债权转让人和实际债务人相互串通、隐瞒债权真实状况的风险，给后续开展非金融机构不良资产业务带来较为复杂的法律风险，非金融机构不良资产尤其是非金融机构不良债权的真实性、准确性、合法性难以核实。

第三，资产的质量普遍较低。对于实体企业等非金融机构而言，优质的可抵、质押资产往往可能已先期抵、质押给了银行等金融机构；对于金融资产管理公司而言，出于风险可控的考虑，会选择资质相对较优的客户开展非金融机构不良资产业务，但这类客户往往具有较强的议价能力，不愿配合金融资产管理公司提供较为理想的抵、质押担保措施。

第四，处置方式较为单一，周期长。尤其是以债务重组的方式，不良资产处置期限较长，对金融资产管理公司的资本充足率水平提出较高的要求。

第五，融资属性高。本质上是企业资产置换，不增加企业整体负债，因此不影响企业的资产负债率，而是在提高企业资产流动性的基础上提升企业经营效率，降低经营风险，在为企业降低不良率的同时也为企业提供了一笔流动资金。

总之，相较于金融机构不良资产，非金融机构不良资产表现出资产质量较低、处置周期较长、收益率较低等特点，对从事非金融机构不良资产业务的金融资产管理公司而言，需要较高的风险管控水平，制定更为严格的风险控制管理办法，以防止商业信用风险向金融机构传递。

四、非金融机构类不良资产存在的问题

一是非金融机构不良资产的处置难度较大。由于非金融机构不良资产的形成原因更为复杂，质量普遍较低，处置期限较长，同时缺乏优质抵押品，为资产管理公司开展此类业务提出了挑战。同时企业之间相互担保、牵连和持股现象严重，需要较高的风险管控水平和丰富的风险管理经验，无形中加大了资产管理公司处置此类资产的难度。

二是非金融机构不良资产业务信息披露不完善。由于缺乏详尽的信息披露

规则，在市场上存在较为严重的信息不对称问题，存在利用同笔债权或同一交易背景重复融资的隐患，这会增加尽职调查的成本，不利于买卖双方达成交易。

三是非金融机构不良资产的处置模式急需创新。非金融机构不良债权的重组对象主要是地方政府平台、当地有影响力的民营企业或者国有企业。通过对资产要素的重新调整和配置，实现盘活存量资产的目标。资产重组的对象包括债务、股权、房产、动产、土地等的权益性资产和实物资产。目前非金融机构不良资产的处置模式创新力度不足，大多以债务重组作为非金融机构不良资产的主要处置模式，仍需加大模式创新力度，充分借鉴金融机构不良资产的处置方式，针对不同处置对象适用合理的处置模式。

四是非金融机构不良资产的认定标准难以清晰判定。非金融机构在开展重组并购过程中将无法带来超额回报或者需要处理的低效和无效非主业资产认定为不良资产。资产管理公司在实际操作过程中更注重企业的还款能力，对于不良资产的形成和认定较为困难，同时对于将要属于不良资产但处于良性与不良之间的资产认定缺乏依据和判定标准。

第四节　小额信用类不良资产

一、小额信用类不良资产的概念

小额信贷是指金额较小的贷款产品。从广义的角度来看，小额信贷泛指包括民间借贷、合作贷款、非法高利贷等在内的所有小额信用贷款。不过，如今提到的小额信贷多指专门为小微企业和中低收入群体提供的小额度的、持续性的信用贷款服务，本书讨论的小额信贷类不良资产主要是指在这种小额度、持续性的信用贷款服务中所产生的逾期坏账。

二、小额信用类不良资产的分类

小额信贷类不良资产的分类主要根据提供小额信贷业务的机构来划分。目前，在我国实施小额信贷的机构有国内和国际两个类别。在国内实施小额信贷的机构有:(1)政府机构,如国务院扶贫办公室以及各级政府设置的扶贫机构;(2)非政府组织,如中国小额信贷发展促进会、中国社会科学院扶贫所、全国妇联妇女发展部、中国扶贫基金会等;(3)金融机构,如中国农业银行、小额贷款公司、村镇银行,以及面向城市的其他正规金融机构,如宁波银行、渣打银行、花旗银行等;(4)信用合作社,如农村信用合作社等;(5)研究机构,如一些高校或科研中心、研究所组织的小额信贷实验项目。提供小额信贷的国际性机构有:(1)国际性金融机构,如世界开发银行、亚洲开发银行等;(2)非政府组织,如美国国际小母牛项目组织、国际世界宣明会、中国香港乐施会、联合国儿童基金会等;(3)官方援助项目,如加拿大、澳大利亚、日本、德国等双边援助项目。

三、小额信用类不良资产的成因

小额信用贷款"一次核定、随用随贷、余额控制、周转使用、动态调整"的灵活、方便、快捷模式,极大地缓解了贷款难的问题。其无须任何抵押,简单快捷的高效融资迅速填补了个人和中小微企业的资金需求空白。正因为小额信用贷款有以上特点,所以小额信贷易形成不良资产,主要原因有以下几个方面。

1. 客户诚信意识差,存在还款意识薄弱的信用风险

小额信用贷款主要是向客户提供短期资金的贷款,最突出的特点就是凭借信用发放,诚实守信意识的好与坏成为影响贷款回收的关键。诚实守信意识的本质其实就是还款意愿的信用风险,借款不还、造成坏账的违约行为,致使金融机构受到损失。从实践来看,任何信贷业务都存在还款的信用风险,但是小额信贷中的信用风险更为普遍和严重,而造成这种现象的主要原因就在于小额信用贷款一般没有抵押品,只是依靠诚实守信意识作为还款保障,因此信用风险对小额信用贷款形成不良也是最为严重的。

2. 客户小生产经营与大市场环境不匹配的市场风险

小额贷款的第一还款来源主要在于中小微企业生产经营或个人工资产生的现金流,受自身因素影响,其经营的产业规模较小,对市场变化无法判断,没有把握市场需求,盲目跟风,极易造成生产经营风险。另外自2020年以来,受新冠疫情影响,部分企业无力支付工资,个人无现金收入,更容易产生逾期,从而使金融机构出现不良资产。

3. 金融机构内部客户经理随意授信的操作风险

一是个别客户经理思想认识不到位,岗位职责不清晰,审查审批环节把控不严,或流于形式,或逆程序操作,重发放轻管理,靠以前的工作经验和对客户的认识直接对客户进行授信,忽视信贷资料核实的严谨性、真实性,偿债审查能力考察不到位。二是片面强调授信进度,忽视授信质量,面对评级授信时间紧、任务重的工作压力,客户经理贷前无法逐户深入细查,贷前调查欠仔细。客户经理工作的不严谨,使得部分客户得到不切合实际的较高的授信额度。当客户使用贷款后,收入与偿还能力不匹配,致使贷款形成不良。

4. 小额贷款客户点多面广难管理的管理风险

现阶段小额贷款客户多源于互联网,因此客户点多面广,居住分散,管理难度较大。一是贷款发放后,由于贷款笔数多,金额小,面宽,个别客户经理对逾期贷款催收力度不够,电话催收多,上门催收少,了解客户当前情况少,部分贷款催收时无书面催收通知书,部分催收通知书无借款人签名,造成一些问题,给收贷工作带来困难。二是对过于分散和庞大的小额借款户而言,检查时间相对不足,小额贷款必然存在管理上的滞后性。管理难度加大导致逾期客户增加,不良贷款收回的难度也因之加大。

第二章　不良资产处置难点及监管

第一节　处置难点

一、经济周期下行和激烈竞争"红海"双重压力

从经济增长态势、国际收支和财政收支看当前经济环境,无论是国际环境还是国内环境,当前经济运行存在较大下行压力,在新的经济周期和发展阶段之下,不良资产行业难点和痛点变得较为突出。

资产公司的竞争力大,不良资产市场入场投资者增多,从最初的四大 AMC"平分天下",发展到如今的"5 + N + AIC + 外资系"的格局。其中"5"是指 5 家全国性 AMC,分别为中国华融资产管理股份有限公司、中国信达资产管理股份有限公司、中国东方资产管理股份有限公司、中国长城资产管理股份有限公司和中国银河资产管理有限责任公司。"N"包括由省政府和原中国银行保险监督管理委员会授权成立的地方 AMC,也包括非持牌 AMC。"AIC"是指工商银行、农业银行、中国银行、建设银行和交通银行所设立的金融资产投资公司。我国 AMC 行业结构中的"外资系"是指在我国境内从事不良资产业务的外国金融服务机构。相较于 21 世纪初期的不良资产市场,标的物主要为国有制改革企业的资产,资产质量相对而言较好,易于处置。但如今,标的物多源于商业银行放贷给各类企业,不良资产较多源于非国有企业,资产质量参差不齐。标的资产性质也更加多样,既有金融不良资产也有非金融不良资产。不同等级、性质的不良资产,其适合的处置办法和途径略有不同,回报率也有差异。因此,在激烈的市场竞争中,对资产管理公司业务能力提出了更高要求。

同时,处置方式单一加剧了资产公司的竞争。一方面,资产管理公司需要提高多元化的金融服务手段,开发多样化、定制化的金融服务产品,但同时,金融业混业经营的发展状态使资产管理公司不具备绝对优势。另一方面,真正进行不

良资产真实交易的机构较少，较为常见的是打官司、催收讨债，或者先通道出表，再催收讨债。处置方式单一化要求资产管理公司需要借助不同的金融工具加以组合，为产业和企业提供更加符合实际需求的产品，进一步提高了对资产管理公司的要求，资产公司的竞争更加激烈。

二、银行处置能力的孱弱

银行作为我国金融行业的主流业态，在经济发展和金融风险管理中有着重要的地位，现有的大部分借贷业务还是由银行主力承担。但是，首先，银行风险预判不及时，对于不良资产始终缺乏严格的全过程风险管控，对于授信后的借贷资产缺乏持续性监督管理，造成不良资产形成量的增多。其次，银行催收效果不佳，对借款人信息掌握并不全面，未及时了解更新，催缴工作难度大、成本较高、效果并不明显，银行本身不具有行政处罚权利，采取司法处置金钱、时间成本较高。加上处置不良资产的手段比较单一，无论是通过竞价打包出售的方式剥离不良资产，还是通过司法途径回收不良资产用于抵债，银行自身都承担了大量损失，造成银行不良资产存量减少缓慢。

三、顶层设计与监管的缺失

为规范金融资产管理公司处置不良资产的过程，我国先后下发了《金融资产管理公司条例》《金融资产管理公司资产处置管理办法（修订）》等法律规范，但这些规范目前还停留在部门规章和最高人民法院司法解释的基础上，其在法律体系中的层次较低，缺乏法律上的权威性。在《民法典》《证券法》等相关法律对不良资产处置规范不够完善的情况下，在不良资产剥离和处置过程中产生的诸多问题和冲突在一段时间内还将影响我国不良资产的处置。

政府这双"看不见的手"在不良资产市场中未能起到较为明确的监管作用。不良资产在一定程度上反映了金融风险的程度，且其产生存在滞后性，资产等级变化一般晚半年以上，尤其是具有隐蔽性的不良资产，借贷规模也容易超出风险控制水平，难以被市场察觉和处理。这就需要政府引导民间借贷浮出水面，加强实时监控，否则无法更充分地发挥市场处置不良资产的作用。

四、逃废债的困境

在不良资产处置过程中，逃废债也是不良资产处置的痛点所在，在打击逃废债过程中，因为资产与所有人所属地区差异涉及跨域合作，缺乏跨域司法部门包括法院、公安、行政等部门的配合；缺少银行业机构配合，银行金融机构作为信息提供者、利益协商者、追踪配合者，在多家银行一起“恶意串通”时，对违约债务人还款造成了一定阻碍。这些因素拖慢了不良资产处置，并且对社会信用环境造成了破坏。如今，银行在不良资产处置过程中，通过竞价打包出售规避自身风险，将风险转移给市场上的其他金融机构或投资者，是一种风险社会化的行为。风险转移后，银行很少参与后续阶段对不良资产处置的配合，未承担起其作为市场主体应承担的责任。

五、资金的捉襟见肘

早期处置国有银行不良资产的过程中，就通过政府注资成立资产管理公司直接剥离不良资产，来解决这些问题化解风险，但是目前民间融资和担保借贷的规模不断扩大，各个环节难以快速摸清，资金缺口难以估计，政府出资修补风险敞口的效果难以保证。在不良资产买方中，四大 AMC 相对来说拥有雄厚的资金实力和便捷的融资渠道。然而大多数地方 AMC 和二级市场参与者往往存在资金“瓶颈”，这些最终将转化为财政负担，形成新的社会性风险，加上如果遇上疫情等不可抗力因素的影响，外商或外部资金将难以进入国内市场，进一步导致不良资产市场上，有项目端，但没有有效资金端，加剧了不良资产的处置难。

第二节　监管措施及法治化

一、监管主体

在较早的分业监管时期，不良资产监管主体主要为中国人民银行和原中国银监会。原中国银行保险监督管理委员会是直接对不良资产进行监管的机构。随着金融行业混业趋势逐渐增强,2018 年,原中国银监会和原中国保险监督管理委员会合并成为原中国银行保险监督管理委员会。我国的不良资产监管主体变为中国人民银行和原中国银行保险监督管理委员会。中国人民银行处于对风险的宏观监管地位,可以对关键性指标值利用后台数据监测,掌握银行业整体运行状况。

同时,不良资产还受到国家金融审计部门的监督。区别于不良资产监管主体,国家金融审计监督是完全独立于银行体系的一种监督方式,只对不良资产有监督职责,并不具备对不良资产的管理职责。其以“风险,效率和管理”作为对不良资产监督的重点,并能够真实反映不良资产业务中的合法性和合规性。

二、监管政策

1. 政府对金融资产管理公司的监管政策

2000 年,国务院发布《金融资产管理公司条例》,该条例对金融资产管理公司的性质、职能、业务范围等作出了规定。《金融资产管理公司条例》的颁布标志着资产管理公司这一金融改革的新生事物初步得到了法律的认可,金融资产管理公司也因其富有成效的工作而逐渐成为我国金融体系的重要组成部分。

2005 年,原中国银监会、财政部出台了《不良金融资产处置尽职指引》。该指引对银行将不良资产转卖给金融资产管理公司这一过程的必要行为进行了规范,明确了资产处置前期调查、资产处置方式选择、资产定价、资产处置方案制定、审核审批和执行的细节,同时留出不良资产创新处置的空间,对金融资产管理公司提出了提示风险点的要求。这不仅是促进金融资产管理公司规范发展的需要,也有利于规范商业银行不良资产处置行为。

2012 年,财政部、原中国银监会出台了《金融企业不良资产批量转让管理办法》,允许设立地方资产公司处置不良资产及明确了不良资产的批量转让相关细节。

2013 年,原中国银监会出台了《关于地方资产管理公司开展金融企业不良资产批量收购处置业务资质认可条件等有关问题的通知》,明确地方资产管理公司收购不良资产的资质,鼓励民间资本投资入股地方资产管理公司。

2015 年,财政部、原中国银监会发布了《金融资产管理公司开展非金融机构不良资产业务管理办法》(财金〔2015〕56 号),该管理办法规定了资产公司要以非金融机构存量不良资产为对象开展业务,不得借收购不良资产名义为企业或项目提供融资,不得收购无实际对应资产和无真实交易背景的债权资产,不得收购非金融机构的正常资产。

2016 年,原中国银监会发布了《关于适当调整地方资产管理公司有关政策的函》,指出地方可增设一家资产管理公司处置不良资产,扩大了不良资产的处置方式,并且明确了各省级人民政府(含计划单列市)应履行主体监管责任。

2018 年,原中国银监会在《金融资产管理公司资本管理办法(试行)》中,设定了适当的资本充足性监管标准,将杠杆率监管指标及要求纳入规制范围,形成统一的资本监管框架,强化监管部门的监督管理和市场约束作用。

2018 年 4 月 27 日,经党中央、国务院批准,中国人民银行会同原中国银行保险监督管理委员会、中国证监会、国家外汇管理局联合发布《关于规范金融机构资产管理业务的指导意见》(以下简称《金融机构指导意见》)。《金融机构指导意见》中将"金融资产投资公司"列为受统一监管的金融机构之一,可以直接参与或发行资管产品两种方式参与实施债转股,利用宏微观审慎监管的方式,最大限度地消除套利空间,为行业规范发展创造良好的制度环境。而这一规定也再一次规范了不良资产正常处置的流程,起到了对不良资产风险的防范作用。

2019 年 7 月,原中国银行保险监督管理委员会办公厅发布《关于加强地方资产管理公司监督管理工作的通知》(银保监办发〔2019〕153 号),要求资产管理公司对不良资产收购应符合真实性原则,从市场准入、专注主业、压实监管责任和治理市场乱象四个方面,初步搭建了地方 AMC 的监管框架,行业监管逐渐步入正轨。

2021 年 4 月 28 日,原中国银行保险监督管理委员会发布了《关于推进信托公司与专业机构合作处置风险资产的通知》,推进信托公司与中国信托业保障基金有限责任公司、金融资产管理公司和地方资产管理公司等专业机构合作处置信托公司固有不良资产和信托风险资产,规范信托业风险资产转让业务,明确转让范围包括固有不良资产和信托风险资产。

2022 年 6 月 17 日,原中国银行保险监督管理委员会印发《金融资产投资公司资本管理办法(试行)》(银保监规〔2022〕12 号),为加强金融资产投资公司资本监管，促进金融资产投资公司稳健运行提供指引。

2. 政府对银行不良资产监管政策

2002 年，中国人民银行出台了《商业银行信息披露暂行办法》（已失效）、《商业银行内部控制指引》，要求商业银行按贷款风险分类的结果披露不良贷款的期初期末数、加强银行自身对包括不良贷款在内的各项业务的内控，防范风险。

2004 年，原中国银监会发布了《中国银行业监督管理委员会关于加强中国工商银行、中国农业银行、中国银行、中国建设银行不良资产监测和考核的通知》，建立了不良资产分析和考核报告制度、改革了内部监管岗位设置。同年，还出台了《商业银行不良资产监测和考核暂行办法》，以加强商业银行持续有效审慎监管，提高资产质量，防范风险。

2008 年，原中国银监会办公厅发布了《关于进一步加强信贷资产证券化业务管理工作的通知》，要求银行根据自身业务水平及管理能力等情况循序渐进发展证券化业务。强调资产质量、真实出售、风险管控，防范道德风险与法律风险，保护投资者利益。

2010 年，中国人民银行印发了关于《金融统计事项报备制度》的通知，明确了银行通过核销、剥离、置换等方式集中处置不良贷款等对金融统计数据有较大影响的变动应向中国人民银行报备。

2010 年，原中国银监会发布了《关于进一步规范银行业金融机构信贷资产转让业务的通知》，对银行业金融机构转让信贷资产作出一系列的监管政策，禁止资产的非真实转移。转出方不得安排任何显性或隐性的回购条款；转让双方不得采取签订回购协议、即期买断加远期回购等方式规避监管。

2013 年，国务院办公厅发布了《关于加强影子银行监管有关问题的通知》，就正确把握影子银行的发展与监管、进一步落实责任分工、着力完善监管制度和办法、切实做好风险防控等方面进行了规定。

2014 年，中国人民银行、原中国银监会等出台了《关于规范金融机构同业业务的通知》，规范金融机构之间将不良资产包装成的同业投融资业务，防控风险。

2016 年，原中国银监会发布了《中国银监会办公厅关于规范银行业金融机构信贷资产收益权转让业务的通知》，对银行业金融机构信贷资产收益权转让业务作出了监管规定，出让方银行不得通过本行理财资金直接或间接投资本行信贷资产收益权，不得以任何方式承担显性或者隐性回购义务，着重限制商业银行通过收益权转让的方式将不良资产出表。

2017 年，原中国银监会办公厅集中下发了《关于开展银行业“违法、违规、违章”行为专项治理工作的通知》《关于开展银行业“监管套利、空转套利、关联套利”专项治理工作的通知》《关于开展银行业“不当创新、不当交易、不当激励、不当收费”专项治理工作的通知》等文件，其中要求银行对跨行业的不良资产处置业务加以规范，化解日渐严峻的不良资产风险。

2020 年，原中国银行保险监督管理委员会办公厅发布了《关于银行业金融机构信贷资产证券化信息登记有关事项的通知》，规定原中国银行保险监督管理委员会不再对信贷资产证券化产品备案登记，实施信贷资产证券化信息登记，促进信贷资产证券化业务规范健康发展，进一步优化了银行业金融机构信贷资产证券化登记管理流程。

2021 年，原中国银行保险监督管理委员会办公厅出台了《关于开展不良贷款转让试点工作的通知》，正式批准单户对公不良贷款转让和个人不良贷款批量转让，以试点方式拓宽了银行业不良贷款的处置渠道和方式，对防范并化解金融系统性风险，提升银行业不良资产处置效能具有特别的现实意义。

2022 年 4 月 6 日，中国人民银行发布《金融稳定法（草案征求意见稿）》并向社会公开征求意见，草案详细规定了金融风险的防范、化解、处置及相应法律责任，相信今后金融稳定法的出台，将会进一步加大不良资产监管力度，维护金融稳定，防范化解重大金融风险、提升系统性金融风险防控能力。

三、监管法治化

目前我国金融监管的法律法规在规范商业银行以及企业经营的法治环境上在不断地完善，但总体上仍然表现出不够健全的情况，在对金融市场主体的权利和义务的约束方面还存在一定的不足，特别在保护债权人利益方面还存在一定的法律法规和金融监管的漏洞，主要是因为我国不良资产法律监管体系存在诸多问题。

我国不良资产处置投资领域立法位阶较低，部门规章、规范性文件较多，行政主导立法现象普遍，关于不良资产领域的专门法律尚属空白，因此在实践中，不良资产领域的规范性文件与《民法典》《公司法》等高位阶法出现的冲突问题或法律空白问题，且更新不够及时，难以满足行业快速发展的需要，容易使不良资产业务陷入无"法"保障的尴尬境地。

不良资产业务牵涉众多交易主体，其具体的交易结构和流程也比较复杂，既缺乏高位阶的法律监管，亦缺乏有针对性的监管文件，目前的法律监管体系尚无法满足其发展中的法律需求。面对日益增长的不良资产业务，急需建立健全一个多层次、有针对性的法律监管制度体系，保证不良资产有序上升发展。

国家金融监督管理总局于2023年成立，总局规划通过加强对金融机构资产质量的监管要求，提高不良资产的识别标准和公开透明度；通过优化不良资产处置渠道，鼓励金融机构与专业化的不良资产处置公司、担保公司等合作，提高不良资产处置效率，降低金融风险；通过加大对金融机构违规行为的查处力度，避免不良资产进一步累积；同时，严厉打击非法集资、暴力催收等行为，遏制不良资产的扩散和恶化。通过这一系列的安排，有望实现更高效的不良资产处置，降低金融风险，推动市场更有效率地配置资源。

第三章　不良资产投资与收购

第一节　我国不良资产投资市场现状

2022 年四季度末，商业银行不良贷款余额 3 万亿元，较上季末减少 83 亿元；商业银行不良贷款率为 1.63%，较上季末下降 0.02 个百分点。2022 年四季度末，商业银行正常贷款余额 179.7 万亿元，其中正常类贷款余额 175.6 万亿元，关注类贷款余额 4.1 万亿元。除银行外，非银行金融机构也成为不良资产的重要供给方，据不完全统计，来自信托、理财、资管等非银方部门的不良资产供给至少接近 8000 亿元。由此可见，近几年，银行业将达到不良资产批量转让的高峰，不良资产市场呈现出供需两旺的行情。当前的不良资产市场虽已经扩容为万亿规模的竞争性市场，但相较于百万亿规模的信贷市场来说，不良资产的市场还算相对"小众"，笔者将从规模、参与者和产品三个角度来介绍当前的不良资产投资市场现状。

一、不良资产市场规模

我国商业银行分为大型商业银行、股份制商业银行、城市商业银行、民营银行、农村商业银行和外资银行。截至 2021 年第四季度，大型商业银行不良贷款余额 1.12 万亿元，不良贷款率为 1.37%，其不良贷款余额绝对值最多；但农村商业银行的不良贷款率却最高，为 3.63%；外资银行因不良贷款余额绝对值最小，其不良贷款率最低。从银行分布类型来看，大型商业银行是不良资产处置的主力军，但农村商业银行是急需快速处置不良贷款，降低不良贷款率。

从具体的银行来看，以四大国有银行为例。工商银行不良贷款余额 2934.29 亿元，不良贷款率为 1.42%；农业银行不良贷款余额 2457.82 亿元，不良贷款率为 1.43%；中国银行不良贷款余额 2087.92 亿元，不良贷款率为 1.33%；建设银行不良贷款余额2660.71亿元,不良贷款率为1.42%。四大国有银行的不良贷款余额较2020年都有所增加,但不良贷款率均有所下降,主要是因为总体贷款增加。

从行业来看,以四大国有银行中的房地产行业为例。截至2021年12月31日,工商银行对公房地产贷款为7057.14亿元,与2020年的7010.94亿元相差不大,但是相关的不良贷款从2020年的162.38亿元翻倍至338.0亿元,不良贷款率达到4.79%,较上年上涨了2.47个百分点。

中国银行也有超过300亿元的房地产不良贷款,具体数字为346.94亿元,较2020年增加了47.42亿元,其不良贷款率达到5.05%。

另一家房地产不良贷款率增长较大的国有银行是农业银行。该行业绩报告显示,2021年农业银行的房地产不良贷款率为3.39%,但2020年的数据只有1.81%,一年增长了1.58%。值得注意的是,近年来农业银行的房地产不良贷款率一直处于上升中,2018年的不良贷款率为1.38%,2019年为1.45%。

建设银行房地产不良贷款余额为135.36亿元,较2020年增加了45.25亿元,不良贷款率为1.85%,较上年上涨了0.54个百分点。

截至2022年第二季度末,商业银行不良贷款余额约2.95万亿元,不良贷款率为1.67%。按上述个贷不良占比估算,2022年年末商业银行个贷不良余额将不低于7500亿元。加之其他非银机构,整体个贷不良市场可达万亿级规模,潜力巨大。2017~2023年商业银行不良资产处置行业规模预测及增速情况见图3-1。

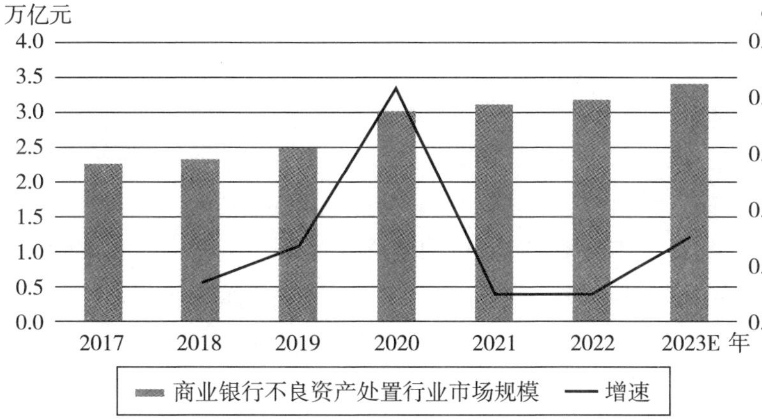

图片来源:共研产业咨询(共研网)。
数据来源:共研产业咨询(共研网)。

图3-1　2017~2023年商业银行不良资产处置行业规模预测及增速

二、不良资产市场参与者

当前不良资产市场形成了以一级市场、二级市场和外部服务机构组成的全方位、多层次的参与格局，其中一级市场主要以“4+2”为主，但是近年来不良资产市场逐渐火热，使得一些热门地区一度出现了“僧多粥少”的局面，从而导致不良资产的价格节节攀升，甚至江浙地区出现成交价接近债权本金的情况。二级市场主要以非持牌资产管理公司为主，他们更多出于对利润的追求，在各家持牌 AMC 手中受让意向债权或就特定债权与债权行进行协议转让，后期精心运作从而获取超额收益。第三块参与者主要是服务商机构，包括但不限于律师事务所、评估等机构，他们通过各自渠道为相关项目方提供各类专业服务。

与此同时，近年来，随着我国金融行业对外开放快速推进，外资背景的参与者越来越多，他们的显著特点是资金量巨大、资金价格便宜、处置周期较长，相较于境内资金来说，他们更偏向于长期稳定持有，更多地是赚取经济周期的价值。

众多的参与者为不良资产市场提供了充足的流动性，同时对不良资产的市场价值发掘提供非常优质的环境。

三、不良资产市场产品

当前不良资产市场主要供应方还是以银行为主，主要的产品还是以银行信贷的债权为主，但是随着资管行业的爆炸式发展，以收益权类为代表的新型债权越来越多，例如，资管计划收益权、信托贷款、保险债权等。

总体来看，当前不良资产市场的供给充沛，市场价格将回归理性，但存在大幅上扬的空间和基础，市场规模稳步扩大，市场产品越来越丰富，越来越多的市场参与者大大激活了市场的流动性，为整个市场的可持续发展注入了越来越多的新鲜动力。

四、不良资产市场特点

1. 不良资产规模稳步扩大

20 世纪 90 年代末，为支持四大国有银行上市，国家采取了强有力的措施。一方面，通过财政注资扶持四大国有银行，给予充足资金补充银行资本金，以确保银行资本充足率满足相关规定；另一方面，成立四大金融管理公司，承接四大国有银行剥离的不良资产，使四大行轻装上阵。

2008 年为应对金融危机推出“四万亿”刺激政策以来，我国信贷规模爆炸式增长，在实现经济“软着陆”的同时带来银行不良率逐年下降。但从 2012 年开始，早些年巨量的信贷规模衍生的不良资产逐步暴露。与此同时，银行表外理财资管规模爆炸式增长，许多银行通过高速增长的资管业务利润覆盖陆陆续续的不良贷款。在 2016 年下半年开始的“去杠杆”监管政策下，我国银行业利润率逐步降低，过往激进的放款带来的不良资产逐步暴露，导致近两年我国不良资产市场供给量逐年增大。

2. 不良资产市场参与者多样化

当前不良资产市场的参与者呈现多样化的局面，原先不良资产市场容量相对较小，参与者主要还是银行和四大资产管理公司，流动性也较差。随着商业化处置不良资产的推开，伴随着不良资产的扩容，目前我国不良资产市场形成了“4 + 2 + N”的局面，特别是“N”中参与者多元化。现在民间资本参与不良资产的热情高涨，各类金融机构、外资机构甚至许多上市公司都纷纷参与到不良资产的市场中。

与此同时，各类型的参与者合作方式多元化，例如，互联网 + AMC、AMC + 上市公司、AMC + 地产企业、不良资产 + 产业基金等。多元化的合作方式衍生出多元化的处置手段，越来越多的参与者已经逐步从诉讼清偿进化到债转股、证券化等方式。参与者和参与方式的多元化大大激活了不良资产市场的流动性，同时推动了市场对资产价值的发掘。

3. 不良资产市场“红海”化

随着实体经济的不景气，相较于逐渐利薄的传统行业，动辄 20% 起步的不良资产行业吸引了越来越多的参与者，同时也带来竞价白热化和利润“红海”

化。现阶段信息披露较为充分,信息不对称带来的高利润率情况逐渐减少,许多处置项目在扣除资金成本和相关费用后仅仅打平,甚至稍有不慎就会有亏损的风险。

如何在“红海”化的不良资产市场中存活并且壮大起来,已经成为每一个参与者必须面对的问题。银行作为主要不良资产的供应方,如何突破持牌机构在一级市场竞争不够充分的限制,使得自身资产最大化保全;持牌机构如何在一级二级市场中最大化自身利润;二级市场中以民间资本为代表的投资人如何准确地分析债权、参与并实现利润最大化。

总而言之,当前白热化竞争的不良资产市场对参与者的专业度要求越来越高。

第二节 不良资产收购

一、不良资产收购主体

不良资产处置行业被誉为“金融稳定器”,而不良资产在任何国家的金融市场中都必然存在。现阶段我国不良资产市场格局已发生较大变化,主要呈现出由国有及地方 AMC、外资 AMC、银行 AIC、非持牌机构共同组成。

1. 20 世纪 80 年代“拨改贷”政策落地,在进一步激活市场经济的同时也敲开了不良的大门。1993 年,时任国务院总理的朱镕基发表讲话限制银行资金进入房地产行业,资产泡沫破裂沉淀为不良贷款。1997 年亚洲金融危机爆发,尽管对我们国内没有实质性影响。但逐年升高的不良资产也给我们敲响了警钟。

为了化解四大国有银行“工、农、中、建”的不良资产,成立了四大 AMC,中国华融、中国长城、中国东方、中国信达对口接收四大行的不良资产。在经过 2000 年的政策性剥离到 2005 年的半商业化收购,再到 2010 年后的全面商业化收购,四大 AMC 已经成长为“全牌照”“万亿”级规模的公司。近年来关于四大 AMC 最热门的可能就是中国华融原党委书记、董事长赖小民因贪污受贿 17.88 亿元等被执行死刑,促使我们整个行业自查、自审、自省,回归主业,也体现近年国家对不良资产处置的重视。

2. 在 2008 年之前地方 AMC 很少，只有上海、重庆这类体量的城市有地方政府独资的 AMC 公司。在 2012 年之后解禁了地方 AMC 的一些限制，比如不能对外转让，支持地方 AMC 的发展，陆陆续续各省市都成立了自己的 AMC 公司。各省已获批持牌的总计 57 家，我国地方 AMC 数量呈现自西向东递减活跃度的趋势，尤其东南沿海数量最多，侧面反映我国不良资产市场的地域形态。

为什么在有四大 AMC 的情况下还要去成立地方 AMC？背后的第一个原因是不良资产的存量一直在增加，仅靠四大 AMC 来处置，不足以达到预期效果。第二个原因就是信贷业务的模式创新，政策的改革，导致中小商业银行、非国有企业，甚至非银金融机构这类的“零散”型不良资产的增加。四大 AMC 来处置成本太高，现在允许的是各省市最多成立“2”家地方性 AMC 公司。但地方 AMC 现在的经营情况也不尽如人意，吉林省就出现了被解散的案例。

3. 2020 年 3 月 5 日，原中国银行保险监督管理委员会批准成立了第五家全国性 AMC“中国银河资产管理有限责任公司”，也被称为“第 5 大 AMC”。该公司贯彻落实中央金融工作“三大任务”，助力打赢“三大攻坚战”，积极服务金融供给侧结构性改革，以打造制度健全、管理规范、运营稳健、业绩优良、受人尊敬的金融资产管理公司为愿景，以推动金融资产管理行业全面服务实体经济和高质量发展为目标，围绕清晰的战略定位和明确的经营特色，努力构建监管认可、商业可行、风险可控、具有核心竞争力的不良资产经营管理模式。

4. 2020 年 2 月，美国橡树资本正式进军我国不良资产市场，Oaktree（北京）投资管理有限公司获批持牌，其系我国首家外资资管公司。

2020 年 7 月，新创建资产管理股份有限公司获批持牌，是首家港资产控股的地方 AMC（海南省），港资来源即香港新世界。

此外，在 2020 年 1 月中美贸易协定允许美国金融服务商申请资管公司许可证，加之同期原中国银行保险监督管理委员会指导意见中关于引进国际专业机构和国外金融机构准入的政策环境，高盛集团、KKR 集团、孤星基金、贝恩资本已相继涌入市场，分割市场份额。

5. 银行方面，银行资产投资公司即 AIC 应运而生，目前中、农、工、建、交等大型国控银行，均已设立自己的 AIC。

按照我国《金融资产投资公司管理办法（试行）》的要求，银行 AIC 专注从事不良资产的债转股业务。所谓专注，即要求在 AIC 经营活动中，债转股业务应大于其总业务量的50%。

非持牌机构方面,诸如各类PE、P2P平台,乃至非持牌资管公司,如上海一诺银华、深圳海岸投资集团、湖南中鑫资产等企业,无不被不良资产处置领域的万亿市场所吸引。

二、不良资产收购方式

收购不良资产只是处置不良资产的方式之一,其中,收购银行的不良贷款主要是对银行的这部分贷款以打包的形式进行收购。银行通过此种处理方式可以剥离不良贷款,而专业的中介机构在收购后对不良资产相关方进行资产与债务重组,重组成功后,将债权(或债权转成的股权)卖给战略投资人,或在重组过程中就吸引战略投资者进入。有关银行不良资产收购的经典案例就是资产管理公司通过收购银行不良贷款,从而成为债权人,并在履行告知程序后向债务人主张债权。

除了收购银行的不良债权,收购方向目标企业直接收购不良资产是收购不良资产的另一种形式。但在对企业直接进行不良资产收购时,收购方需要在进行充分的调查后再作出收购决定。因为既然是不良资产,那么这些资产会涉及很多问题,如资产转让中存在的问题,债权转让的告知义务,以及资产本身设定的他项权利等。如果在收购不良资产前未调查清楚,很可能形成帮助企业剥离不良资产的结果,而收购方自身反而会陷入因收购不良资产带来的困境。

第四章　不良资产项目尽职调查

第一节　尽职调查介绍

不良资产的利润取决于处置收益与收购价格之间的差价，所以对于从业者来说，收购不良资产前的尽职调查环节至关重要。金融机构及资管公司在收购、处置不良资产过程中都需要对意向收购项目进行尽职调查，总体来说，不良资产尽职调查主要具有两个方面的作用与意义。

一是价值发现，通过尽职调查，对资产权属关系、资产法律关系与状态以及资产价值进行判断，可以帮助投资者进行价值评估，当然这一过程中，不仅可以评估资产的当前价值，还有可能挖掘资产存在的潜在价值。

二是风险识别，通过多种手段对收购行为的合法合规性、有效性，以及交易标的质量进行调查了解，既可以识别交易过程的风险，也能够识别资产未来价值实现的风险。

这两个方面也是尽职调查的价值导向，贯穿不良资产包收购及处置全过程。

在金融机构或者非金融机构资产管理公司的不良资产包处置、收购之前，客户一般要委托律师进行尽职调查，以确保处置、收购决策的正确性。尽职调查主要包括前期准备阶段、调查阶段、出具法律意见书阶段。

在整个尽职调查过程中，律师在处置、收购不良资产尽职调查中的主要任务，是在客户提供的档案资料基础上，充分利用其专业技能，审查主债权、保证、抵质押、转让情况，通过公开途径调查主债务人、担保人的法律存续状态，查阅、了解、调查主债务人、担保人的重大财产情况，查明各笔涉诉债权的所处诉讼阶段、执行情况及其他处债权实现相关的信息；通过审查各笔债权的案卷材料，对每笔贷款债权及其附随的各类担保债权的合法性、有效性及法律瑕疵进行专业法律认定，并判断各债务人的偿债能力、债权实现的可能性及可实现程度，从而为客户合理确定债权价值提供与偿债相关的档案材料和法律依据、预计购买后采取何种处置措施提供参考依据。

第二节 尽职调查工作流程与方法

一、前期准备阶段

(1)报价:前期对付款金额、计费方式、付款方式、付款时间的谈判很重要,有可能会花去很长的时间,也可能对自己造成多余的劳动,还可能因为根据某些没有确定的情况作出错误的报价,甚至影响后期执行的积极性,尤其是付款金额的计算上很关键。

(2)初步评估:律师的尽职调查工作最开始就是对不良资产进行初步评估,一般评估以下内容(见图4-1),总债权的规模(包括本金、利息的总额),资产的本息比(本金和利息的比,主要是判断贷款发放的总体时间),主要放贷发生的时间,资产的地域分布,贷款企业的规模,贷款的企业性质(国有、民营等),贷款

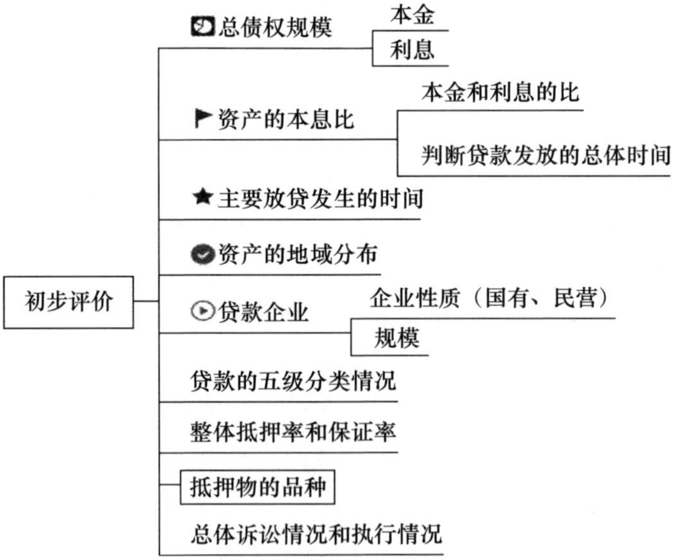

图4-1

的五级分类情况，整体抵押率和保证率，抵押物的品种，总体诉讼情况和执行情况。通常情况下，资产出让方在招商时会提供带有全部或部分以上数据的清单，这些数据可以让投资者初步了解这些资产的基本情况、定价区间、价值弹性等。

(3)尽职调查前岗位培训与工作安排：一般尽职调查项目以团队或小组多人形式参与进行，项目组成人员一般由主办高级律师、主办律师、实习律师或实习生组成，因此要对调查人员进行一定的统一的培训，让调查人员尽量掌握调查知识和技巧，提高调查效率和精确度。

在工作安排上，因为尽职调查项目工作展开的一个难点就是处理的同类资料单位量大且精细，所以选择合适的人到合适的工作岗位上去，根据其区别予以不同的工作安排，做到协调整体的进度与质量的统一。

二、调查阶段

1.阅档

阅档是尽职调查工作的第一步也是最基础的环节，阅档分为两部分，一是根据客户提供的资料进行阅档，二是去当地相关部门调取资料。

第一部分，根据客户提供的资料进行阅档，这一过程是对资产进行了解的过程，需要判断债权是否具有瑕疵，担保是否继续有效，初步了解各类资产所含的法律关系、状态、权益等。律师应认真做好相应的记录工作，填写《尽职调查清单列表》，根据其自己的工作流程进行阅档，最终双方进行交流，可以减少差错和疏漏。

过程中应当重点关注这些资料：借款合同、借据、担保合同、抵押情况、时效资料、还款情况、是否有和解协议、是否诉讼、是否有判决、裁定和执行情况，债权主体流转情况。在有判决的情况下，关注的重点就应该放到执行方面。目前遇到的主要问题是，被执行人没有可执行的财产无法执行，或者是法院裁定中止执行，这种情况下，后面尽职调查的工作重点应该放在执行中止的原因、原有查封或抵押存续、被执行人财产的发掘等方面。

第二部分，去当地相关部门调取的资料主要包括工商内档、产调信息、车辆信息。

因贷款企业经过多年的经营很可能目前的经营场地和原始档案上存在差

异，这可以为调查小组成员走访提供重要的信息。在上海，律师一般通过使用所属律师事务所的上海市数字证书认证中心核发的法人一证通进行身份认证查阅本市企业登记电子档案，但如果是非上海企业则需要外地律师事务所配合或者亲自前往当地相关部门调取。产调信息则需要去房产交易中心等相关部门拉取房产的所有信息，主要是为了进一步了解房屋的基本信息和查封涉诉等情况，确认其潜在风险。车辆信息的获取需要律师前往车管所等相关部门调查，除了调查债务人的车辆信息外，还有可能通过该方式了解其他关联地址，从而进一步核查债务人的房产线索。

2. 网络尽职调查

运用信息化网络化的工具，利用专业的网站，通过互联网的网络尽职调查去获得需要的信息，这个尽职调查是足不出户的尽职调查，为尽职调查工作提供了极大的便利。律师通过第三方平台获得准确、全面的信息，主要包括企业主体相关信息查询、涉诉信息查询、资产信息查询、投融资信息，并与公司提供的信息进行交叉核对，提高信息准确度，从而准确、全面、快速地掌握上述信息，这是法律意见书制作前的基础工作之一。

3. 访谈：尽职调查的访谈一般包括对三个方面人员的访谈

一是访谈资产出让方项目经理，一般资产出让方都有相应的项目经理，通过对项目经理的访谈能够从中得到很多信息，对其提供的信息进行核实跟踪对于尽职调查是非常有效的。

二是访谈原贷款银行客户经理或资产保全经理，在与原贷款银行客户经理或资产保全经理的访谈中可以得到很多线索，包括当初贷款发放及催收情况、目前存续状况、财产情况、各关系人情况、企业的主要控制人、主要控制人的其他财产、财产是否有追偿价值、哪些需要重点追查等。

三是访谈债务人、担保人、抵押人。一般情况下企贷债务人能够积极配合访谈的并不多，对债务人访谈的难度较大，可以试图通过不同的身份对债务人进行走访。

4. 实地调查：尽职调查的实地调查主要包括对债务人、保证人的实地调查和对抵押物、质押物的实地调查

对债务人、保证人的实地调查主要是为了调查债务人、保证人的偿债能力，若债务人、保证人为自然人，现场尽职调查应注意核实调查债务人、保证人的对

外债权或收益，以及债务人、保证人的其他资产线索，如土地、房产建筑。若债务人、保证人为法人，现场尽职调查应注意核实该法人工商登记的经营状态，是否设立、投资分支机构，是否正常营业，是否存在职工问题，是否为职工正常缴纳社保，是否有破产情况。如果有异常情况，应进一步核实调查异常情况的时间、原因等相关情况。

对抵押物、质押物的实地调查，主要分为不动产和动产两种情形。针对不动产的抵押物、质押物，应注意现场调查该不动产的物理因素即不动产现状、面积、位置和所有权、抵押权情况、是否存在租赁关系、使用人情况等。针对动产的抵押物、质押物，实践中往往将生产设备、原材料、半成品、产品作为抵押物、质押物，现场尽职调查主要注意动产的交付情况、折旧情况、动产价值。

三、出具意见书

审查资料、出具法律意见书阶段是在前期准备、调查之后的第三个重要阶段，也是对律师法律知识要求最高的环节，更是交付客户的最主要成果之一。尽职调查也是为客户合理确定债权价值提供与偿债相关的档案材料和法律依据、预计购买后采取何种处置措施提供参考依据，确保处置、收购决策的正确性。因此，总结下来尽职调查报告至少得出以下结论：主从债权的合法有效性、时效是否有效，诉讼、判决、执行情况，是否有可供追偿/执行财产线索，债权的可转让性，对追偿提出意见，如为非金钱之债的应分析转让方是否为适格的交易主体，风险提示及建议。

完成意见书后，工作阶段所调查的材料原件和法律意见书原件作为工作成果要及时、完整地交付给客户，在交付之前，还要对所调查的材料进行整理，以利于客户及其他中介机构能便捷地利用调查资料。同时从保护律师的利益出发，在交付时应要求客户签收，以作为律师成果交付、完成任务的凭证。在客户进行审查之后，根据其需要，可能会要求律师进行相应的修改，律师应视情况提供协助，有必要的还要对个别问题再进行调查或研讨。在整个尽职调查工作中，律师应自始至终充分地考虑客户的利益，以帮助客户追求更大的利益，才能赢取客户的信任，并完成律师的使命。

第三节　尽职调查工具介绍

一、企业主体相关信息查询

(1)国家市场监督管理总局“国家企业信用信息公示系统”

网址:https://www. gsxt. gov. cn/index. html。

用法:注册并登录账号,直接输入查询企业名称。

全国企业信用信息公示系统(国家企业信用信息公示系统)于 2014 年 2 月上线运行,是律师查询企业主体资格的官方渠道,公示的主要内容包括市场主体的注册登记、许可审批、年度报告、行政处罚、抽查结果、经营异常状态等信息。

(2)各省、市级信用网

如北京市企业信用信息网:http://qyxy. scjgj. beijing. gov. cn/。

用法:注册并登录账号,直接输入查询企业名称即可。

企业基本信息在各省、市级信用网上都有,但如需要更全面的如年检信息、对外投资信息、商标、变更、劳保等信息,则可能需注册会员资格等,基本上各个地方都有类似的网站。

(3)天眼查、企查查、启信宝

用法:三种平台用法类似,以天眼查为例,注册并登录账号,直接输入查询企业名称即可,重点关注企业背景、司法风险、经营风险以及知识产权相关信息。

天眼查、企查查、启信宝这三种非官方查询平台,较之官方平台查询的信息更加详细,调查的信息也经过分类和初加工,但是律师也只能将其作为查询辅助手段。另外会员版本较非会员版本会得到更全面具体的调查报告。

(4)信用视界

用法:注册并登录账号,可使用企业名、高管名查询企业,其中企业图谱清晰、精准地勾画了该公司的企业关联。

该网站的标准信用报告内容涵盖企业基本信息、注册信息、股权结构、企业关联信息、知识产权、财务信息、司法信息、网站招聘、商标专利、动产抵押、经营异常、抽查检查等信息。特色是增值服务中涵盖了精准的企业关联和高管名下企业,还有企业财务数据、法院开庭公告和判决文书等。该网站还可以查国外企业,如果资产涉及国外企业,就可以查询全球的企业信用信息。

(5)全国建筑市场监管公共服务平台

网址:http://jzsc. mohurd. gov. cn/home。

用法:在网站首页右上角"建设工程企业"栏目可以输入查询企业的名称或统一社会信用代码,可以查询到该企业的资质资格、注册人员、工程项目等相关记录。

该平台是官方网站,也叫"四库一平台",全国建筑市场监管公共服务平台是由住房和城乡建设部主导的,用于全国建筑工程统一监管平台,主要监管建筑工程公司以及执业人员的诚信信息,所以可以查询建筑企业的资质信息、工程项目等。

二、涉诉信息查询

(1)最高人民法院"中国裁判文书网"【限于裁判文书】

网址:https://wenshu. court. gov. cn/。

用法:2020 年 9 月 1 日,中国裁判文书网访问方式进行了升级,访问用户需通过手机号码验证的方式进行注册,注册登录后,可以照常进行文书查询、下载等操作。

案由、关键词、法院、当事人、律师都可以作为关键词进行检索,一般为了精确检索某个判决书,会在高级检索中的当事人检索信息中输入被检索对象名称,为了避免重名,当事人住所地、性别、身份证号码等也可以作为信息进行排除。

根据《最高人民法院关于人民法院在互联网公布裁判文书的规定》,除涉及国家秘密、未成年人犯罪、调解结案、离婚诉讼或涉及未成年子女抚养、监护以外的判决文书,各法院判决文书均应在该网站上公布。

目前有部分省市(如北京、上海、浙江等)已实现了 2014 年以来辖区内三级法院生效裁判文书全部公开的目标,但仍有部分未公开,可能是由当事人申请,也有相关系统等问题。

(2)各省级高级人民法院网站

例如:【北京市高级人民法院网】。

网址：https://bjgy.bjcourt.gov.cn/index.shtml。

用法：点击“裁判文书”栏目进行搜索，在左侧搜索栏输入类型、案号、正文等内容进行检索。

例如：【上海市高级人民法院网】。

网址：https://www.hshfy.sh.cn/shfy/web/index.html。

用法：点击“裁判文书”栏目进行搜索，在左侧搜索栏输入案由、案号、案件类别、原告、被告等内容进行检索。

由于数据取决于地方上报，而地方法院上网已经很多年了，部分法院的法律文书早就上网，因此全国网查不到的，地方法院网或许可以查到。中国裁判文书网2014年才开始试行，且仅限于已判决文书的查询，2014年之前的部分判决书、开庭公告、执行信息、开庭信息等可以去地方法院网站查询。

(3)最高人民法院“中国执行信息公开网”

网址：http://zxgk.court.gov.cn/。

用法：该网站无须注册登录即可查询，点击“综合查询被执行人”进入查询页面，“被执行人姓名/名称”和“身份证号码/组织机构代码”至少填写一项，被执行人为自然人时，为了避免重名，应当加上身份证号码进行精确查找。

该网站在实际查询中，可能会因为部分法院未及时上报或者为了完成当地法院的案件完结率而做的技术处理，存在信息不及时、不准确的可能性，还是要和当事人进一步确定。

(4)人民法院公告网

网址：https://www.chinacourt.org/announcement/index.shtml。

用法：该网站无须注册登录即可查询，在查找时，公告内容、法院、公告类型非必填项，但必须填选至少一项内容。

按目前我国法院管辖的现状和公告要求，需要公告送达的，如果被告不属于本省的，一般要求在全国的报纸公告，而一般都是人民法院报，据此可以查询到大量公告信息，了解调查对象的涉诉情况。

同时对于被告是省内的，则可以到地方的法制报之类的网站查询公告，这样也可以了解到一些在地方法院的涉诉情况。

(5)威科先行

用法：常用栏目为“法规”和“案例”。查询涉诉信息时，点击进入案例栏目，可以直接在检索框输入案号，搜索范围选择“案号”，搜索模式选择“精确搜索”即可。案例还可通过其他关键词来搜索（全文＋精确的模式比较常用），对于搜索后的结果，左侧的过滤导航可以辅助进一步缩小范围，可以通过审理法院、案由、审判程序、裁判日期、文书类型进行过滤。

威科先行中国法律信息库搭载的智能信息技术平台，是集法律法规、案例、实务指南、法律速递、国际条约、专家解读、实务模块、智能工具、问答于一体，提供智能检索、及时更新的法律信息解决方案。该网站属于收费网站，这虽然是民间的网站，但收录案例比较全，因此值得推荐。

（6）北大法律信息网“北大法宝”

用法：常用栏目为【法律法规】、【司法案例】，检索司法案例时，北大法宝支持对关键词检索位置进行限定，更方便去查找特定的内容。

“北大法宝”诞生于 1985 年北京大学法律系（现更名为法学院），是一套法律查询软件“北大法宝”—《中国法律检索系统》，为收费网站，这虽然是民间的网站，但收录案例比较全，因此值得推荐。

三、资产信息查询

（1）国土资源部子网站“中国土地市场网”

网址：http://www.landchina.com/。

用法：该网站无须注册即可查询，在栏目为“土地供应”中选择想要查询的子栏目即可查询。

中国土地市场网可以查询除国土资源部所示的全国范围内土地抵押、转让、招拍挂等信息外，可查询全国范围内的供地计划、出让公告、大企业购地情况等。

（2）国家知识产权局“专利检索及分析系统”

网址：https://pss-system.cponline.cnipa.gov.cn/Disclaimer。

用法：注册并登录账号，通过在搜索框内输入关键词即可查询，关键词可以为申请号、公开（公告）号、申请（专利权）人、发明人、发明名称。

该网络平台除专利基本信息（如发明/设计人、专利权人、公开日等）外，还可查询各专利权法律状态、专利证书发文、年费计算及全国大部分省市的专利代理机构名录等内容。

(3)国家知识产权局商标局“中国商标网”

网址:https://sbj.cnipa.gov.cn/sbj/index.html。

用法:根据查询提示可确定拟查询商标的商品分类。具体可查注册商标信息及申请商标信息。“商标注册信息查询”又分为商标近似信息查询、商标综合信息查询和商标审查状态信息查询三类。作为尽职调查律师,最常用到的为“商标综合查询”平台,该平台可以通过被调查公司的名称查询到该企业的注册商标。

中国商标网是国家知识产权局商标局官方网站,能够为社会公众提供商标网上申请、商标网上查询、政策文件查询、商标数据查询以及常见问题解答等商标申请查询服务。需要注意的是,商标局明确该网站查询内容仅供参考,具体的商标注册信息还应以国家工商行政管理总局商标局编辑出版的《商标公告》为准。

(4)中国版权保护中心

网址:http://www.ccopyright.com.cn/。

用法:主要查询栏目为“登记公告”,通过该平台可以查询到被调查公司被登记软件、作品、数字作品的情况,但是需要注意,著作权人自作品完成之日即享有著作权,著作权并非登记生效,因此该网站所列作品并未包括被调查对象享有著作权的所有作品。

中国版权保护中心是国家设立的综合性的著作权社会管理和社会服务机构,根据经国务院批准的新闻出版署(国家版权局)改革机构方案,行使部分原来由国家版权局行使的职能。是我国目前唯一的计算机软件著作权登记、著作权质权登记机构。

(5)人民法院诉讼资产网

网址:www.rmfysszc.gov.cn/。

用法:通过首页搜索框中输入标的关键词即可进行搜索,在过滤导航里进一步缩小范围,查询标的资产拍卖信息。

人民法院诉讼资产网是由最高人民法院组建和备案注册的专门性的司法拍卖公共网络平台,可以查询全国范围内法院正在执行拍卖的资产情况,通过这个网站可以侧面了解涉诉当事人的一些信息。

(6)淘宝阿里司法拍卖

用法:通过该平台首页搜索框中输入标的关键词(标的物名称、地理位置、执行案号)即可进行搜索,在过滤导航里进一步缩小范围,查询标的资产拍卖信息,在检索房产时如果搜索不到该房产,可以删除房产具体位置的室号扩大范围搜索。

淘宝阿里拍卖减少了拍卖费用,竞价方便,越来越多的法院都通过这个方式把资产进行拍卖,相关涉诉的信息会越来越多,但是不能排除存在其他网站或者其他形式的拍卖。

(7)京东拍卖

用法:通过该平台首页搜索框中输入标的关键词(标的物名称、地理位置、案号)即可进行搜索,在检索房产时如果搜索不到该房产,可以删除房产具体位置的室号扩大范围搜索。京东拍卖减少了拍卖费用,竞价方便。

(8)中国人民银行征信中心"动产融资统一登记公示系统"

网址:https://www.zhongdengwang.org.cn/。

用法:该网络平台需要实名注册使用,该登记系统提供按担保人查询登记的功能,需要准确、完整地填写机构名称或个人身份证件号进行查询,可查询如应收账款质押登记的出质人、融资租赁登记的承租人等。其中,留置权登记按照留置权人查询,动产信托登记按照受托人查询。查询结果将展示所有有效登记信息。同时该网络平台也提供按登记证明编号查询登记的功能,需要准确输入登记证明编号。

该网络平台由中国人民银行征信中心于2007年建立,主要提供应收账款质押、应收账款转让、融资租赁等动产担保的登记和查询服务。登记的目的是告知其他主体该动产上已存在担保权的事实。

四、投融资信息

(1)巨潮网

用法:在首页搜索框中输入关键字即可查询,上市公司公告、财务数据、股东股本、交易信息及IPO申报材料等其他信息均可以在该网站上查询到。

巨潮资讯网是深圳证券交易所法定信息披露平台,也是中国证监会指定的上市公司信息披露网站,创建于1995年,是国内最早的证券信息专业网站,同时亦是国内首家全面披露深沪2500多家上市公司公告信息和市场数据的大型证券专业网站。可查询内容十分丰富,包括该公司就各重大事项发布的公告、分红情况、财务指标、公司年报等。

(2)上海证券交易所

网址:www. sse. com. cn/。

用法:在首页搜索框中输入关键字即可查询,也可在“披露”栏目中找到对应的子栏目进行查找。

上海证券交易所(以下简称上交所)成立于 1990 年 11 月 26 日,同年 12 月 19 日开业,受中国证监会监督和管理,是为证券集中交易提供场所和设施、组织和监督证券交易、实行自律管理的会员制法人。上交所官网信息与巨潮资讯网信息有所交叉,但侧重点略有不同。

(3)深圳证券交易所

网址:www. szse. cn/。

用法:在首页搜索框中输入关键字即可查询,也可在“信息披露”栏目中找到对应的子栏目进行查找。

深圳证券交易所(以下简称深交所)于 1990 年 12 月 1 日开始营业,是经国务院批准设立的全国性证券交易场所,受中国证监会监督管理。深交所官网信息与巨潮资讯网信息有所交叉,但侧重点略有不同。

(4)全国中小企业股份转让系统

网址:http://www. neeq. com. cn/index. html。

用法:常用栏目为“信息披露”和“市场数据”,通过“信息披露”栏目可以查询公司公告信息和被采取自律监管措施的情况;通过“市场数据”栏目—交易行情,可以输入公司简称或者代码,查询到挂牌公司的基本信息,包括公司概况、主办券商信息、转让方式、高管人员、十大股东、财务指标等。

全国中小企业股份转让系统(俗称“新三板”)是经国务院批准,依据《证券法》设立的继上交所、深交所之后的第三家全国性证券交易场所,也是我国第一家公司制运营的证券交易场所,其运营机构为全国中小企业股份转让系统有限责任公司,可以查询到公司股票挂牌及其他相关业务申请,挂牌公司及其他信息披露义务人相关信息。

(5)中国银行间市场交易商协会

网址:www. nafmii. org. cn/。

用法:可以通过搜索框输入关键词查找需要的信息,也可以通过各个栏目找到对应板块进入查找,常用栏目“公告与通知”可查询到各银行市场交易最新公告,“DCM 注册发行”可查询到各种融资方式的注册通知书。

中国银行间市场交易商协会是由市场参与者自愿组成的,包括银行间债券市场、同业拆借市场、外汇市场、票据市场和黄金市场在内的银行间市场的自律组织。

(6)资产界

用法:可以通过搜索框输入关键词查找需要的信息,也可以通过“资讯”栏目找到对应板块进入查找。

资产界是国内领先的金融科技媒体和资产信息交易平台,围绕资产投资、项目交易、投后管理展开一站式服务,坚持为从业者提供高质量内容和专业产业服务。资产界是国内首家系统性关注不良资产的垂直媒体,提供全球不良资产行业的一手新闻报道。

五、网络尽职调查底稿要求

在网络尽职调查的过程中,保留相应网络查询电子底稿非常重要,不仅是为了通过第三方平台获得准确、全面的信息,而且是为了与客户提供的信息进行交叉核对,提高信息准确度。

1. 文件夹命名方式:建议每笔债权通过以数字或者字母开头来新建文件夹,以不同名称的文件夹来对电子底稿分类放好,命名顺序的思路按照尽职调查的思路和步骤整齐排放好;

2. 保存方式:建议使用“打印”—“页面另存为 PDF”方式保持电子底稿,比起页面截图,PDF 底稿能保留网址信息、查询日期、查询时间等,还能保留该页面上所有信息,不受篇幅限制;

3. 底稿命名方式:建议通过文件命名的方式区分不同的电子底稿,如查询企业主体信息底稿中,对同一公司,在不同的网站,律师可能需要查询多种版本,因此需要在文件名中体现查询来源,方便查看。

第四节　尽职调查案例展示

【案例背景】:以郭韧律师团队曾做过的某次尽职调查为例,主要背景为本团队接受某资产公司委托，对该资产包中的债权债务展开法律尽职调查。

关于××公司贷款项目的
法律尽职调查报告

借款人名称：××公司

借款人的总借款数目：本律师事务所共审阅了1笔贷款

敬启者：

北京盈科（上海）律师事务所（以下简称本所）是经批准合法成立的律师事务所，有权依据现行有效的中国法律、法规独立、公正地出具法律调查报告。

本所接受贵公司委托，指派本所律师××于××××年××月××日至××××年××月××日，对××公司所持债权进行了调查。对涉及的债权文件进行书面审查，就主债权及担保情况进行尽职调查并出具法律意见。

本法律调查报告基于以下假设作出：贵司提供的有关文件副本或复印件与原件一致，而其原件及其上的签字和印章均属真实；有关文件及陈述和说明是完整和有效的，并无任何重大遗漏或误导性陈述，且无任何应披露而未向本所披露，但对本项债权的合法成立、存续、数额等有重大影响的事实。

本法律调查报告属本所律师依据相关贷款文件和合理调查所获得的资料或信息而独立作出的调查描述、分析和判断，但限于所掌握的信息在客观上的局限性，不能排除不为本所律师所知但对本法律调查报告中的调查描述、分析和判断有重大影响的其他法律事实存在的可能性。

本所的调查工作主要包括：

1. 审阅贵司提供的债权档案资料，了解债权情况、债务人的资产情况；
2. 查阅工商部门的登记档案；
3. 调查债务人的重大财产情况；
4. 调查债务人及担保人的诉讼执行情况；
5. 参阅相关官方网站公开披露的资料。

本所按照律师行业公认的业务标准、道德规范和勤勉尽责精神，根据贵司现有的债权档案资料以及本所在本次调查中所获得的材料和信息，经综合分析，现向贵司提交本法律调查报告。

1. 债权基本情况

(1) 贷款情况

①总体情况

序号	贷款企业名称	币种	授信品种	担保方式	担保人名称	债权本金余额(截至××××年×月×日，单位:元)	债权利息余额(截至××××年×月×日，单位:元)	费用(包括诉讼费、保全费、公告费、律师费，单位:元)

②主债权及担保基本情况

一是主债权借款合同签订的时间，合同号，借款合同双方当事人，借款合同金额，借款合同期限，利率的约定(包括逾期利率的约定)，放款会计凭证显示的放款日期，债权余额情况，主债权是否合法有效。

二是保证合同签订的时间，合同号，保证合同双方当事人，保证金额，保证期间，保证方式，保证范围，保证合同是否合法有效。

三是抵质押合同签订的时间，合同号，抵质押合同双方当事人，抵质押金额，抵质押物的数量或面积，抵质押物评估价，抵质押物权利证号、他项权证号，办理抵质押登记的时间和登记部门。

(2) 诉讼及维权情况

诉讼时效是否继续有效，诉讼时效到期时间，就主债权诉讼情况进展进行详细描述。

2. 债务人调查情况

(1) 债务人基本信息

名称		注册号	
企业性质		法定代表人	
注册资本		实收资本	
成立日期		登记机关	
住所		年检情况	
经营范围			

(2)投资构成及各出资人的出资情况

序号	股东名称	出资额 (万元)	出资比例 (%)	出资方式
1				
2				
	合计			

(3)主体资格情况

主要披露债务企业是否存在破产、关闭、清算、吊销、注销、分立、合并或解散等情形。

(4)分支机构情况及对外投资情况

主要披露债务企业是否存在分支机构及对外投资情况。

(5)生产经营情况

主要披露债务企业相关生产经营情况的内容资料。

(6)财务情况

主要披露债务企业相关财务报表情况的内容资料。

(7)动产、不动产、知识产权以及其他权益情况

主要披露债务企业名下是否有动产如车辆,不动产如土地、房产,知识产权如专利权、商标权相关的情况。

3. 关于担保人的基本情况

(1)保证人×××及其配偶×××

姓名		性别	
出生日期		民族	
身份证号码			
家庭住址			
配偶			
姓名		性别	
出生日期		民族	
身份证号码			
家庭住址			

(2)动产、不动产、知识产权以及其他权益情况

主要披露保证人名下是否有动产如车辆,不动产如土地、房产,知识产权如专利权、商标权相关的情况。

4. 抵押人基本情况

(1)抵押人基本信息

名称		注册号	
企业性质		法定代表人	
注册资本		实收资本	
成立日期		登记机关	
住所		年检情况	
经营范围			

(2)抵押物基本信息

序号	抵押物名称	他项权证	权属人	地址	所有权证号	面积(m^2)	房屋类型	抵押登记情况(查册资料)	查封情况

1. 债务人、保证人的涉诉(执行)、破产情况

(1)涉诉(执行)情况

序号	被执行人	立案法院	立案时间	案号	执行标的

(2)破产情况

序号	被执行人	立案法院	立案时间	案号	申请人

2. 总结性结论

(1)主债权的合法有效性

主债权已属于不良债权,主债权形成过程合法有效,债务人尚未进入破产状态或濒临破产、主债权已完成诉讼,并进入执行阶段,全部从权利真实、合法、

有效。

(2)保证债权的合法有效性

根据贵司提供的相关资料,保证债权合法有效,主债权已在保证期间内向保证人主张承担连带保证责任,被担保的债权金额可以覆盖本息余额。全部主债权均在保证担保范围内。但××银行在保证期间内仅就保证人××、×××主张权利,且已取得由两人承担连带担保责任的调解书,并进入执行阶段,并未在保证期间内向两人配偶主张保证责任。

(3)抵押权/质押权的合法有效性

根据贵司提供的资料,抵押物已经办妥抵押登记手续,权属无争议。最高额担保债权中,证载被担保的债权最高限额可以覆盖本金余额,但利息部分存疑,具体根据执行法官的执行意见。网络查询显示,抵押房产于××××年以××万元启动拍卖,但已流拍。

抵押物是否有出租(尤其在抵押合同签订之前)、被非法占有情况(无法看现场)。

抵押物为办公楼,房产价值较低,未必能覆盖全部债权。

(4)诉讼执行情况

根据贵司提供的资料,主债权已诉讼案号×××号,并进入执行阶段。但诉讼请求对保证人的配偶遗漏,且资料显示并未对保证人的配偶进行催告。保证合同显示,保证人的配偶应当是保证人之一,针对保证人配偶的保证责任已过诉讼时效。

主债权项下的抵押物已采取保全措施,查封期限自××××年××月××日起。

执行申请事项与判项一致,已申请执行,贵司提供的表格显示本案正在执行中,但根据网络查控信息,尚未查询到本案相关执行信息。

(5)债权的可转让性

本项债权所涉合同均无禁止或限制权利转让的条款。我国现行有效的法律法规未禁止或限制本项债权所涉合同项下主从权利的转让。

本项债权不属于最高人民法院在《关于审理涉及金融不良债权转让案件工作座谈会纪要》等规定中限制转让的情形。

(6)是否有可供追偿/执行财产线索

根据对借款人、保证人、抵押人财产线索查询尚未查到可供执行的财产。

(7)风险提示及建议

本所认为:本户债权受偿存在较大的不确定性。

第五节　重点描述房地产不良资产

一、房地产不良资产定义及特点

(一)房地产不良资产定义

近年来,随着房地产调控持续收紧,房企去杠杆势在必行。加之疫情冲击,房企进入高风险发展阶段,破产和暴雷频出,客观上地产不良项目的市场供应大幅增加(见图4-2)。房地产不良资产是金融机构中最常见的不良资产,主要指以房产、地产相关物业进行抵押的不良资产,包括但不限于土地、写字楼、存量房、投资物业等。

从年报披露情况看，大型国有商业银行、股份制商业银行房地产不良贷款余额显著上升，
由2019年的486亿元升至2020年的729亿元，增幅50%。
同时期，房地产贷款余额由4.64万亿元升至5.17万亿元，增幅11%。

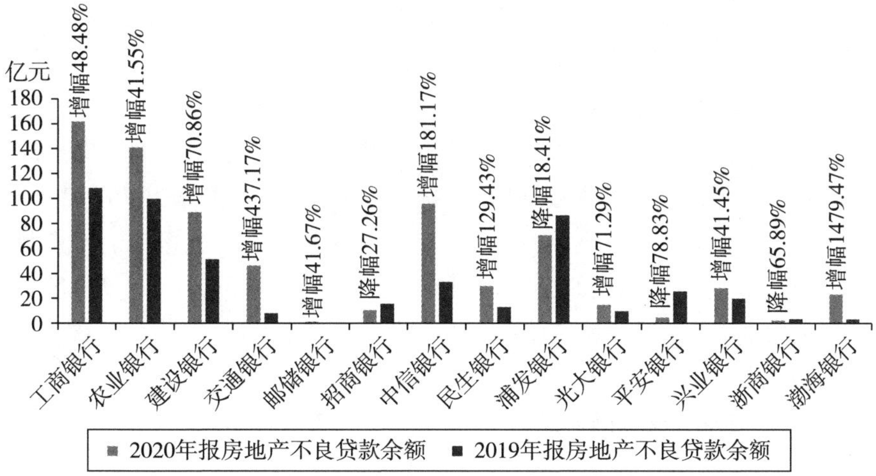

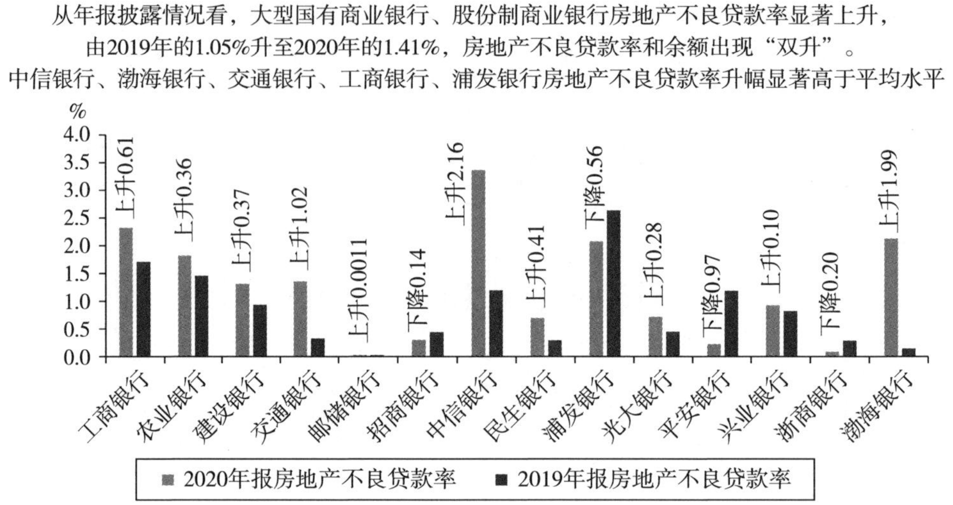

图片来源：东方资产《中国金融不良资产市场调查报告(2021)》。

数据来源：大型国有商业银行、股份制商业银行年度报告，中国东方课题组。

图4－2　房地产不良贷款金额及不良贷款率

（二）房地产不良资产特点

1. 不可移动性

房产具有不可移动性，不能通过交通运输工具将某一地区的商品补充给供应不足的另一地区，这是房产最突出的性质。

2. 地段价值性

影响房产价值的一个重要因素是地理位置以及周边基础设施。房屋价值和区域价值相互渗透，不能脱离环境而单独存在。

3. 资产流动性程度差异较大

由于房产地段、属性不一样造就了资产流动性程度差异较大。抵押房产的属性有商品房、唯一住房、商业地产、厂房等，不同的房产处理方式非常不一样，在处置过程中遇到的变数非常多。可以总结出房产抵押不良资产的特点就是极度不标准化，极度不标准化的金融资产处置起来会非常不容易，所以一般处置不良资产的机构会优先选择城市中的商品房作为处置标的。

二、房地产不良资产尽职调查

房地产不良资产收购时的第一个步骤是尽职调查，其调查的质量往往决定着一个项目的最终成败,一个尽可能完整的调查可以揭示项目整体信息及风险点,并为收购后项目的整体运作打下坚实的基础。一般来说,针对房地产企业不良资产主要从三个方面进行尽职调查,一是法律层面,二是财务层面,三是项目技术层面。由于房地产企业在运营过程中产生大量的法律关系,而任何一种法律关系都将形成房地产企业与各主体之间的权利与义务,对企业运作都将产生影响。因此,在尽职调查中,法律层面的调查显得尤为重要。

在法律层面,房地产不良资产尽职调查一般需收集包括以下内容:公司文件、融资及股权限制情况、除目标房产外其他资产及负债情况、与目标房产有关的相关资料、劳动人事、重大协议、目标房产的保险情况、税务情况、遵守使用法律情况、诉讼及争议情况等其他情况以及需澄清的问题。现就房地产不良资产尽职调查中的重点、难点、热点问题进行介绍讲解。

1. 目标房产基本信息

目标房产基本信息主要涉及 9 个方面:房屋土地权属限制等方面、阻碍权利行使的文件、建设工程完工情况、相关审批文书等事宜、商业验收及评估文件、物业管理、公用设施、配套设备、租赁及经营事宜。

该部分的调查着重于房地产项目的合法性、权利完整性。针对项目的不同情况其侧重点会有所不同,在调查土地及房屋权属时,不仅要关注土地及房屋权利的完整性,还应对土地及房屋的历史沿革尽可能地充分了解(从土地出让到取得房地产权证的全过程)。

2. 诉讼纠纷关系

鉴于房地产不良资产项目往往债权债务复杂,在调查中对法律诉讼及争议情况的梳理变得尤为重要。实践中,需要调查的是已产生诉讼及争议和引发新诉讼及处罚的违约及违规情况,其中重点关注以下几个问题。

一是是否存在租赁关系?若存在,注意发生时间点。

对于附租赁权的抵押资产而言,如果租赁在抵押前,处置抵押物不影响租赁合同的履行,即在租赁期内法院带租拍卖,在租赁有效期内租赁合同对抵押物受让人继续有效,同时在处置抵押物时,承租人享有优先购买权;如果租赁在抵押后,抵押物处置后,租赁合同对抵押物买受人不具有法律效力。所以,承租人可能会成为抵押物处置的较大阻碍。

二是首封法院的普通债权与轮候查封的抵押权的冲突。

首封法院享有对查封物的优先处置权，但实际执行中，由于首封债权人对抵押房产没有优先受偿权，且首封法院出于制度配合、地方保护等方面的考虑，在抵押房产执行中可能存在首封债权人或部分首封法院处置意愿不强或者拒绝配合处置的情况，使得优先债权人无法实现优先受偿，利益受损。

最高人民法院在 2022 年 4 月 14 日公布的《最高人民法院关于正确处理轮候查封效力相关问题的通知》中开宗明义，强调了轮候查封制度在防止债务人转移财产、维护轮候查封债权人利益上起到了一定作用。

3. 现场尽职调查注意事项

主要是通过现场勘探关注目标房产的物理信息，主要有以下几个方面：

一是房产面积，调查房产是否存在使用面积和公摊面积。

二是房地产区位，可以现场勘察周边的自然环境、交通、教育、购物、医疗等生活配套设施等利于房产升值的因素，以及噪声、空气污染源等使不动产贬值的因素。

三是房产项目的施工现场或者经营现状，工地施工组织是不是井井有条，施工方是不是知名的施工单位，用于经营的房产会带来稳定的收入，也有希望被经营者购买。

四是房地产建设的历史沿革，出让金是否交齐，土地权属有无瑕疵，建房的北部协议是否涉及多方。

五是房地产是否存在物理缺陷，如有，相应修理费用是多少？

三、房地产不良资产处置方法

在房地产不良资产处置实务过程中，常见的处置方法主要有以下几种：

1. 不良资产证券化

不良资产证券化的整体流程详细介绍见后文，这个项目其实不单单适用于房地产行业，不良资产证券化可规避风险，增加资产的流动性，释放资本。通过证券化，可以将流动性较差的不良资产转化为市场上交易的证券，商业银行从而获得一块资金来源。

2. 以物抵债

房地产行业贷款出现不良后，与房地产开发商谈判，要求把房地产企业最好的资产(具有保值能力及升值能力)和最易处置的资产(在最佳商业住宅位置)作为抵债资产来收取。有房产权证、没有瑕疵的房产和以能够快速处置为销售的大量住宅优先收取,其次是商铺,以求在最短时间内处置不良资产。

3. 诉讼

当房地产行业贷款形成不良后,商业银行应及时起诉,以诉催收,在各种催收方式中始终穿插法律诉讼方式,交叉进行,给债务人施加压力,以达到处置根本目的。

4. 不良债权转让

不良债权转让是指将一户或多户不良债权按照市场价格实行“卖断式”出让的处置方式,不良债权转让应严格遵守国家及银行信贷资产转让及不良贷款处置的政策制度规定。不良债权应公平、公正、公开,交易行为应科学合理、公开透明、简洁有效,防止产生道德风险和操作风险。

5. 以租抵债

当债务人出现“唯一住房”的情况时,我们可以与债务人和谈,向法院申请采取以租抵债的方式,裁定将此住房优先租赁给债务人,用租金抵债。从另一个角度来看,债务人通过租赁的方式,正常居住抵押房产,债务人的正常生活需求是可以解决的,实质上并不违背相关规定。

第五章　不良资产处置方式

第一节　诉讼清收

诉讼清收一般广义上指代金融机构、资产管理公司等主体就到期未受清偿的债权,依法向有管辖权的法院(或仲裁机构)提交诉讼材料、仲裁申请或执行公证债权文书等形式,通过管辖法院(或仲裁机构)的判决(或裁决)、裁定,确立债权的合法性,依据判决书或裁定书回收债权,或者依靠强制执行程序(含和解)收回债权的清收处置方式。

随着经济的发展以及不良资产市场处置体系的逐渐成熟,不良资产的处置手段也呈现多样化的趋势,涌现了债转股、以物抵债、资产证券化等不同的资产处置手段。但是诉讼清收作为经济活动中追索债务最常用的手段,在不良资产处置方式中仍然占据着重要地位,诉讼清收目前仍是金融机构、金融资产管理公司等主体实现不良资产债权的重要手段和主要处置方式。

一般来说,金融机构、资产管理公司等通过协商谈判、电话催收及现场催收等自行催收手段,或委托外包催收公司进行不良资产催收后,未能收回贷款本息的,会考虑根据贷款清收准备阶段中了解到的实际情况,通过律师事务所等合作单位来向人民法院提起诉讼,通过民事诉讼程序借助公权力来进行不良资产的回收。大量涌现的金融借款合同纠纷案件也说明了诉讼清收的作用(见图5-1)。

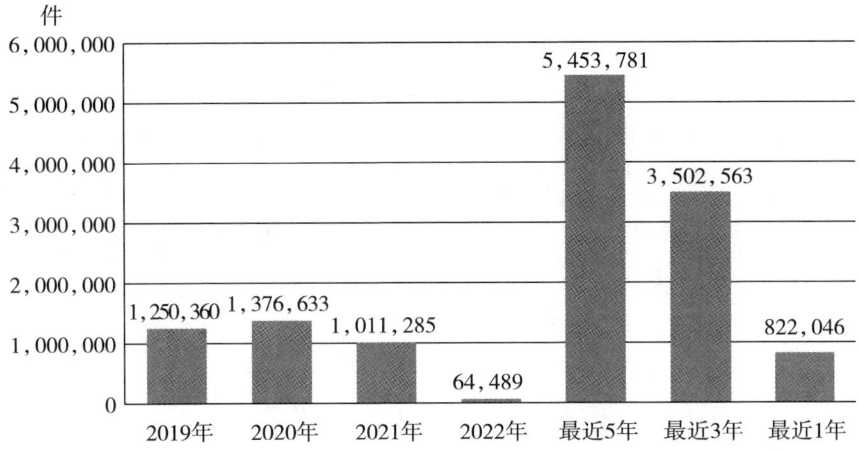

图片来源：威科先行法律信息库。

图 5－1　金融借款合同纠纷案件数量

依据 2022 年 4 月 15 日于威科先行法律信息库检索金融借款合同纠纷显示的案件数量信息得知，目前全国最近 1 年，已判决的金融借款合同纠纷案件高达 822,046 件，最近 5 年更是多达 5,453,781 件，2019 年至 2021 年，虽每年金融借款案件数量小有起伏，但均超过 100 万件，数量巨大。诉讼清收相较于其他的不良资产处置方式有着以下特点及优势：

（1）一是具有公权性。诉讼是基于法院代表国家作为纠纷处理的主体主持民事诉讼活动，行使审判权解决民事争议，这样的制度最大限度地保证了解决过程和结果的客观性，并且带有公权力的公信力。

（2）二是具有公平性和程序性。民事诉讼是严格依照民事诉讼法等相关法律的规定程序来进行案件审理，追求程序公平，这样也保证了纠纷的有序公平解决。无论是法院还是当事人和其他诉讼参与人，都需要按照《民事诉讼法》设定的程序实施诉讼行为，如违反诉讼程序则会引起一定的法律后果。同时因为程序法定的原因，法院的审理流程和结果均不受诉讼案件当事人或诉讼参与人的干扰，也在一定程度上保证了公平公正。

（3）三是具有强制性。国家强制力在诉讼过程和结果中得到了充分体现，在诉讼过程中，法院有权对妨碍诉讼秩序的行为人采取强制措施，在当事人不履行判决时甚至可以依法采取强制执行等措施，这也成为当事人首选诉讼解决纠纷的主要原因。

诉讼清收的意义在于，合理运用公权力能及时有效地保护债权人的合法权益。在目前市场经济环境下，如债务人/担保人有意“拖、赖”不还，甚至恶意逃废银行债务的，债权人很难运用经济、行政手段解决，而民事诉讼活动基于其特定的公权性、强制性、公平性、程序性等特点，可以公平、公正和合理地处理债务纠纷；同时，依法收贷能迅速、准确地控制债务人/担保人的有效资产，防止债务人/担保人采取各种手段转移、藏匿自身财产。

第二节　诉讼流程

我国民事诉讼法实行二审终审制，常规诉讼程序包括一审、二审、执行三个阶段。当然，涉及具体案件时又有所不同，一审、二审、执行这三个阶段并不一定要全部走完，此外还可能进入再审程序。

在 2022 年 4 月 15 日于威科先行法律信息库检索金融借款合同纠纷显示的审理级别信息如图 5 - 2 所示。金融借款合同纠纷在一审阶段审结的案件量最

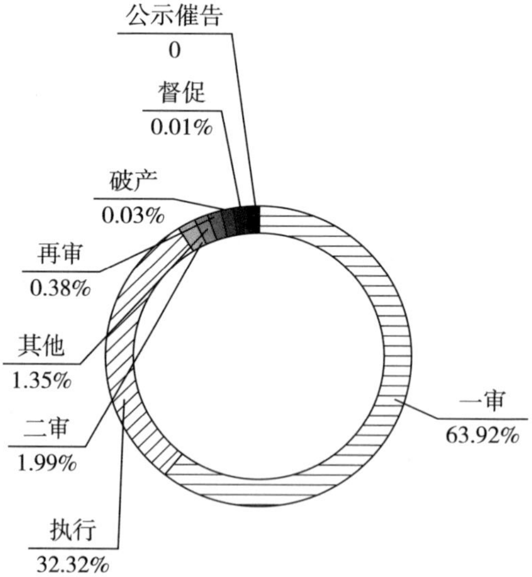

图片来源：威科先行法律信息库，2022 年 4 月 15 日截取。

图 5 - 2　金融借款合同纠纷审理级别信息

多,占比达63.92%,而进入二审程序的案件量占比急剧下降,仅有1.99%,进入再审程序的案件量占比为0.38%。仅次于一审程序占比量的程序为执行程序,占比达到了32.32%。以上程序基本涵盖了金融借款合同纠纷的主要阶段,本书也将从这几个主要程序进行不良资产诉讼清收的剖析。

前文已经阐述了民事诉讼活动具有很强的程序性,想要采用诉讼方式进行不良资产的清收,首先要了解民事诉讼的基本流程,并进行程序的合理利用。具体流程如图5-3所示。

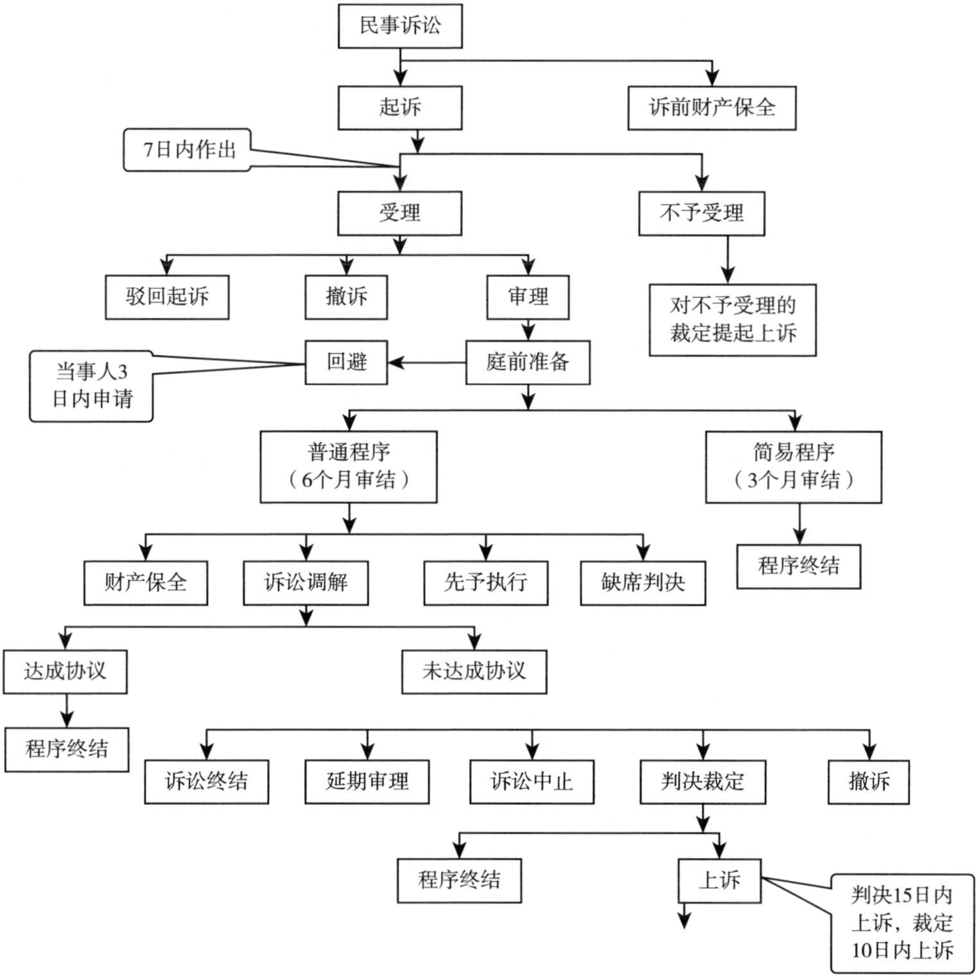

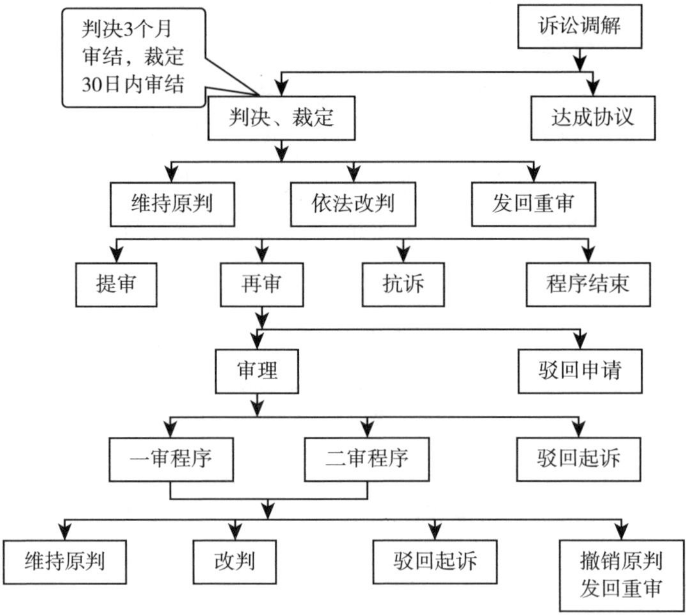

图 5－3　民事诉讼流程

一、清收的流程

1. 一审普通程序

(1)起诉与受理

在进入正式的实体一审诉讼程序前，我们还需要经历一道关卡，就是立案阶段。债权人采取诉讼方式清收不良资产时，最先面对的就是法院是否受理的问题，法院的受理是诉讼清收的基础与前提。

对于一般案件的受理，需要遵从《民事诉讼法》第 122 条起诉条件。对于符合起诉条件的，应当在 7 日内立案，并通知当事人；不符合起诉条件的，应当在 7 日内作出裁定书，不予受理；原告对裁定不服的，可以提起上诉。

以银行的不良贷款诉讼催收案件为例，银行需就不良贷款提起清收诉讼的，应提前准备银行的主体资格证明文件，包括营业执照；法定代表人身份证明、法定代表人身份证明加盖银行公章，用于证明诉讼当事人的主体存续情况，其为合法设立的主体，具有从事贷款业务的主体资格；还需提供被告身份信息、诉状、证据目录、证据材料等文件。根据诉讼案件的实体法律关系的不同，对于证据材料的区分也会不同，比如房贷案件的催收就需要提供共同还款承诺，而信用卡纠纷则无须此类文件。

另在不良资产的处置中，对于有可查封冻结的财产的案件会采取诉讼保全措施。诉讼保全也分为诉前财产保全和诉讼财产保全。

诉前财产保全，是指利害关系人因情况紧急，不立即申请保全将会使其合法权益受到难以弥补的损害的，可以在提起诉讼前向被保全财产所在地、被申请人住所地或者对案件有管辖权的人民法院申请采取保全措施。诉前财产保全属于应急性的保全措施，目的是保护利害关系人不致遭受无法弥补的损失。

诉讼财产保全在《民事诉讼法》第 103 条第 1 款中有规定，因当事人一方的行为或者其他原因，可能使判决难以执行时，为了保证将来作出的判决得以执行，或为了避免财产遭受损失，对方当事人可以申请诉讼保全。财产保全制度为控制财产线索以保障裁判文书的执行，这也是财产保全的首要作用。

上述受理流程是针对一般民事诉讼案件的情况，但不良资产的转让具有自身的特殊性，早在 2009 年最高人民法院就以《最高人民法院印发〈关于审理涉及金融不良债权转让案件工作座谈会纪要〉的通知》（以下简称《海南纪要》）下发各级人民法院。虽然关于《海南纪要》的性质和其能否作为法院审判时的法律依据一直存在争议，但是实践中，各级人民法院在审理相关不良资产案件时有部分判例将《海南纪要》作为审判的依据并写入判决书中，所以《海南纪要》中关于案件受理的规定也成为法院审判时具体案件是否受理的重要依据。关于案件受理，《海南纪要》主要分两部分从两个方面作出规定，列举了法院受理的情形及不受理的情形，对于考虑采用诉讼清收的方式处置不良资产法院是否予以受理的各种情形提供了重要参照，也避免错误将不能立案受理的案件选择采用诉讼清收模式，给委托人带来严重的后果。

相关法条

《民事诉讼法》

第一百零三条　人民法院对于可能因当事人一方的行为或者其他原因，使判决难以执行或者造成当事人其他损害的案件，根据对方当事人的申请，可以裁定对其财产进行保全、责令其作出一定行为或者禁止其作出一定行为；当事人没有提出申请的,人民法院在必要时也可以裁定采取保全措施。

人民法院采取保全措施,可以责令申请人提供担保,申请人不提供担保的,裁定驳回申请。

人民法院接受申请后,对情况紧急的,必须在四十八小时内作出裁定;裁定采取保全措施的,应当立即开始执行。

第一百二十二条　起诉必须符合下列条件:

(一)原告是与本案有直接利害关系的公民、法人和其他组织;

(二)有明确的被告;

(三)有具体的诉讼请求和事实、理由;

(四)属于人民法院受理民事诉讼的范围和受诉人民法院管辖。

第一百二十六条　人民法院应当保障当事人依照法律规定享有的起诉权利。对符合本法第一百二十二条的起诉,必须受理。符合起诉条件的,应当在七日内立案,并通知当事人;不符合起诉条件的,应当在七日内作出裁定书,不予受理;原告对裁定不服的,可以提起上诉。

《最高人民法院印发〈关于审理涉及金融不良债权转让案件工作座谈会纪要〉的通知》(法发〔2009〕19 号)

二、关于案件的受理

会议认为,为确保此类案件得到公正妥善的处理,凡符合民事诉讼法规定的受理条件及《纪要》有关规定精神涉及的此类案件,人民法院应予受理。不良债权已经剥离至金融资产管理公司又被转让给受让人后,国有企业债务人知道或者应当知道不良债权已经转让而仍向原国有银行清偿的,不得对抗受让人对其提起的追索之诉,国有企业债务人在对受让人清偿后向原国有银行提起返还不当得利之诉的,人民法院应予受理;国有企业债务人不知道不良债权已经转让而向原国有银行清偿的,可以对抗受让人对其提起的追索之诉,受让人向国有银行提起返还不当得利之诉的,人民法院应予受理。

受让人在对国有企业债务人的追索诉讼中,主张追加原国有银行为第三人的,人民法院不予支持;在《纪要》发布前已经终审或者根据《纪要》做出终审的,当事人根据《纪要》认为生效裁判存在错误而申请再审的,人民法院不予支持。

案件存在下列情形之一的,人民法院不予受理:

(一)金融资产管理公司与国有银行就政策性金融资产转让协议发生纠纷

起诉到人民法院的；

（二）债权人向国家政策性关闭破产的国有企业债务人主张清偿债务的；

（三）债权人向已列入经国务院批准的全国企业政策性关闭破产总体规划并拟实施关闭破产的国有企业债务人主张清偿债务的；

（四）《纪要》发布前，受让人与国有企业债务人之间的债权债务关系已经履行完毕，优先购买权人或国有企业债务人提起不良债权转让合同无效诉讼的；

（五）受让人自金融资产管理公司受让不良债权后，以不良债权存在瑕疵为由起诉原国有银行的；

（六）国有银行或金融资产管理公司转让享受天然林资源保护工程政策的国有森工企业不良债权而引发受让人向森工企业主张债权的（具体详见《天然林资源保护区森工企业金融机构债务免除申请表》名录）；

（七）在不良债权转让合同无效之诉中，国有企业债务人不能提供相应担保或者优先购买权人放弃优先购买权的。

（2）审理前的准备

对于金融机构或资产管理公司的代理人而言，在开庭前，应当准备立案时已提交的证据材料原件，以便开庭时供法庭和被告核对、准备代理词或代理意见，明晰诉讼请求的合同依据、事实依据和法律依据、与当事人进行充分的沟通，进一步确认当事人的诉求和核实事实经过等；在必要时申请调查取证，以便更好地参与庭审，如有时效性的证据，同时贷款清收案件中的逾期还款明细这一类金额每天都在变动的证据，最好提前与金融机构沟通调取，开庭当天向法庭提供最新的数据。

对于被诉的债务人而言，应在收到民事起诉状之日起 15 日内提出答辩状，如有管辖权异议也应在答辩期内提出。

对于人民法院，开庭前的准备主要在于立案之日起 5 日内向被告送达民事起诉状副本及相应证据，如被告受送达人下落不明，或者依据民事诉讼法规定的其他方式无法送达的，则适用公告送达。自发出公告之日起，经过 30 日，即视为送达、向原告送达答辩状（如有）副本、向当事人告知有关的诉讼权利义务、处理管辖权异议（如有）、确定审判人员并告知当事人；审核诉讼材料，调查收集必要的证据；开庭前可以调解的，采取调解方式及时解决纠纷；通知必须共同进行诉讼的当事人参加诉讼;根据案件情况,确定适用简易程序或者普通程序等工作。

(3)开庭审理

开庭审理前,书记员应当查明当事人和其他诉讼参与人是否到庭,宣布法庭纪律。开庭审理时,由审判长或者独任审判员核对当事人,宣布案由,宣布审判人员、书记员名单,告知当事人有关的诉讼权利义务,询问当事人是否提出回避申请。[①] 此阶段原、被告的代理人均需做出准确回答,如有回避事由的,应在案件开始审理时提出。如果回避事由在案件开始审理后知道的,也可以在法庭辩论终结前提出。被申请回避的人员在人民法院作出是否回避的决定前,应当暂停参与本案的工作,但案件需要采取紧急措施的除外。

人民法院对于当事人提出的回避申请,应当在申请提出的3日内,以口头或者书面形式作出决定。申请人对决定不服的,可以在接到决定时申请复议一次。复议期间,被申请回避的人员,不停止参与本案的工作。人民法院对复议申请,应当在3日内作出复议决定,并通知复议申请人。如原、被告均未申请审判人员回避,则案件进入法庭调查程序。以下简述一审普通案件的庭审流程,为了便于说明,下述流程未包含有第三人参与诉讼的情况。

①法庭调查阶段

A. 原告陈述

原告及其诉讼代理人陈述诉讼请求及所依据的事实和理由。如原告及其诉讼代理人需要增加诉讼请求,应在法庭辩论结束前提出。

B. 被告答辩

被告及其诉讼代理人对原告的诉讼请求等事项进行答辩。如被告有自己的诉讼请求,应在法庭辩论结束前提出。如果被告提出的反诉与本诉的诉讼请求基于相同法律关系、诉讼请求之间具有因果关系,或者反诉与本诉的诉讼请求基于相同事实的,法院应当予以合并审理。如反诉需要专属管辖或不符合前述要求,可以另行起诉。

C. 原告举证

原告及其诉讼代理人对于诉状中的诉讼请求、事实等事项进行举证,即提供

---

① 参见《民事诉讼法》(2021修正)第140条。

证据。原告及其诉讼代理人需要依次或分组向法官告知证据的名称，并说明每份或每组证据的证明目的。为了便于法官了解证据，一般在准备起诉状时就准备好证据目录，将证据明细列好，标明各组证据的名称、证明内容、页数、页码等事项。此阶段需要准备好证据原件供法庭和被告核对。

D. 被告质证

被告及其诉讼代理人的质证意见一般是从三个方面入手，即证据的合法性、真实性、关联性，也可以对原告的证明目的不予认可并进行简单论述。

当原告证据都出示后，且都经过被告质证后，法官会让被告提供证据，再由原告进行质证，其程序也是同上。

E. 法官问话（如有）

在双方当事人对事实、证据均无补充后，如果法官认为还有事实需要查清，法官会对原、被告进行发问，原、被告及其诉讼代理人需要根据法官的提出进行问答。法官问话结束后法庭调查阶段结束，进入法庭辩论阶段。

②法庭辩论阶段

此阶段先由原告及其诉讼代理人就法庭调查的事实和证据、应当适用的法律，陈述自己的意见。原告及其诉讼代理人发言完毕，由被告及其诉讼代理人就法庭调查的事实和证据、应当适用的法律发言，并针对原告的发言进行答辩。经过上述法庭辩论顺序后，法官应当让双方当事人、第三人就本案的问题互相向对方发问，辩驳对方的主张并阐述自己的意见。当双方当事人辩论结束后，进入最后陈述阶段。

③最后陈述阶段

此阶段由法官按照原告、被告、第三人的先后顺序征询各方最后意见，一般为总结一下己方的意见和想法。最常见的最后意见原告一般表述为“请求支持原告的全部诉讼请求”，被告一般表述为“请求驳回原告的全部（或部分）诉讼请求”。

④一审中的调解

法庭辩论终结，应当依法作出判决。判决前能够调解的，还可以进行调解，调解不成的，应当及时判决。如原、被告均有调解意向，可以在法院的主持下进行调解。采用诉讼清收手段进行不良资产的处置，金融机构或资管公司一般都会给予诉讼代理人特别授权的代理权限，代理人有权代为进行调解。但是在实务中,建议在与对方达成调解前先就调解方案征得委托人的同意和认可。如双方可以达成一致,由法院记入笔录,并制作调解书。调解书需经当事人签收后才发生法律效力的,应当以最后收到调解书的当事人签收的日期为调解书生效日期。调解书生效的,一审终审,不得上诉。

⑤核对笔录

书记员应当将法庭审理的全部活动记入笔录,法庭笔录由当事人和其他诉讼参与人签名或者盖章。当事人和其他诉讼参与人认为对自己的陈述记录有遗漏或者差错的,有权申请补正。

(4)判决和裁定

如诉讼各方达不成调解,审判人员在审限内依据案件审理结果作出判决或裁定。当庭宣判的,应当在 10 日内发送判决书;定期宣判的,宣判后立即发给判决书。如果通过邮寄方式送达判决书、裁定书的,上诉期从诉讼各方各自收到判决书、裁定书之日计算。

(5)诉讼时需要注意的问题

A. 诉讼时效问题

诉讼时效,是指民事权利受到侵害的权利人在法定的时效期间内不行使权利,当时效期间届满时,人民法院对权利人的权利不再进行保护的制度。在《民法典》生效后,向人民法院请求保护民事权利的诉讼时效期间变更为三年。法律另有规定的,依照其规定。三年的诉讼时效是《民法典》规定的普遍适用于应当适用时效的各种法律关系的时效期间。

另外还有特别诉讼时效期间和最长诉讼时效期间。最长诉讼时效不适用诉讼时效中断、中止规定的时效期间,最长诉讼时效期间为二十年。其中,普通诉讼时效期间和特别诉讼时效期间自权利人知道或应当知道权利遭受侵害和义务人之日起计算,也被称为主观诉讼时效期间;最长诉讼时效期间自权利受到损害之日起计算且不适用诉讼时效中断、中止规定,因此也被称为客观诉讼时效期间。诉讼时效也存在中断和中止情形的区分。

法院受理案件时不应主动审查时效中断事项,受理后应对当事人主张的时效中断和时效抗辩事项予以实体审理,以判决形式支持或驳回原告的诉讼请求。

这是“职权禁用规则”在程序法上的体现。[①]

在不良资产处置案件中，引起诉讼时效中断的情形，通常有以下几个方面：

第一，通过向债务人提出履行请求引起诉讼时效中断。

向债务人、保证人提出履行请求，得到债务人的确认，这是不良资产案件中导致诉讼时效中断的一种最重要也是最常见的方式。一般来说，金融机构会采用向债务人、保证人发送催款通知书或者催款律师函等方式来主张债权。相对于上述情形，在实践中，催款通知书或催款律师函的发送却很容易引起争议，债务人往往会抗辩说没有收到过催款通知，或金融机构在发送催款通知时未注明所寄物件为催款函，导致债权人无法直接证实自己的主张。在这种情况下，即使债务人签收，往往也会直接否认收到的文件为催款函，可能达不到中断诉讼时效的目的。

《最高人民法院关于审理民事案件适用诉讼时效制度若干问题的规定》第8条规定了通过向债务人提出履行请求引起诉讼时效中断的几种情形。

其一，当事人一方直接向对方当事人送交主张权利文书，对方当事人在文书上签名、盖章、捺指印或者虽未签名、盖章、捺指印但能够以其他方式证明该文书到达对方当事人的；

其二，当事人一方以发送信件或者数据电文方式主张权利，信件或者数据电文到达或者应当到达对方当事人的。

针对以上两种情形对债权人的送达提出了几个要求。一是催款通知单等主张权利的文书上应该有明确的主张权利的意思表示，如通过快递寄送方式送达，最好在快递外壳显眼处明确写明催收通知以及履行期限，明确文件性质，同时也可证明快递内文件的内容。二是债务人应在催款通知单上签名、盖章、捺指印，如无法签名、盖章、捺指印的还要承担举证责任证明催款通知单等权利文书送达到债务人。如果债务人为法人或者其他组织的，签收人可以是其法定代表人、主要负责人、负责收发信件的部门或者被授权主体；债务人为自然人的，签收人可以是自然人本人、同住的具有完全行为能力的亲属或者被授权主体。三是送达的方式最好选择EMS邮寄方式。债权人仅通过一般快递公司邮寄催收通知可

① 参见最高人民法院修改后民事诉讼法贯彻实施工作领导小组编著：《最高人民法院民事诉讼法司法解释理解与适用：条文主旨·条文理解·审判实务》，人民法院出版社2015年版，第572页。

能不产生诉讼时效中断的效力。四是注意快递底单的留存,如有签收回执也应一并保存。这样可以记录对方当事人收到催款的通知或者即使对方有拒收也有送达记录的证据。快递签收记录是确保已送达的关键证据,可以通过 EMS 官网查询寄送信息并予以留证。

时效届满后义务人同意履行的,构成以明示形式放弃时效抗辩权的行为。[①]这意味着即使诉讼时效期满后,如果债务人在债权人送达的权利文书上以签名、盖章、捺指印的方式进行确认的,可以重新计算诉讼时效,这对于已超过诉讼时效期间的债权的补救提供了最好的办法。

其三,当事人一方为金融机构,依照法律规定或者当事人约定从对方当事人账户中扣收欠款本息的。

其四,当事人一方下落不明,对方当事人在国家级或者下落不明的当事人一方住所地的省级有影响的媒体上刊登具有主张权利内容的公告的,但法律和司法解释另有特别规定的,适用其规定。

以上两点相较于前述直接向对方当事人送交主张权利文书和以发送信件或者数据电文方式主张权利的形式来说较为少见和特殊,因此在诉讼时效抗辩的援用中也是比较容易被忽略的一环,也是较容易出现程序性、实体性问题导致不能造成诉讼时效中断效果的。对此,笔者在本章第四部分案例分享中以案例形式做出具体分析。

第二,义务人同意履行义务。

义务人做出分期履行、部分履行、提供担保、请求延期履行、制定清偿债务计划等承诺或者行为的一般可以认为义务人同意履行义务,具体可能表现为和债务人重新达成还款协议等方式。诉讼时效期满后,义务人做出前述同意履行的承诺或行为的,不得再以诉讼时效期间届满为由抗辩。如果义务人已经自愿履行的,不得请求将所履行的部分返还。但是作为债权人也要注意对方同意履行的相关证据的留存,比如有录音或者书面承诺予以证明。

但在法理上,有学者认为,义务人同意履行义务既是诉讼时效中断的事由,也是义务人放弃时效抗辩权利的表现形式,因此需要区分不同的情形来认定。

---

① 参见杨巍:《〈民法典〉第 192 条、第 193 条(诉讼时效届满效力、职权禁用规则)评注》,载《法学家》2020 年第 6 期。

原因在于:时效届满后义务人已经享有确定的时效利益,非有明确的弃权意思不能轻易认定丧失时效利益;中断事由发生于时效届满之前,由于此时义务人并未取得确定的时效利益,基于保护权利人的考虑,该中断事由应作从宽解释。[①]

第三,提起诉讼或申请仲裁。

通过诉讼或仲裁的方式来中断诉讼时效,是不良资产诉讼清收的重要步骤之一。有部分资产管理公司因为收购的不良资产处置包数量大,且分布在全国范围内,实务处置中要想对每一位债务人以登门催收或发 EMS 快递邮寄的形式主张债权难度高,结合债务人往往拒绝签字或拒绝在送达回执上签收等情形,部分资产管理公司不考虑通过事先向债务人提出履行请求或与债务人另行达成还款协议等方式来进行清收,而是直接通过提起诉讼或申请仲裁的方式要求债务人履行还款义务,从而达到中断诉讼时效的目的。

第四,与提起诉讼或者申请仲裁具有同等效力的其他情形。

《最高人民法院关于审理民事案件适用诉讼时效制度若干问题的规定》(2020 修正)第 11 条规定,下列事项之一,人民法院应当认定与提起诉讼具有同等诉讼时效中断的效力:(1)申请支付令;(2)申请破产、申报破产债权;(3)为主张权利而申请宣告义务人失踪或死亡;(4)申请诉前财产保全、诉前临时禁令等诉前措施;(5)申请强制执行;(6)申请追加当事人或者被通知参加诉讼;(7)在诉讼中主张抵销;(8)其他与提起诉讼具有同等诉讼时效中断效力的事项。

在实践中,上述行为都是通过法院来行使请求权,此时权利人的书面请求也会由法院送达给义务人,这也是权利人积极行使请求权的情形,因此可以达到诉讼时效中断的法律效果。

相关法条

《民法典》

第一百八十八条　向人民法院请求保护民事权利的诉讼时效期间为三年。法律另有规定的,依照其规定。

诉讼时效期间自权利人知道或者应当知道权利受到损害以及义务人之日起

---

① 参见最高人民法院民事审判第二庭编著:《最高人民法院关于民事案件诉讼时效司法解释理解与适用》,人民法院出版社 2015 年版,第 275 页。

计算。法律另有规定的,依照其规定。但是,自权利受到损害之日起超过二十年的,人民法院不予保护,有特殊情况的,人民法院可以根据权利人的申请决定延长。

第一百八十九条 当事人约定同一债务分期履行的,诉讼时效期间自最后一期履行期限届满之日起计算。

第一百九十五条 有下列情形之一的,诉讼时效中断,从中断、有关程序终结时起,诉讼时效期间重新计算:

(一)权利人向义务人提出履行请求;

(二)义务人同意履行义务;

(三)权利人提起诉讼或者申请仲裁;

(四)与提起诉讼或者申请仲裁具有同等效力的其他情形。

B. 保证人及保证期间问题

不良资产诉讼清收中面临的主要有提起诉讼时遗漏了起诉保证人以及保证期间经过这两个严重问题。

保证合同是为保障债权的实现,保证人和债权人约定,当债务人不履行到期债务或者发生当事人约定的情形时,保证人履行债务或者承担责任的合同。[①]保证合同可以是单独订立的书面合同,也可以是主债权债务合同中的保证条款,分为一般保证和连带保证,当事人在保证合同中对保证方式没有约定或者约定不明确的,按照一般保证承担保证责任。

现在不良债权大多采用连带保证的方式进行担保,而连带保证约定的保证期间分两种:一是有约定的从约定,二是未约定保证期间的,保证期间为从主债务届满之日起计算六个月。保证期间不同于诉讼时效具有中止、中断等法律事由,保证期间是确定保证人承担保证责任的期间,不发生中止、中断和延长。

另外,在银行处理一手房房贷的不良贷款催收时,还会出现阶段性担保这一保证形式。阶段性是针对担保期限而言的,阶段性担保的期限为银行向借款人发放贷款之日起至抵押登记办理完毕之日止。若借款人在此期限内不按照购房抵押贷款合同的约定履行还款义务,则银行有权要求保证人履行保证责任。

---

① 参见《民法典》第681条。

《最高人民法院关于审理民事案件适用诉讼时效制度若干问题的规定》(2020修正)第8条第1款第4项规定,当事人一方下落不明,对方当事人在国家级或者下落不明的当事人一方住所地的省级有影响的媒体上刊登具有主张权利内容的公告的,但法律和司法解释另有特别规定的,适用其规定。此时,保证人的保证期间是除斥期间,不能中断、中止和延长,虽然资产公司通过公告的方式中断了诉讼时效,但是保证期间不会中断,如果没有在这个期间内对保证人提起诉讼,保证的权利本身就会消灭。最终结果虽然是可以提起诉讼,但是已经没有追究保证人责任的权利,所以一般金融机构都会直接起诉主债务人和保证人,如果出现这个问题,目前尚没有相应配套的法律法规或司法解释予以明确。

C. 担保相关问题

在不良资产的处置中,有部分债权是有担保物的,一般来说会通过不动产抵押登记的方式来设立担保物权。但是在实务过程中往往会出现以不动产提供抵押担保,抵押人未依抵押合同约定办理抵押登记、抵押人与抵押权人签订抵押合同时,办理了抵押登记,但抵押的财产因其他原因,被人民法院查封或冻结,或者同一债权,既设立抵押担保又设定保证担保,抵押权如何实现等的特殊问题,因此在不良资产诉讼清收过程中,需要重点关注担保物权的设立及担保物处置的相关问题。

2. 第二审程序

本节伊始,已经采用饼状图的形式说明,以诉讼方式来进行不良资产清收的,大多数案件能在一审程序中完结,一审程序结案的案件量占比达63.92%。虽然进入二审阶段的案件量占比仅有1.99%,但二审程序是审判制度的重要组成部分,二审法院可以驳回上诉,维持原判决、裁定,也可以依法改判、撤销或者变更一审判决、裁定,或有条件地对案件发回重审。因此二审制度是权利救济的重要手段之一,所以二审的流程和如何进行也至关重要。

(1)二审的启动

当事人不服地方人民法院第一审判决的,有权在判决书送达之日起15日内向上一级人民法院提起上诉。当事人不服地方人民法院第一审裁定的,有权在裁定书送达之日起10日内向上一级人民法院提起上诉。[①] 对于裁定,仅有不予

---

① 参见《民事诉讼法》(2021修正)第171条。

受理、对管辖权有异议、驳回起诉这三类裁定可以上诉。可以上诉的当事人有原被告、有独立请求权的第三人,以及被判决承担义务的无独立请求权的第三人。

上诉状应当通过原审人民法院提出,并按照对方当事人或者代表人的人数提出副本。上诉状的内容,应当包括当事人的姓名,法人的名称及其法定代表人的姓名或者其他组织的名称及其主要负责人的姓名;原审人民法院名称、案件的编号和案由;上诉的请求和理由。如果是一方不满一审判决结果的,由提起上诉一方作为上诉人,被上诉的一方作为被上诉人。如双方均提起上诉,则双方均为上诉人,人民法院可以依职权确定第二审程序中当事人的诉讼地位。

(2)二审审理

二审法院对上诉案件应当开庭审理。经过阅卷、调查和询问当事人,对没有提出新的事实、证据或者理由,人民法院认为不需要开庭审理的,可以不开庭审理。不开庭审理也就是我们通常所说的书面审理。以笔者收到的二审书面审理短信送达信息为例:

【上海市第二中级人民法院】(2021)沪02民终12×××号案,当事人×××。据《全国人民代表大会常务委员会关于授权最高人民法院在部分地区开展民事诉讼程序繁简分流改革试点工作的决定》,由审判员××独任审理,法官助理兼书记员××。《民事诉讼法》规定,你享有申请回避、委托代理人、申请调解及审理方式异议等诉讼权利,并应遵循民事诉讼诚实信用的原则。本案经阅卷、调查和询问,认为不需要开庭审理。收到本短信之日起三日内请将营业执照或身份证复印件、法人证明、律师函、委托书、书面诉辩意见寄至:中山北路571号××法官收,法官联系电话:56700000转×××。发送人:二中法院(民事审判庭)。

开庭审理的二审案件,除部分特殊程序外,适用第一审普通程序。二审法院应当对上诉请求的有关事实和适用法律进行审查,这也是二审的审理范围,这个范围有两个显著特点:一是审理内容既包括事实审理也包括法律审理,所以上诉状一般从事实和法律两个角度展开论述;二是审理范围受上诉范围的限制,对于当事人没有提出上诉请求的部分,二审法院不予审理,但一审判决违反法律禁止性规定,或者损害国家利益、社会公共利益、他人合法权益的除外。

（3）二审结案

A. 二审中的调解

前文已经说明了一审中的调解，对于二审的上诉案件，也可以进行调解。如果各方当事人可以调解达成协议的，应当由法院制作调解书。调解书送达后，原审人民法院的判决即视为撤销。

对当事人在第一审程序中已经提出的诉讼请求，原审人民法院未作审理、判决的，二审法院可以根据当事人自愿的原则进行调解；调解不成的，发回重审。[①]

B. 裁判

二审法院的判决、裁定，是终审的判决、裁定，二审裁判结果需要分为不同的具体情形予以论述：

a. 原判决、裁定认定事实清楚，适用法律正确的，以判决、裁定方式驳回上诉，维持原判决、裁定。

b. 原判决、裁定认定事实错误或者适用法律错误的，以判决、裁定方式依法改判、撤销或者变更。

c. 原判决认定基本事实不清的，二审法院可以裁定撤销原判，发回重审，也可以查清事实后改判。如二审法院采用撤销原判，发回重审的方式，原审法院适用一审程序审理，判决为一审判决，当事人可以上诉。原审法院对发回重审的案件作出判决后，当事人提起上诉的，二审法院不得再次发回重审。

d. 原判决遗漏当事人或者违法缺席判决等严重违反法定程序的，二审法院应当裁定撤销原判决，发回原审法院重审。发回重审的案件，原审法院适用一审程序审理，判决为一审判决，当事人可以上诉。原审法院对发回重审的案件作出判决后，当事人提起上诉的，二审法院不得再次发回重审。

e. 二审法院认为依法不应由人民法院受理的，可以由二审法院直接裁定撤销原裁判，驳回起诉。

f. 二审法院认为一审法院受理案件违反专属管辖规定的，应当裁定撤销原裁判并移送有管辖权的人民法院。

C. 撤回起诉

在第二审程序中，撤回起诉的主体为原审原告，但有限制条件。撤回起诉需

① 参见《最高人民法院关于适用〈中华人民共和国民事诉讼法〉的解释》（2022 修正）第 324 条。

要经其他当事人同意,且不损害国家利益、社会公共利益、他人合法权益的,人民法院方可准许。准许撤诉的,应当一并裁定撤销一审裁判。原审原告在第二审程序中撤回起诉后重复起诉的,人民法院不予受理。撤回起诉相当于这一案件自始没有发生过。

D. 撤回上诉

在二审法院判决宣告前,上诉人可以申请撤回上诉的,是否准许,由二审法院裁定。自二审法院作出准许撤回上诉的裁定起一审判决生效。如果二审法院审查认为一审判决确有错误,或者当事人之间恶意串通损害国家利益、社会公共利益、他人合法权益的,不应准许上诉人撤回上诉。

3. 审判监督程序

审判监督程序,是指人民法院对已经发生法律效力的判决、裁定,发现在认定事实或适用法律上确有错误,依法提起并对案件进行重新审判的程序。它又称为再审程序。包括基于人民法院和人民检察院行使审判监督权和行使检察监督权引起的再审程序和当事人行使诉权申请再审引起的再审程序。前两种称为审判监督程序,后一种称为当事人申请再审程序。从广义上讲,前两种和后一种统称为审判监督程序。

(1)再审的对象

对用诉讼方式来清收不良资产的案件来说,已经发生法律效力的判决、裁定、调解书,可以由不同的主体提起再审,但细节上需要注意特别程序、督促程序、公示催告程序不适用再审。对于裁定来说,仅有不予受理和驳回起诉的裁定可以申请再审。对于调解书来说,符合法定的情形可以申请再审。

(2)再审的启动

再审的启动分为四大类,一是法院启动再审,二是检察院以抗诉或提出检察建议的方式启动再审,三是当事人申请再审,四是当事人向检察院申请检察建议或抗诉,检察院审查后作出提出检察建议或者抗诉的决定的。

①法院启动再审

法院启动再审分为两个主体、两种情形,一是各级人民法院院长对本院已经发生法律效力的判决、裁定、调解书,发现确有错误,认为需要再审的,应当提交审判委员会讨论决定。二是最高人民法院对地方各级人民法院已经发生法律效力的判决、裁定、调解书,上级人民法院对下级人民法院已经发生法律效力的判决、裁定、调解书,发现确有错误的,有权提审或者指令下级人民法院再审。[①]

②检察院启动再审

A. 启动方式:抗诉和检察建议

B. 启动程序

最高人民检察院对各级人民法院已经发生法律效力的判决、裁定,上级人民检察院对下级人民法院已经发生法律效力的判决、裁定,发现有法定情形的,或者发现调解书损害国家利益、社会公共利益的,应当提出抗诉。

地方各级人民检察院对同级人民法院已经发生法律效力的判决、裁定,发现有法定情形的,或者发现调解书损害国家利益、社会公共利益的,可以向同级人民法院提出检察建议,并报上级人民检察院备案;也可以提请上级人民检察院向同级人民法院提出抗诉。

各级人民检察院对审判监督程序以外的其他审判程序中审判人员的违法行为,有权向同级人民法院提出检察建议。

C. 应当再审的法定情形

《民事诉讼法》(2021 修正)第 207 条列举了人民法院应当再审的 13 种法律情形。

a. 涉及证据:有新的证据,足以推翻原判决、裁定的;原判决、裁定认定的基本事实缺乏证据证明的;原判决、裁定认定事实的主要证据是伪造的;原判决、裁定认定事实的主要证据未经质证的;对审理案件需要的主要证据,当事人因客观原因不能自行收集,书面申请人民法院调查收集,人民法院未调查收集的。

b. 不应参加而参加的:审判组织的组成不合法或者依法应当回避的审判人员没有回避的。

c. 应参加诉讼未参加的:无诉讼行为能力人未经法定代理人代为诉讼或者应当参加诉讼的当事人,因不能归责于本人或者其诉讼代理人的事由,未参加诉讼的;未经传票传唤,缺席判决的。

d. 应给权利未给的:违反法律规定,剥夺当事人辩论权利的。剥夺当事人辩论权利的情形包括不允许当事人发表辩论意见、应当开庭审理而未开庭审理以及违反法律规定送达起诉状副本或者上诉状副本,致使当事人无法行使辩论权

---

① 参见《民事诉讼法》(2021 修正)第 205 条。

利及兜底条款的违法剥夺当事人辩论权利的其他情形。

e. 有问题的:原判决、裁定适用法律确有错误的;原判决、裁定遗漏或者超出诉讼请求的;据以作出原判决、裁定的法律文书被撤销或者变更的;审判人员审理该案件时有贪污受贿,徇私舞弊,枉法裁判行为的。

D. 抗诉的法律效果

因抗诉再审的,首先由抗诉机关宣读抗诉书,其次由申请抗诉的当事人陈述,最后由被申请人答辩、其他原审当事人发表意见。接受抗诉的法院应当在30日内裁定再审。

③当事人申请再审

A. 法定情形

同上述应当再审的法定情形一致外,当事人还可在提出证据证明调解违反自愿原则或者调解协议的内容违反法律的两种情形下来申请再审。

B. 申请再审的法定期间

当事人申请再审的时间原则上为从判决、裁定生效之日起6个月内,但有如下例外情形的,当事人可以自知道或者应当知道之日起6个月内提出再审申请,申请再审的6个月期间为不变期间。

a. 有新的证据,足以推翻原判决、裁定的;

b. 原判决、裁定认定事实的主要证据是伪造的;

c. 据以作出原判决、裁定的法律文书被撤销或者变更的;

d. 审判人员审理该案件时有贪污受贿、徇私舞弊、枉法裁判行为的。

C. 申请程序

原则上当事人应当向上一级人民法院申请提出再审申请,但当事人一方人数众多、当事人双方为公民的案件、一方当事人向原审人民法院申请再审,另一方当事人向上一级法院申请再审,且不能协商一致的,由原审人民法院受理。

D. 不予受理的情形

当事人申请再审,有以下情形之一的,裁定不予受理:再审申请被驳回后再次提出申请的;对再审判决、裁定提出申请的;在人民检察院对当事人的申请作出不予提出再审检察建议或者抗诉决定后又提出申请的。

E. 申请的效力

当事人申请再审不停止原判决、裁定的执行。

F. 再审申请的审查与处理

当事人申请再审的，先由再审申请人陈述再审请求及理由，后由被申请人答辩、其他原审当事人发表意见。人民法院应当自收到当事人的再审申请书之日起 3 个月内审查，如有特殊情况需要延长的，由本院院长批准。对于符合法律规定的再审情形的，裁定再审；对于不符合法律规定的再审情形的，裁定驳回当事人的再审申请。

④当事人申请检察建议或抗诉

A. 申请的情形

存在人民法院驳回再审申请、人民法院逾期未对再审申请作出裁定、再审判决、裁定有明显错误这三种情形的，当事人可以向检察院申请检察建议或者抗诉。

B. 法律效果

人民检察院对当事人的申请应当在 3 个月内进行审查，作出提出或者不予提出检察建议或抗诉的决定。当事人不得再次向人民检察院申请检察建议或者抗诉。

4. 再审的审理程序

A. 审理法院

a. 法院决定再审的案件，本院启动的，由本院进行再审；由上级法院启动的，上级法院提审。

b. 检察院抗诉的案件，由接受抗诉的法院审理；有前述应当再审的法定情形中涉及证据情形的，可以交下一级人民法院再审，但经该下一级人民法院再审的除外。

c. 当事人申请的再审，一般由中级以上人民法院审理，但是当事人依法选择向基层人民法院申请再审的除外。最高人民法院、高级人民法院裁定再审的案件，由本院再审或者交给其他法院再审，也可以交给原审法院再审。

B. 再审程序

a. 中止执行。按照审判监督程序决定再审的案件，应当裁定中止原判决、裁定、调解书的执行，虽有例外的情形，但是一般在不良资产诉讼清收案件中不会产生，此处不再赘述。

b. 重组合议庭。再审法院审理再审案件，应当另行组成合议庭。

c. 审理程序。原生效裁判是一审法院作出的,按一审程序所作的裁判可以上诉。原生效裁判是一审法院作出的,按二审程序审理所作裁判是生效裁判。上级法院提审的案件,按照二审程序审理,所作裁判是生效判决。

C. 再审的范围

审理再审案件应当围绕再审请求进行。当事人的再审请求超出原审诉讼请求的,不属于再审范围,不予审理。涉及国家利益、社会公共利益或者当事人在原审诉讼中已经依法要求增加变更诉讼请求,原审未予审理,且客观上不能形成其他诉讼的除外。

D. 再审的结案

a. 裁判。按照审判监督程序决定再审或者提审的案件,由再审或者提审法院在作出新的判决、裁定中确认是否撤销、改变或维持原判决、裁定。

b. 调解。再审中也可以达成调解,各方当事人达成调解协议的,应当制作调解书。调解书送达后,原判决、裁定视为撤销。

c. 撤回起诉。一审原告在再审审理程序中申请撤回起诉,经其他当事人同意,且不损害国家利益、社会公共利益、他人合法权益的,人民法院可以准许。裁定准许撤诉的,应当一并撤销原判决。再审中撤回起诉后重复起诉的,人民法院不予受理。

二、执行注意事项

在诉讼清收的进程中,当金融机构或者资产管理公司通过上述的诉讼流程,最终得到发生法律效力的判决书或裁定书后,在法院给予的履行期内,债务人未能履行的,债权人对于案件继续推进就是进入执行程序。依据我国《民事诉讼法》的相关规定,对于生效的判决书或裁定书以及刑事判决、裁定中的财产部分,由第一审人民法院或者与第一审人民法院同级的被执行财产所在地的人民法院执行。本部分主要讲述在诉讼清收过程中进入执行阶段的注意事项。

对于不良资产中的诉讼催收来说,何时申请执行、执行过程中执行主体能否变更、能否追加被执行人、如何参与分配、首封法院如何移送执行、执行异议的提出是否会阻碍执行等也是司法实践中常遇问题和争议问题。

1. 申请执行的时效和基础材料

根据我国《民事诉讼法》的相关规定，申请执行的期间为二年。申请执行时效的中止、中断，适用法律有关诉讼时效中止、中断的规定。[①] 申请执行时效的起算时间依据生效法律文书规定的履行期间不同分为不同的起算节点，一般执行时效的起算时间是自生效法律文书规定履行期间的最后一日起计算；如果生效法律文书规定分期履行的，则从最后一期履行期限届满之日起计算；如生效法律文书未规定履行期间的，则从法律文书生效之日起计算。

虽然《民事诉讼法》规定也可以由审判员移送执行员执行程序中，但在诉讼清收的实务操作中一般是由获得生效法律文书的债权人通过申请执行来正式进入执行程序。申请执行时常规需要准备执行申请书、限制措施申请书、证据材料（包括生效法律文书及财产线索等）以及执行阶段的委托材料去法院申请执行立案。

委托用于证明申请人的主体资格，与前文诉讼立案时所需的委托材料相同。强制执行申请书系说明在生效民事判决书规定的履行期限届满后，被申请执行人拒不履行付款义务，并按照生效法律文书载明申请法院执行的事项，在实务操作中会在强制执行申请书后附生效的法律文书及被申请执行人的财产线索，包括房产线索、银行账户等信息，便于法院查找被申请执行人的财产。限制措施申请书系请求法院对被申请执行人采取限制出境、限制高消费、曝光、纳入失信人员名单措施。

超过执行时效期间申请强制执行，法院应当依法受理，这与超过诉讼时效法院也应该予以立案的有关法律规定相一致，法院不主动审查是否超过执行时效。但如果被执行人对申请执行的时效期间提出异议，法院可以裁定不予执行。因此，诉讼清收的案件中，在收到生效裁判文书后，一定要及时催促另一方履行义务并及时向法院申请强制执行，以避免执行时效的经过。后文也将通过实际案例来具体阐述执行时效经过的法律后果。

2. 执行主体的变更和追加

法院对变更、追加执行当事人的程序应当是依当事人或第三人的申请而启动，并且申请人应当向执行法院提交书面申请及相关证据材料。除事实清楚、权

---

① 参见《民事诉讼法》（2021 修正）第 246 条第 1 款。

利义务关系明确、争议不大的案件外，执行法院应当组成合议庭审查并公开听证。经审查，理由成立的，裁定变更、追加执行当事人；如果申请人申请追加执行当事人的请求或理由不成立的，人民法院应当依法裁定驳回申请变更、追加执行当事人的请求。因此，申请变更、追加执行当事人须符合《最高人民法院关于民事执行中变更、追加当事人若干问题的规定》中的法定事由，并不是可以随意申请的。

(1)因债权转让而变更申请执行人

债权转让行为在债权存续的各个阶段，无论是在诉讼程序之外，还是在诉讼程序、执行程序中，都可能发生。债权经生效法律文书确定后，权利主体发生变动的，在执行程序中直接裁定变更申请执行人，也是处理不良资产的一种方式。我国《民事诉讼法》也规定，申请执行人将生效法律文书确定的债权依法转让给第三人，且书面认可第三人取得该债权，该第三人申请变更、追加其为申请执行人的，人民法院应予支持。

《民法典》规定债权人转让债权，未通知债务人的，该转让对债务人不发生效力。[①] 因此可以明确，债权转让无须征得债务人的同意，但是需要对债务人进行告知。但是对于如何告知，法律并未有明确的规制，一般来说债权人可以口头、书面、电子及其他能够证明已履行通知义务的相关方式来履行通知的义务，但也有部分观点认为可以援引《最高人民法院关于审理涉及金融资产管理公司收购、管理、处置国有银行不良贷款形成的资产的案件适用法律若干问题的规定》(已失效)第6条第1款的规定，金融资产管理公司受让国有银行债权后，原债权银行在全国或者省级有影响的报纸上发布债权转让公告或通知的，人民法院可以认定债权人履行了通知义务。虽然根据《最高人民法院关于审理涉及金融不良债权转让案件工作座谈会纪要》的精神，受让不良债权的普通民事主体原则上不适用公告方式履行债权转让通知义务，但实践中也不应排除在债务人下落不明、无法以其他有效方式直接通知的情况下，参照民事送达的有关规定，以公告方式履行通知义务。否则，如债务人无法联系，则债权人将一直处于被动状态，也无法考虑以出售债权的方式减少损失。在司法实践中，如债务人对于债权转让告知的事宜存在争议的，债权人对此负有举证责任。

法院对于执行过程中的债务转让首先需要审查转让的标的债权是否具有可

---

① 参见《民法典》第546条第1款。

转让性，如果申请人与被执行人之间的标的债权涉及人身属性或者互负履行义务等情形，实务中法院一般不会认可变更的申请。其次需要审查生效法律文书确定的债权在执行程序中的实际受偿情况，如债权已经受偿则无变更执行人的必要。最后需要审查债权转让协议的真实合法性、是否存在损害第三人利益的情形，结合债权转让的方式、受让方是否支付合理对价、申请执行人是否处于破产清算程序、申请执行人是否存在其他未决诉讼等情形进行综合判断债权转让的合理性及合法性，最终判断是否可以变更执行人。

(2)因出资问题追加公司股东作为被执行人

A. 针对未出资或未足额出资股东

作为被执行人的营利法人，财产不足以清偿生效法律文书确定的债务，申请执行人申请变更、追加未缴纳或未足额缴纳出资的股东、出资人或依公司法规定对该出资承担连带责任的发起人为被执行人，在尚未缴纳出资的范围内依法承担责任的，法院应予以支持。但追加股东作为被执行人需要审查股东的出资期限是否届满，如股东出资期限未届满，一般不宜将出资期限未届满的股东追加为被执行人。但是现已有判例对被执行人裁定终结本次执行程序，公司实际上亦无正常经营的，即符合《最高人民法院关于适用〈中华人民共和国企业破产法〉若干问题的规定(一)》第 2 条规定的情形，可以认定被执行人明显缺乏清偿能力。对于被执行人的股东，虽并未届出资期限，但仍可追加为被执行人，在未出资范围内对公司不能清偿的债务承担补充赔偿责任。

另外，如果公司已有多个对外债务，债务金额明显高于出资金额，且被执行人的财产不足以清偿债务的，则法院应对申请执行人的追加申请予以驳回，并向其释明可通过“执转破”程序另行主张权利。

B. 针对抽逃出资股东

在司法实践中，依据举证责任分配的相关原则，申请执行人要追加抽逃出资的股东作为被执行人，应承担初步的举证责任。如提供公司账户资金转出的金额、时间、资金转入方的信息、资金转出方的信息等，证明股东在完成出资义务后又将注册资本全部或部分予以抽回的事实。在申请人完成初步举证后，举证责任转移至被申请人一方，需要由被申请人就转出资金的合理性、合法性进行举证。如被申请执行人无法做出合理说明的，法院会结合资金转出的方式、时间、资金转出和收入方等综合信息予以判断，如认定股东存在抽逃出资行为的，可以要求其在抽逃出资的范围内承担责任。

需要明确的是,对于因出资问题而被追加为被执行人的股东承担的是补充责任,如其已在其他案件中实际完成出资义务了,则不得要求该股东重复承担出资补足的责任。

3. 执行过程中的参与分配

参与分配是指执行程序开始后,被执行人为公民或者其他组织的财产不能清偿所有债权,被执行人的其他债权人依法向人民法院申请对执行财产按其债权性质或者债权数额按比例予以受偿的法律制度。① 执行过程中的参与分配一般是针对被执行人为自然人或其他组织进行的,被执行人为企业法人的,除对执行财产享有优先权、担保物权的债权人申请优先分配受偿之外,不得对其财产适用参与分配制度。其他债权人申请参与分配的,应告知其按照"执转破"程序对执行财产申请破产清偿。否则,按照一般清偿原则予以执行,促使债权人启动"执转破"程序,以保障各债权人地位平等和公平受偿。

(1)参与分配中的优先受偿

对人民法院查封、扣押、冻结的财产有优先权、担保物权的债权人,可以直接申请参与分配,主张优先受偿权。② 根据我国法律规定,优先债权包括各种担保物权担保的债权及各类法定优先债权,具体包括抵押权、质押权、留置权等担保物权以及船舶优先权、民用航空器优先权、建设工程价款优先受偿权、土地使用权、出让金优先权、税收优先权等法定优先权。

(2)首封不一定等于优先受偿

2022 年 4 月 14 日发出的《最高人民法院关于正确处理轮候查封效力相关问题的通知》(法〔2022〕107 号),引发大家关注。该通知主要是规定对于查封物变价款清偿首封债权人后的剩余部分,不能径行返还被执行人,首封债权人和被执行人也无权自行或协商处理。否则构成执行错误。很多人误以为该通知系说明首封法院具有优先受偿权,但这样的理解是错误的。《最高人民法院关于适用〈中华人民共和国民事诉讼法〉的解释》(2022 修正)第 508 条规定,参与分配执行中,执行所得价款扣除执行费用,并清偿应当优先受偿的债权后,对于普

---

① 参见《江苏省高级人民法院关于正确理解和适用参与分配制度的指导意见》第 1 条。

② 参见《最高人民法院关于适用〈中华人民共和国民事诉讼法〉的解释》(2022 修正)第 506 条第 2 款。

通债权，原则上按照其占全部申请参与分配债权数额的比例受偿。这也说明了对于有首封债权和轮候查封债权的案件，在执行过程中，如果首封债权也只是普通债权的情形下，无论是否为首封债权，均应该平等受偿。

对于企业法人而言，符合破产条件的，进入破产程序。当事人不同意移送破产或者被执行人住所地人民法院不受理破产案件的，执行法院就执行变价所得财产，在扣除执行费用及清偿优先受偿的债权后，对于普通债权，按照财产保全和执行中查封、扣押、冻结财产的先后顺序清偿。在这种情形下，首封法院具有优先受偿权。但若被执行人处于资不抵债、申请执行人参与分配或执行转破产的情形，首封法院就不能将查封物变价款优先分配给首封债权人了，而是应当裁定中止对该被执行人的执行，将执行案件相关材料移送被执行人住所地人民法院。

三、案例分析

1. 诉讼时效相关案例

案例：中国长城资产管理股份有限公司安徽省分公司与六安市金安农业生产资料公司金融借款合同纠纷案

【争议焦点】

公司一直处于存续状态，不属法律规定的下落不明的情形，以报纸公告催收债权的行为是否产生诉讼时效中断的效力？

【案情简介】

六安市金安农业生产资料公司（以下简称金安农资公司）成立于1982年7月，主管部门系六安市金安区供销合作社联合社，现任法定代表人为徐某红。前任法定代表人系王某富，任职至2012年2月3日。金安农资公司因经营需要，自1995年8月起陆续向中国农业银行原六安分行贷款。2009年4月23日、2011年4月12日，中国农业银行原六安分行分别向金安农资公司时任法定代表人王某富送达了《债务逾期催收通知书》。该两次送达均经六安市皋翔公证处公证，其中2011年4月11日的《债务逾期催收通知书》由王某富在债务人处签字。2013 年 1 月 10 日、2014 年 12 月 26 日，中国农业银行原六安分行分别在《安徽经济报》刊登债权催收公告，就案涉债权进行了公告催收。2016 年 9 月 20 日，中国农业银行原六安分行与中国长城资产管理公司合肥办事处签订《委托资产批量转让协议》，将案涉债权（包括本金及利息）全部转让给中国长城资产管理公司合肥办事处。同年 11 月 4 日，中国农业银行原六安分行与中国长城资产管理公司合肥办事处共同在《安徽经济报》刊载了《债权转让暨债务催收联合公告》。2019 年 7 月 9 日，中国长城资产管理股份有限公司安徽省分公司（以下简称长城资产安徽分公司）向法院递交诉状。

【法院意见】

2008 年《最高人民法院关于审理民事案件适用诉讼时效制度若干问题的规定》（法释〔2008〕11 号）第 10 条第 1 款第 4 项［现为 2020 年《最高人民法院关于审理民事案件适用诉讼时效制度若干问题的规定》（法释〔2020〕17 号）第 8 条第 1 款第 4 项］规定，当事人一方下落不明，对方当事人在国家级或者下落不明的当事人一方住所地的省级有影响的媒体上刊登具有主张权利内容的公告的，产生诉讼时效中断的效力，但法律和司法解释另有特别规定的，适用其规定。

根据原审查明，金安农资公司地处安徽省六安市，公司一直处于存续状态，不属前述法律规定的下落不明的情形。所以，二审法院认为中国农业银行原六安分行于 2013 年 1 月 10 日、2014 年 12 月 26 日在《安徽经济报》上刊登的债权催收公告，不产生诉讼时效中断的法律效果，并无不当。

《最高人民法院关于审理涉及金融资产管理公司收购、管理、处置国有银行不良贷款形成的资产的案件适用法律若干问题的规定》（法释〔2001〕12 号，已失效）第 10 条规定，原债权银行在全国或者省级有影响的报纸上发布的债权转让公告或通知中，有催收债务内容的，该公告或通知可以作为诉讼时效中断证据。

依照前述规定主张诉讼时效中断的前提，是债权人发布具有催收内容的转让公告时，债权尚未超过法律规定的诉讼时效。对于转让之前已经因未依法及时主张权利而超过诉讼时效的债权，不因之后转让时发布具有催收内容的公告而产生重新起算诉讼时效的效果。如前所述，中国农业银行原六安分行在转让涉案债权之前在《安徽经济报》上刊登的债权催收公告，不产生诉讼时效中断的法律效果。自2011年4月13日涉案债权债务重新确认,至2016年11月4日中国农业银行原六安分行与长城资产安徽分公司在报刊上发布债权转让暨债务催收公告时,已逾五年之久,已经超过法律规定的诉讼时效。二审法院由此判决驳回长城资产安徽分公司相应的诉讼请求,符合法律规定。

长城资产安徽分公司申请再审提交的审核证明即便能够证明涉案债权属于财政部委托中国农业银行管理和处置的股改剥离不良资产,但其由此主张中国农业银行原六安分行转让涉案债权之前在《安徽经济报》刊登催收公告产生诉讼时效中断的效果,缺乏法律依据。

【判决结果】

驳回长城资产安徽分公司的再审申请。

【律师总结】

公司一直处于存续状态,不属法律规定的下落不明的情形,以报纸公告催收债权的行为不产生诉讼时效中断的效力。

金融资产管理公司收购、管理、处置国有银行不良贷款的,原债权银行在全国或者省级有影响的报纸上发布的债权转让公告或通知中,有催收债务内容的,该公告或通知可以作为诉讼时效中断证据。但依据此规定主张诉讼时效中断的前提,是债权人发布具有催收内容的转让公告时,债权尚未超过法律规定的诉讼时效。对于转让之前已经因未依法及时主张权利而超过诉讼时效的债权,不因之后转让时发布具有催收内容的公告而产生重新起算诉讼时效的效果。

2. 抵押担保相关案例

案例:中信银行股份有限公司东莞分行与陈某华等金融借款合同纠纷案[(2019)最高法民再155号]——最高人民法院指导案例168号

【争议焦点】

以不动产提供抵押担保,抵押人未依抵押合同约定办理抵押登记的,抵押人是否应在案涉房产的价值范围内,就本案中东莞市华丰盛塑料有限公司(以下简称华丰盛公司)所负债务向中信银行股份有限公司东莞分行(以下简称中信银行东莞分行)(抵押权人)承担连带赔偿责任。

【案情简介】

2013年12月31日，中信银行东莞分行与华丰盛公司、东莞市亿阳信通集团有限公司（以下简称亿阳公司）、东莞市高力信塑料有限公司（以下简称高力信公司）签订《综合授信合同》，约定中信银行东莞分行为亿阳公司、高力信公司、华丰盛公司提供4亿元的综合授信额度。为担保该合同，中信银行东莞分行分别与陈某华、陈某波、陈某兴、梁某霞签订了《最高额抵押合同》，四人同意为中信银行东莞分行自2013年12月31日至2014年12月31日对亿阳公司等授信产生的债权提供最高额抵押。担保的主债权限额均为4亿元，担保范围包括贷款本息及相关费用，抵押物包括：(1)陈某华位于东莞市中堂镇东泊村的房产及一栋综合楼（未取得不动产登记证书）；(2)陈某波位于东莞市中堂镇面积为4667.7平方米的土地使用权及地上建筑物、位于东莞市中堂镇吴家涌面积为30,801平方米的土地使用权、位于东莞市中堂镇东泊村面积为12,641.9平方米的土地使用权（均未取得不动产登记证书）；(3)陈某兴位于东莞市中堂镇的房屋；(4)梁某霞位于东莞市中堂镇东泊村陈屋新村的房产。以上不动产均未办理抵押登记。

基于《综合授信合同》，中信银行东莞分行与华丰盛公司签订了《人民币流动资金贷款合同》，约定：中信银行东莞分行为华丰盛公司分别提供7000万元流动资金贷款，并确定贷款期限。

东莞市房产管理局于2011年6月29日向东莞市各金融机构发出《关于明确房地产抵押登记有关事项的函》（东房函〔2011〕119号），明确土地使用权人与房屋产权人不一致的房屋在申请所有权转移登记时，必须先使房屋所有权与土地使用权权利主体一致后才能办理。为了减少金融机构信贷风险和信贷矛盾纠纷，建议各金融机构在日常办理房地产抵押贷款申请时，应认真审查抵押房地产的房屋所有权和土地使用权权利主体是否一致，再决定是否发放该笔贷款。如对房地产权属存在疑问，可咨询房地产管理部门。“为了更好地保障当事人利益，我局将从2011年8月1日起，对所有以自建房屋申请办理抵押登记的业务，要求申请人必须同时提交土地使用权证。”

中信银行东莞分行依约向华丰盛公司发放了7000万元贷款。然而，华丰盛公司自2014年8月21日起未能按期付息。中信银行东莞分行提起本案诉讼。请求:华丰盛公司归还全部贷款本金7000万元并支付贷款利息等;陈某波、陈某华、陈某兴、梁某霞在抵押物价值范围内承担连带赔偿责任。

【法院意见】

最高人民法院认为,原《物权法》第15条规定:"当事人之间订立有关设立、变更、转让和消灭不动产物权的合同,除法律另有规定或者合同另有约定外,自合同成立时生效;未办理物权登记的,不影响合同效力。"(现为《民法典》第215条)

本案中,中信银行东莞分行分别与陈某华等三人签订的《最高额抵押合同》,约定陈某华等三人以房屋为案涉债务提供担保。上述合同内容系双方当事人的真实意思表示,内容不违反法律、行政法规的强制性规定,应为合法有效。虽然前述抵押物未办理抵押登记,但根据原《物权法》第15条之规定,该事实并不影响抵押合同的效力。

依法成立的合同,对当事人具有法律约束力,当事人应当按照合同约定履行各自义务,不履行合同义务或履行合同义务不符合约定的,应依据合同约定或法律规定承担相应责任。《最高额抵押合同》约定,陈某华等三人应确保案涉房产能够依法办理抵押登记,否则应承担相应的违约责任。本案中,陈某华等三人尚未取得案涉房屋所占土地使用权证,因房地权属不一致,案涉房屋未能办理抵押登记,抵押权未依法设立,陈某华等三人构成违约,应依据前述约定赔偿由此给中信银行东莞分行造成的损失。

原《合同法》第113条第1款规定:"当事人一方不履行合同义务或者履行合同义务不符合约定,给对方造成损失的,损失赔偿额应当相当于因违约所造成的损失,包括合同履行后可以获得的利益,但不得超过违反合同一方订立合同时预见到或者应当预见到的因违反合同可能造成的损失。"(现为《民法典》第584条)

《最高额抵押合同》约定在合同正常履行的情况下,当主债务人不履行到期债务时,中信银行东莞分行可直接请求就抵押物优先受偿。本案抵押权因未办理登记而未设立,中信银行东莞分行无法实现抵押权,损失客观存在,其损失范围相当于在抵押财产价值范围内华丰盛公司未清偿债务数额部分,并可依约直接请求陈某华等三人进行赔偿。同时,根据本案查明的事实,中信银行东莞分行对《最高额抵押合同》无法履行亦存在过错。东莞市房产管理局已于 2011 年明确函告辖区各金融机构,房地权属不一致的房屋不能再办理抵押登记。据此可以认定,中信银行东莞分行在 2013 年签订《最高额抵押合同》时对于案涉房屋无法办理抵押登记的情况应当知情或者应当能够预见。中信银行东莞分行作为以信贷业务为主营业务的专业金融机构,应比一般债权人具备更高的审核能力。相对于此前曾就案涉抵押物办理过抵押登记的陈某华等三人来说,中信银行东莞分行具有更高的判断能力,负有更高的审查义务。中信银行东莞分行未尽到合理的审查和注意义务,对抵押权不能设立亦存在过错。

同时,根据原《合同法》第 119 条第 1 款"当事人一方违约后,对方应当采取适当措施防止损失的扩大;没有采取适当措施致使损失扩大的,不得就扩大的损失要求赔偿"(现为《民法典》第 591 条第 1 款)的规定,中信银行东莞分行在知晓案涉房屋无法办理抵押登记后,没有采取降低授信额度、要求提供补充担保等措施防止损失扩大,可以适当减轻陈某华等三人的赔偿责任。综合考虑双方当事人的过错程度以及本案具体情况,酌情认定陈某华等三人以抵押财产价值为限,在华丰盛公司尚未清偿债务的 1/2 范围内,向中信银行东莞分行承担连带赔偿责任。

【判决结果】

陈某华在位于东莞市中堂镇东泊村的房屋(房地产权证号为粤房地证字第××、14××24、14××25 号)价值范围内、陈某兴在位于东莞市中堂镇的房屋(房地产权证号为粤房地证字第××、C1××57 号,粤房地共证字第××号)价值范围内、梁某霞在位于东莞市中堂镇东泊村陈屋新村的房屋(房地产权证号为粤房地证字第××号)价值范围内,就广东省东莞市中级人民法院(2015)东中法民四初字第 15 号民事判决第一、二判项确定的华丰盛公司所负债务未清偿部分的 1/2 范围内向中信银行东莞分行承担连带赔偿责任。

【律师总结】

以不动产提供抵押担保,抵押人未依抵押合同约定办理抵押登记的,不影响抵押合同的效力。债权人依据抵押合同主张抵押人在抵押物的价值范围内承担违约赔偿责任的,人民法院应予支持,但没有优先权。抵押权人对未能办理抵押登记有过错的,相应减轻抵押人的赔偿责任,和其他债权平等受偿,无优先权。

薛某彬与中国农业银行股份有限公司张家港分行、曹某丽金融借款合同纠纷案[(2021)苏0582执异115号]

【争议焦点】

申请执行的时效中断,是否应从债务人就未受偿部分还款日期起算。

【案情简介】

法院在执行申请执行人张家港市国泰农村小额贷款有限公司与被执行人薛某彬、曹某丽、张家港市创伟氨纶纱线有限公司、高某平、苏州易美通电子有限公司、扬州富莱特文化传播有限公司民间借贷纠纷一案[案号:(2015)张执字第00537号]中,拍卖了案涉不动产。因中国农业银行股份有限公司张家港分行(以下简称农行张家港分行)设定有抵押,故法院依法分配了农行张家港分行378万元。后农行张家港分行未再对剩余债权进行催收,而是通过银行扣款系统从薛某彬银行账户(开户行:农行张家港分行;贷款账号:52×××10)于2016年6月6日扣款200.09元、2020年12月22日扣款0.18元;从曹某丽银行账户(开户行:农行张家港分行;账号:62×××76)于2019年5月27日扣款43.09元、2020年5月27日扣款10.04元。

【法院意见】

2012年《民事诉讼法》第239条第1款(现为2023年《民事诉讼法》第246条第1款)规定:申请执行的期间为二年。申请执行时效的中止、中断,适用法律有关诉讼时效中止、中断的规定。本案执行依据(2015)张商初字第01001号民事判决书已于2015年生效,其应在2017年申请执行。2008年《最高人民法院关于审理民事案件适用诉讼时效制度若干问题的规定》第8条(现为2020年《最高人民法院关于审理民事案件适用诉讼时效制度若干问题的规定》第6条)规定:具有下列情形之一的,应当认定为《民法典》第195条规定的"权利人向义务人提出履行请求",产生诉讼时效中断的效力……(3)当事人一方为金融机构,依照法律规定或者当事人约定从对方当事人账户中扣收欠款本息的。根据该规定,农行张家港分行于2016年6月6日从薛某彬银行账户扣款,该行为产生诉讼时效中断的效力,农行张家港分行申请执行的期限从2016年6月6日起计算二年。农行张家港分行明知薛某彬不能履行上述还款义务,但其在二年内既未向薛某彬、曹某丽催收,也怠于行使其申请强制执行的权利,直至2019年5月27日才从曹某丽银行账户扣划43.09元,已超出了申请执行的期间,其后续的扣划行为不再产生诉讼时效中断的效力。故法院对薛某彬的异议请求予以支持。

【裁定结果】

被执行人薛某彬的异议请求成立。不予执行法院作出的(2015)张商初字第01001号民事判决书。

【律师总结】

当事人一方为金融机构,依照法律规定或者当事人约定从对方当事人账户中扣收欠款本息的可以产生中断执行时效的法律后果,申请执行时限自金融机构从债务人账户扣款之日起算两年。在申请执行两年期限经过后,再从对方当事人账户中扣收欠款本息的,不产生重新计算申请执行时效的法律效果。

第三节　不良债权转让

债权转让作为不良债权的处置中常见的方式,在不良债权转让关系中,受让主体的资格限制应当注意把握,同时对于不良债权转让合同无效的情形应当注意规避,否则可能导致不良债权转让行为的无效或撤销。

一、不良债权受让主体

与原债权银行政策性账面剥离不良债权的单一性转让对象(四家国有商业银行对口向四家金融资产管理公司剥离)不同,不良资产的处置转让必须考虑到投资者的购买力及市场准入需求。

(一)金融领域关于不良债权受让主体资格限制的法律依据梳理

现行法律体系对受让人适格性的规定主要存在于规范性文件这个层面,虽然法律位阶低于法律法规,但在司法实务中,这些政策成为判定不良资产转让合法性、有效性的重要依据。

1. 财金〔2005〕74 号

最早的规定见于《财政部关于进一步规范金融资产管理公司不良债权转让有关问题的通知》(财金〔2005〕74 号,以下简称财金 74 号)。根据该通知第 3 条,国家公务员、金融监管机构工作人员、政法干警、资产公司工作人员、原债务企业管理层以及参与资产处置工作的律师、会计师等中介机构人员等关联人,不得购买或变相购买不良资产。

严格来讲,尽管该通知属于部门规范性文件,但实操中对于部门规范性文件规定是否属于强制性行政法规认定态度并不一致,因此实务中该规定依然可能成为认定合同无效的依据。如在(2008)商初字第 123 号民事判决书中,法院认为财金 74 号由财政部制定,是国务院授权制定的强制性行政法规,属于原《合同法》(相关规定见于《民法典》)规定的无效范围(法律、行政法规的强制性规定)。

2. 财金〔2008〕85 号

与财金 74 号相比,《金融资产管理公司资产处置管理办法(修订)》(财金〔2008〕85 号,以下简称财金 85 号)的规定略有不同,其第 26 条规定,“资产公司不得向下列人员转让不良资产:国家公务员、金融监管机构工作人员、政法干警、资产公司工作人员、国有企业债务人管理层以及参与资产处置工作的律师、会计师、评估师等中介机构人员等关联人。资产公司在处置公告中有义务提示以上人员不得购买资产”。财金 85 号还对债务受让的主体进行更多的列举。

3. 法发〔2009〕19 号

2009 年,最高人民法院印发《海南纪要》(法发〔2009〕19 号)。该纪要第 6 条列举了金融资产管理公司转让不良债权无效的情形,其中第 1 款第 9 项、第 10 项即因受让人不适格而无效,不适格受让人的范围在财金 85 号的基础上又增加了关联人(下文将不得购买或变相购买不良资产的受让人统称为关联人)参与的非金融机构法人,以及与参与交易的金融资产管理公司工作人员、国有企业债务人或者受托资产评估机构负责人员等有直系亲属关系的人员。

4. 银保监办便函〔2021〕26 号

《中国银保监会办公厅关于开展不良贷款转让试点工作的通知》(银保监办便函〔2021〕26 号)要求资产管理公司应当按照真实性、洁净性和整体性原则开展不良贷款转让,不得违规向债务关联人进行利益输送、转移资产。资产管理公司受让的单户对公贷款,不得再次转让给原债务人及相关利益主体。这里的“相关利益主体”并未界定具体范围,留下了较大的解释空间。

5. 财金〔2022〕87 号

监管层面的最新文件主要是《财政部关于进一步加强国有金融企业财务管理的通知》(财金〔2022〕87 号,以下简称财金 87 号),要求金融企业所处置的不良资产(包括银行初次转让以及资产管理公司后续转让),除依照国家有关规定与原债务人及利益相关方债务重组、资产重整外,不得折价转让给该资产原债务人及关联企业等利益相关方。财金 87 号的适用范围更广,包括五大全国性AMC、地方持牌 AMC 在内的各中央金融企业及其他各国有金融企业。

6. 实践争议

正因为涉及的文件较多,出台背景、时间、文字表述各不相同,在实务中难免产生理解及适用上的偏差。其中最主要的偏差在于认为《海南纪要》的“国有企业债务人”及财金 85 号的“国有企业债务人管理层”是对财金 74 号“原债务企业管理层”的限缩性规定,即非国有企业债务人管理层及其直系亲属不属于不得购买不良资产的“关联人”。

笔者认为,基于防止债务人逃废债、防范道德风险的监管要求,对此应严格把握,不论债务人是否为国有企业,其管理层及其直系亲属,包括债务人本身均不得购买或变相购买自身不良资产。对于相关文件中未明确列举的关联人类型,在实际操作中也要慎重确定不良资产受让人的适格性,存在同等风险的主体同样应当被禁止购买。

(二)不良债权受让主体类型

1. 机构投资者与自然人

从四家金融资产管理公司目前债权转让的对象和结果上看,债权或其他资产的受让主体主要是机构投资者,如投资公司、律师事务所等社会中介机构,而自然人直接作为受让主体的案例较少。

关于不良债权的受让主体,相关的法律法规对于主体资格做出了限制性列举,类似于“负面清单”,关于哪一类投资者可以作为债权受让的主体法律并没有明确予以正面全部列举,这在债权转让业务中一直处于模糊地带。不过实践中普遍认为,《金融资产管理公司条例》虽然未对债权转让业务中的受让人资格问题作出明确规定和限制,在国内债权转让业务框架下,机构作为受让人主体似无异议，但是自然人能否成为受让人主体来购买金融不良债权存在争议。自然人作为受让人主体，有可能因此成为国有企业的债权人，或者因此介入金融领域。而且自然人追偿，因为不能确定自然人购买债权的用途，将来可能会产生无法预测的风险，其中并不排除炒买炒卖的可能。

2. 国有企业与民营企业

在不良金融债权转让对象问题上，也存在受让人是否须为国有性质的争论。这种争论严格来说不是一个法律问题，其实质在于不良资产处置所可能涉及的"道德风险"。其认为，不良资产转让给国有性质的企业，无论其定价如何，最终还是属于国有资产的"大池子"，不会造成国有资产的流失；相反，随着一些民营企业的发展也具有了一定的资金规模，如果转让给非国有经济主体，即便转让价格较高，如果受让人实际回收的资产高于转让时的买进价格，就可能被认为"贱卖国有资产"，导致国有资产的流失。实际上，由于被剥离的不良资产多数属于应当退出市场或被淘汰的领域，因此，在法律上基本不存在国有、非国有受让人的准入或限制问题，特别是单纯的债权转让。

其实笔者认为，只要在转让债权时严格遵守不良资产处置相关规定的"公开、竞争、择优"的原则运作，通过市场的充分竞争所得出的定价一般认为是合理的，至于受让人是否为国有性质并无实质影响。

3. 政府与普通的民商事主体

金融资产管理公司将不良资产单个或打包一次性卖断给地方政府的方式（也被称为"政府买断"）成为不良债权境内转让的一个"亮点"。被各类媒体广泛关注的"中国东方资产管理公司灌云不良债权整体打包转让项目"以及随后的"中国信达资产管理公司鄂州不良债权整体打包转让项目"均是政府买断模式的典型案例。

政府买断式的债权转让与一般债权转让最大的不同即在于其目的不同，政府买断的根本目的不在于获得商业利益，更多的是社会目的，即政府基于维护社会稳定、职工安置等政策性目标，减少或降低因国有债务企业破产引发的一系列问题。但是政府买断式的转让也存在一定的风险，原因在于政府这一主体的特殊性。虽然政府在受让不良债权时可以看作民事主体，在进行签约时并无障碍，但是一旦政府在实际履行中出现违约行为，对于出让人而言则会陷入尴尬境地。鉴于政府作为国家机关承担民事赔偿责任受到其财产性质的限制，根据法律法规的规定，此类主体的主要财产和运作资金均不受强制执行，即使有部分可用于承担民事责任的财产，执行起来难度之大也令人望而却步。

作为国有金融机构，如果因将不良资产不当转让给不适格的受让主体，造成国有资产损失的，将存在较大合规风险，甚至可能面临经济处罚和行政处罚。因此把握不良债权的受让主体在实践中至关重要。

二、不良债权转让合同效力

（一）影响债权转让合同的效力认定因素

司法实践中，人民法院在审查金融不良债权转让合同效力时关注重点可归结为“三性”：(1)可转让性，即被转让的不良债权是否属于国家禁止或限制转让的债权；(2)受让主体资格的适格性，即受让人是否属于国家政策规定不准购买的组织或个人；(3)转让程序的公正性和合法性，即转让过程中评估、公告、批准、登记、备案、拍卖等诸环节是否符合公开、公平、公正、竞争、择优原则。可见，实践中人民法院对于不良债权转让合同效力的认定及与实体和程序的双重审查。

1.《民法典》视域下不良债权转让合同效力的认定

《民法典》总则编第六章第三节“民事法律行为的效力”一章中，规定了民事法律行为无效的主要情形，包括：(1)无民事行为能力人实施的民事法律行为；(2)行为人与相对人以虚假的意思表示实施的民事法律行为；(3)违反法律、行政法规的强制性规定的民事法律行为；(4)违背公序良俗的民事法律行为；(5)行为人与相对人恶意串通，损害他人合法权益的民事法律行为等情形。

其实不良债权的转让本质上仍然属于债权转让的一种类型，双方签署的债权转让合同不仅受到金融领域相关法律法规的调整，也受到《民法典》等一般法的调整和约束。《民法典》中关于民事法律行为效力的规定同样适用于不良债权转让行为。

2. 金融领域特殊法对于不良债权转让合同效力的认定

《海南纪要》在“六、关于不良债权转让合同无效和可撤销事由的认定”中规定了不良债权转让合同无效的 11 种情形。

会议认为,在审理不良债权转让合同效力的诉讼中,人民法院应当根据原《合同法》(《海南纪要》颁布时间为2009年,当时转让合同受原《合同法》调整)和《金融资产管理公司条例》等法律法规,并参照国家相关政策规定,重点审查不良债权的可转让性、受让人的适格性以及转让程序的公正性和合法性。金融资产管理公司转让不良债权存在下列情形的,人民法院应当认定转让合同损害国家利益或社会公共利益或者违反法律、行政法规强制性规定而无效。(1)债务人或者担保人为国家机关的。(2)被有关国家机关依法认定为涉及国防、军工等国家安全和敏感信息的以及其他依法禁止转让或限制转让情形的。(3)与受让人恶意串通转让不良债权的。(4)转让不良债权公告违反《金融资产管理公司资产处置公告管理办法(修订)》规定,对依照公开、公平、公正和竞争、择优原则处置不良资产造成实质性影响的。(5)实际转让的资产包与转让前公告的资产包内容严重不符,且不符合《金融资产管理公司资产处置公告管理办法(修订)》规定的。(6)根据有关规定应经合法、独立的评估机构评估,但未经评估的;或者金融资产管理公司与评估机构、评估机构与债务人、金融资产管理公司和债务人以及三方之间恶意串通,低估、漏估不良债权的。(7)根据有关规定应当采取公开招标、拍卖等方式处置,但未公开招标、拍卖的;或者公开招标中的投标人少于三家(不含三家)的;或者以拍卖方式转让不良债权时,未公开选择有资质的拍卖中介机构的;或者未依照《拍卖法》的规定进行拍卖的。(8)根据有关规定应当向行政主管部门办理相关报批或者备案、登记手续而未办理,且在一审法庭辩论终结前仍未能办理的。(9)受让人为国家公务员、金融监管机构工作人员、政法干警、金融资产管理公司工作人员、国有企业债务人管理人员、参与资产处置工作的律师、会计师、评估师等中介机构等关联人或者上述关联人参与的非金融机构法人的。(10)受让人与参与不良债权转让的金融资产管理公司工作人员、国有企业债务人或者受托资产评估机构负责人员等有直系亲属关系的。(11)存在其他损害国家利益或社会公共利益的转让情形的。

同时,《海南纪要》规定了不良债权转让合同可撤销的情形及违约责任承担。在金融资产管理公司转让不良债权后,国有企业债务人有证据证明不良债权根本不存在或者已经全部或部分归还而主张撤销不良债权转让合同的,人民法院应当撤销或者部分撤销不良债权转让合同;不良债权转让合同被撤销或者部分撤销后,受让人可以请求金融资产管理公司承担相应的缔约过失责任。

(二)不良债权转让无效合同或可撤销的后果

根据《海南纪要》第 7 条规定,人民法院认定金融不良债权转让合同无效后,对于受让人直接从金融资产管理公司受让不良债权的,人民法院应当判决金融资产管理公司与受让人之间的债权转让合同无效;受让人通过再次转让而取得债权的,人民法院应当判决金融资产管理公司与转让人、转让人与后手受让人之间的系列债权转让合同无效。债权转让合同被认定无效后,人民法院应当按照合同法的相关规定处理;受让人要求转让人赔偿损失,赔偿损失数额应以受让人实际支付的价金之利息损失为限。相关不良债权的诉讼时效自金融不良债权转让合同被认定无效之日起重新计算。

金融资产管理公司以整体"资产包"的形式转让不良债权中出现单笔或者数笔债权无效情形,或者单笔或数笔不良债权的债务人为非国有企业,受让人请求认定合同全部无效的,人民法院应当判令金融资产管理公司与转让人之间的资产包债权转让合同无效;受让人请求认定已履行或已清结部分有效的,人民法院应当认定尚未履行或尚未清结部分无效,并判令受让人将尚未履行部分或尚未清结部分返还给金融资产管理公司,金融资产管理公司不再向受让人返还相应价金。

《民法典》第 157 条规定,民事法律行为无效、被撤销或者确定不发生效力后,行为人因该行为取得的财产,应当予以返还;不能返还或者没有必要返还的,应当折价补偿。有过错的一方应当赔偿对方由此所受到的损失;各方都有过错的,应当各自承担相应的责任。根据 2019 年《全国法院民商事审判工作会议纪要》第 32 条第 2 款,在确定合同不成立、无效或者被撤销后财产返还或者折价补偿范围时,要根据诚实信用原则的要求,在当事人之间合理分配,不能使不诚信的当事人因合同不成立、无效或者被撤销而获益。合同不成立、无效或者被撤销情况下,当事人所承担的缔约过失责任不应超过合同履行利益。

三、不良债权转让合同纠纷分析

(一)不良债权转让合同纠纷数据分析

1. 不良债权转让合同案件数量统计(见图5－4)

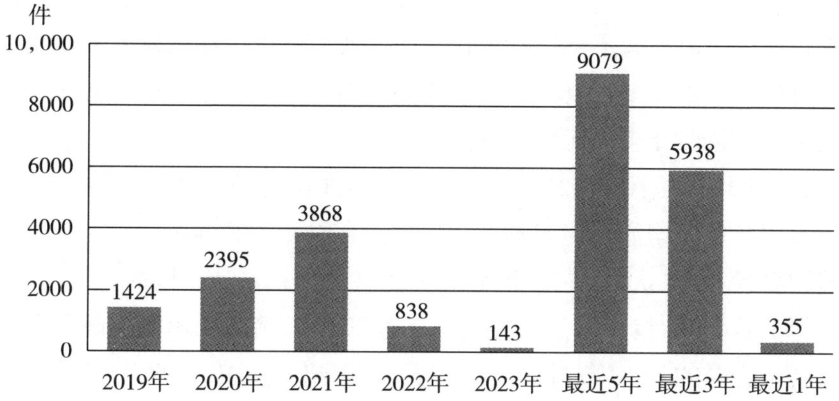

图5－4　不良债权转让合同案件数量

2. 不良债权转让合同案由统计

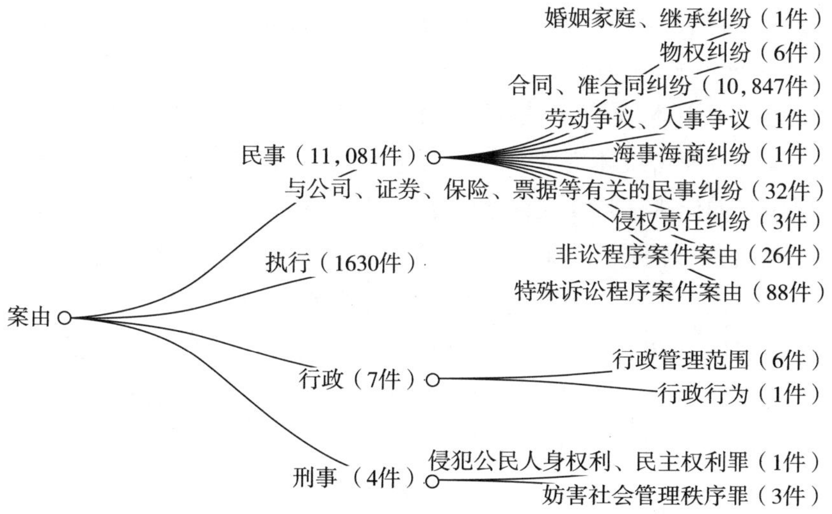

数据来源：威科先行，截至2023年9月13日。

图5－5　不良债权转让合同纠纷案由类型

从图5－4、图5－5所示的数据可以看出，近五年中2021年不良债权转让合同纠纷的数量最多，在不良债权转让合同纠纷的案由中，合同及准合同纠纷最多。

（二）不良债权转让合同纠纷判例分析

通常认为，在债权转让中，债权人仅对债务人负有通知义务，而债务人对于转让合同的效力不应享有诉权。但是，《海南纪要》明确了国有企业债务人以损害国有资产等为由提起不良债权转让合同无效的诉权。那么提起不良债权转让合同无效的诉讼主体是否仅限于国有企业债务人，非国有企业的债务人是否有权提起不良债权转让合同无效之诉？

【（2021）最高法民申5223号】争议焦点：非国有企业债务人内蒙古绿蒙食品工业有限责任公司能否提起不良债权转让合同无效的诉讼。

裁判要旨：法院认为，一般而言，债务人并非债权转让合同的签约人，在债权转让法律关系中，债权人对债务人仅负有通知义务，债务人不能突破合同相对性就债权转让合同的效力提起诉讼。首先，《海南纪要》之所以赋予国有企业债务人就不良债权转让合同提起无效之诉的诉权，是基于国有企业债务人对不良债权转让合同的效力具有可诉之利益，因国有企业具备企业法人和国有资产管理机构代理人的双重身份，在国有资产监管机构未就金融不良债权转让合同主张无效的场合，国有企业债务人可以国有资产管理机构代理人的身份提起合同无效之诉，最大限度地防止国有资产流失。故《海南纪要》对于提起不良债权转让合同无效诉讼的主体、受理条件和适用范围等有着严格和特定的要求，仅赋予了国有企业债务人原告主体资格，非国有企业债务人不能参照适用。其次，《最高人民法院关于如何理解最高人民法院法发〔2009〕19号〈会议纪要〉若干问题的请示之答复》（以下简称《〔2009〕19号请示答复》）系针对个案的答复，其中“涉及非国有企业债务人的金融不良债权转让纠纷案件，亦应参照适用《海南纪要》的规定”的表述，强调的是要参考《会议纪要》的精神、目的、理念、程序审理非国有企业债务人的相关案件，并非赋予非国有企业债务人与国有企业债务人完全相同的地位和权利，不能得出非国有企业债务人能够突破合同相对性享有提起不良债权转让合同无效之诉的特殊权利救济的结论。综上，本案非国有企业债务人绿蒙食品公司不具备提起不良债权转让合同效力诉讼的原告诉讼主体资格，二审裁定适用法律并无不当。

裁判结果：驳回内蒙古绿蒙食品工业有限责任公司的再审申请。

法律评析：从该案可以看出最高人民法院对于该问题的观点，非国有企业的债务人不具有提起不良债权转让合同无效之诉的主体资格。正如法院裁判观点，《海南纪要》之所以赋予国有企业债务人就不良债权转让合同提起无效之诉的诉权，是为了防止国有资产流失。因国有企业具备企业法人和国有资产管理机构代理人的双重身份，在国有资产监管机构未就金融不良债权转让合同主张无效的场合，国有企业债务人可以国有资产管理机构代理人的身份提起合同无效之诉，维护国有资产利益。同时，为了防止国有企业债务人滥用诉权，引导理性诉讼，《海南纪要》规定了两种防止滥诉的措施：其一，增加诉讼成本。在国有企业债务人通过抗辩的方式提出不良债权转让合同无效时，人民法院应当进行释明，告知其以金融资产管理公司和受让人为被告向同一人民法院另行提起转让合同无效之诉；债务人不另行起诉的，人民法院对其抗辩不予支持。其二，提供诉讼担保。国有企业债务人在提起不良债权转让合同无效之诉中必须提供相应的担保，否则人民法院不予受理。

第四节　资产收益权转让

一、资产收益权转让

1. 收益权的概念溯源

“收益权”源于经济学领域，后逐渐应用于法学，在一些法律、行政法规、部委规章、地方性法规和行业规范中可以看到“收益权”一词的表述，但内容中未对其内涵和概念进行直接定义。

我国在改革开放后首次在法律领域提出“收益权”是 1993 年颁布的《农业法》第 13 条第 1 款，该条款规定：“除农业承包合同另有约定外，承包方享有生产经营决策权、产品处分权和收益权，同时必须履行合同约定的义务。”

2018 年，为规范金融机构资产管理业务，统一同类资产管理产品监管标准，有效防控金融风险，引导社会资金流向实体经济，更好地支持经济结构调整和转型升级，经国务院同意，中国人民银行、原中国银行保险监督管理委员会、中国证监会、国家外汇管理局联合印发的《金融机构指导意见》(银发〔2018〕106 号),其中多处采用"受(收)益权"的表达,第 10 条第 2 款规定:"私募产品的投资范围由合同约定,可以投资债权类资产、上市或挂牌交易的股票、未上市企业股权(含债转股)和受(收)益权以及符合法律法规规定的其他资产,并严格遵守投资者适当性管理要求。"第 11 条规定:"金融机构不得将资产管理产品资金直接投资于商业银行信贷资产。商业银行信贷资产受(收)益权的投资限制由金融管理部门另行制定。"第 15 条第 4 款规定:"资产管理产品直接或者间接投资于未上市企业股权及其受(收)益权的,应当为封闭式资产管理产品,并明确股权及其受(收)益权的退出安排。未上市企业股权及其受(收)益权的退出日不得晚于封闭式资产管理产品的到期日。"

2. 收益权的性质

如前所述,"收益权"的表述虽出现在部分法律文件中,但我国法律对收益权的法律性质并没有作出明确的规定,理论界对该问题主要存在用益物权说、收益权能说和将来债权说三种不同学说。

用益物权说认为,所有权人可以设立由他人获取所有物占有、使用、收益的权利,而获取收益为目的则为用益物权人,根据用益物权的法律性质收益权应属于一种特殊的用益物权。

收益权能说认为,收益权是指所有权占有、使用、处分、收益四项权能之中的收益权能,资产的物权人可以将物权基本权能中的"收益权"单独转让给他人,由收益权受让人获得物权收益的权利。

将来债权说系主流观点,认为收益权是一种将来可能发生的债权。持该说的学者认为,从文义解释上看将来债权指将来所产生的债权,收益权作为一种对底层资产未来收益享有的权利,满足债权的构成要件,属于将来债权。

对于以上三种学说,我们认为从物权法定角度出发,用益物权说实际难以站住脚跟,且从不良资产角度来看,收益权的底层资产主要是债权,因此据此设定的权利显然不具有物权的属性。将收益权定性为收益权能也不恰当,因为权能是权利的组成部分,并不是一项独立的权利,不能单独转让。因此,我们倾向于认为不良资产收益权属于债权。

3. 资产收益权的概念界定

银行业信贷资产登记流转中心在《银行业信贷资产登记流转中心信贷资产

收益权转让业务规则(试行)》中,对“信贷资产收益权”明确了概念,其第 2 条规定:“本规则中信贷资产收益权是指获取信贷资产所对应的本金、利息和其他约定款项的权利。”通过该表述可以看出,在资产收益权转让业务中并不仅仅指孳息或利润,而是将底层资产所产生的所有未来流入资金,包括本金、利息和其他约定款项也囊括其中。

二、不良资产收益权转让

1. 不良资产收益权转让和不良资产转让的区别

(1)转让标的不同

不良资产转让大多指不良资产所有权的转让;而不良资产收益权转让,则是细化到所有权中的收益权进行转让,所有权人并不因此发生移转,即不良资产的收益权可从所有权中单独剥离出来发生转移。

(2)内部转让流程不同

不良资产转让和不良资产收益权转让,实际都属于 AMC 的业务范围,但 AMC 因内部管理审批流程不同的影响,不良资产收益权转让业务中分公司并没有直接审批权限,而是需要报总公司进行审批。

2. 不良资产收益权转让业务

市场质量较好的不良资产包常会吸引较多投资者关注,但由于一级市场牌照管控越发严格,持牌机构在没有充足资金的情况下,投资者会选择采取与下游投资者合作,以联合收购的方式来承担不良资产包,并将该不良资产经营的收益权进行转移。

对于此类业务的开展,社会投资者会与不良资产经营机构共同对金融机构拟出让的不良资产包组织尽职调查,并由不良资产经营机构出面在一级市场上通过合法方式受让债权并支付对价。社会投资者会与不良资产经营机构签订合作协议,不良资产经营机构在收购该资产后,采用结构化分层的方式,将相关收益权转让给优先级社会投资者和次级社会投资者,各投资者持有拟投资资金所对应的部分债权的债权收益权,并实际享有包括但不限于该部分债权的清收回款、抵押权、质押权等相关担保权益;不良资产经营持牌机构根据合作协议的约定,定期支付固定回报;劣后级投资者对优先级收益权持有人的收益进行差额补足。约定处置期届满后,劣后级投资者回购不良资产经营机构和与优先级投资者所持有的不良资产(收益权)本金余额。

在上述结构化模式中,不良资产债权上归于不良资产经营机构,优先级和劣后级投资者持有不良债权的部分收益权,并享有资产的分配权利。劣后级投资者在履行完毕远期受让债权收益权的义务后,可以主张不良资产的债权过户。在资产处置方面,劣后级投资者可以接受不良资产经营机构的委托,以其名义实际处置资产。在收益分配顺序方面,处置收益在扣除相关费用后进行分配,分配顺序为依次抵充优先级社会投资者的优先级固定收益、优先级本金。结构化模式下,对于清收回款超额分成的方式比较灵活,可以在合作协议中灵活约定。该业务模式能够发挥杠杆作用,撬动社会资金化解较大金融风险,但债务人可能会因收益权转移而提出异议,影响追收和处置效率。因此应在事前做好沟通协调工作。

以房地产的不良资产项目为例,一般房地产不良资产涉及的利益和法律关系较为复杂,主要包括债权债务关系,涉及金融债权、民间借贷、欠缴税费和工程款等,而法律关系则涉及查封、抵押、诉讼等。在此情况下为了盘活项目,除债转股和破产重整等方式外,一些开发商为引入新投资会选择让渡项目公司部分股权的方式引入其他品牌开发商进行代建,新品牌开发商按照约定权益比例向项目公司提供开发建设资金,而对应的房产项目收益权也进行转让,即新品牌开发商享有项目公司经营管理权(项目开发建设及销售),可收取固定管理费用、销售费用及实际权益对应项目收益,并在后续通过解除股权代持法律关系实现项目的退出。在该种处理模式下,由于套嵌多种法律关系,需逐一以多份合同进行权利义务的明确约定并在合同之间进行环环相扣。除了按照一般的股权代持签订股权代持协议外,实务中一些项目通过签订《委托建设运营合同》对于工程建设的权利义务、收益权转让等进行详细权利义务的约定,例如"在出售房屋后优先归还代垫款项,并于在售房款中优先扣除相关代垫费用和委托运营费用"等。

3. 不良资产收益权转让的合作模式

(1)转让普通收益权模式

①模式要点及处置收益分配规则:在此模式下资产公司向投资方转让普通级收益权,原则上对资产包内债权资产的回收款均应按照双方所持收益权比例直接进行分配,无分配顺序上的先后之分。在处置过程中,因共同承担处置风

险,合作方一般投入自身人力资源参与处置工作。该模式下的回收分配规则较为简单,操作中需要再细化约定的是转让收益权合作模式中均需考虑对必要处置费用的认定标准、对处置回款分配频次或常规分配时点的约定。

②模式分析:此模式下投资方相当于以一定对价入股资产包,处置回收按照持股比例分配,双方不为对方负担更多的义务,仅在各自投资成本下承担相应风险。对合作双方而言,此种模式的达成可反映为双方对该资产包的处置回收评价较为一致。实际上该模式更多适用于一些具有处置能力的社会投资者初步跟随资产管理公司开展不良资产业务,参与处置回收。

(2)转让优先级收益权模式

①模式要点及处置收益分配规则:此模式下资产公司向投资者转让资产包优先级收益权,资产公司持有劣后级收益权,且资产包一般仍委托资产公司进行处置,即优先级投资者仅投入资金以获取优先级收益权所要求的固定收益回报。对处置回收款,在扣除必要费用后应先行支付优先级投资者本息(一般应以净回收款先支付当期利息,余额冲减本金),在优先级投资者本金全部偿付完毕后资产公司以劣后级投资者身份获取资产包剩余处置收益(资产公司在此期间可能要求以劣后级投资人身份每期也分配一部分利息收益,但先行覆盖优先级投资人收益要求的原则不变)。对于优先级投资者的固定收益,一般通过预留部分处置回收款形式形成一定安全垫,也可能加入信用保险及其他担保措施。

②模式分析:转让优先级模式对于资产公司而言可以理解为采取资管模式放大业务杠杆,释放业务空间,提高投资收益率。对社会投资者而言,更多为将不良资产作为投资标的进行固定收益类投资。

从资产处置及风险承担角度,资产公司转让优先级收益权后风险负担难言降低,而资产包的处置进程也极少可能因资金层面的替换发生明显变动。实际上,部分转让优先级收益权模式的开展可能更多是基于资产管理公司财务考核上的考虑,通过交易模式的安排,可能在原资产包未发生变动的情况下业务性质完全改变。但是从更广的视角来看,该模式对投资方的风险负担要求低,能够较为广泛地寻找投资者,对接金融市场资金。在资产公司持有劣后级为优先级资金提高保障的基础思路下,该模式中的优先级权益亦可进一步向资产证券化模式演变,形成标准化金融产品。

(3)转让劣后级收益权模式

①模式要点及处置收益分配规则:此模式下资产公司向投资者转让劣后级收益权,每期净回收款须先行冲减资产公司剩余投资本金及相应固定收益,在剩余本金全部偿付完毕后,剩余债权净回收款全部归合作投资方所有。

在合作模式中因净回收款对本金不断冲减,而固定收益的计算又依靠剩余本金值,故往往需要以某种方式对每期净回收款进行划分。实际操作中可采取两种方案。第一种方案是,对于每笔债权净回收款,全部用于冲减本金,以月末或季末时点核算剩余本金额并计算当期应收固定收益额,合作方以自有资金另行支付固定收益;第二种方案则是将每期净回收额分为用于冲减本金额及用于冲减利息额两部分,每笔回收双方协商在两部分冲减的比例,在每期末核算已冲减的本金额及应冲减的利息额,再将应冲减利息额与归入冲减利息部分的数额相比较,多出部分归入下期利息冲减部分,不足部分在下期回收额中先行补足或由合作方进行补足。

②模式分析:转让劣后级收益权下,债权回收款须先行全额冲减资产管理公司实际投资本金及相应固定收益,剩余部分全额归合作投资方所有。从而该模式下合作投资方承担资产处置的最终风险,而资产管理公司对该资产包的处置由投资业务转变为固定收益业务。资产管理公司在收购资产包时对整包进行毛回收估计,覆盖全部投资本金及预期收益,转让部分劣后级收益权后,在收益分配上是以整包回收额覆盖剩余投资本金,从而资产公司实际投资本金的安全性因劣后级形成的安全垫而提高,在业务中对投资方受让的劣后级比例也应有所要求。而对于合作方而言,其愿意承担最终的处置风险,必然对该资产包具备一定的处置资源,其收益实现的前提是处置回收额对资产公司的剩余本金及固定收益冲减完毕,从而有动力将该处置资源充分动用,客观上相对于资产公司单独处置将提升整包回收价值,进一步加强了资产公司的投资安全。

相较于合作投资方的资金实力,对该类业务的审视或更应关注合作方的处置能力。该模式一般为合作方有强烈意愿对该包进行处置,但相较于纯粹过桥业务,更多体现为合作方需要从资产公司撬动一部分资金杠杆收购资产包且借助资产公司共同进行处置。对资产公司而言,固定收益固然风险较低,应对资产包进行充分尽职调查,原收购价格应基于单独处置情境分析。

（4）转让半劣后收益权模式

①模式要点：此模式可理解为介于普通收益权模式及劣后级收益权模式之间的模式，即每期净回收款在满足资产管理公司方本金与要求的固定收益后，再满足合作方本金及相应固定收益，超额回收部分再按收益权比例进行后续分成。该模式中存在两个固定收益率，双方的利率要求不一定一致。操作中双方均可以根据对现金流的时点要求定高或低的固定收益利率，低的固定收益率更多为覆盖双方前期投入的资金成本及必要的考核收益率，从而利润更多体现在后续分成上；高的固定收益率则可在前期先行实现更理想的现金流。该模式下，同样需要对回收额就冲减本金或固定收益进行划分。但该模式下因后续存在分成，具有双方共担风险的投资特征，在前期的固定收益支付上，一般不会采取前文所述的合作方另行出资补足方案体现出合作方的担保义务。此外，在此模式中前后涉及的阶段较多，有必要对各个期间的时限进行约定。

②模式分析：该模式下，资产公司并未放弃对资产包后续超额分成实现的回收权利，从而收益可以从前期的固定收益和后期的分成两部分获得。而合作投资方的回款一般而言也较转让劣后级收益权模式更早实现。因后续超额分成以双方持有的收益权比例分配，故对转让收益权的比例一般以合作方的意愿投资规模确定，而不需过多考虑劣后级对优先级安全垫的厚度，更多关注的是基于利润核算要求制定固定收益率。该模式下，合作方收益的实现亦需要回收额对资产公司的投资本金及相应固定收益先行覆盖，故其也一定对资产包进行了充分尽调，对该资产包具备一定的处置资源且有动力充分参与资产处置并对资产包整包可回收价值产生积极影响。不同的是，对资产公司而言，整包回收价值提升的可能性不仅有助于提升资产公司前期优先级本金及固定收益的安全性，亦能提升后续超额分成部分的预期绝对收益。直观而言，该模式下双方的风险—收益更为匹配，但在实际操作中因涉及阶段过多，可以预见收益分配环节较为烦琐，影响其适用性。

以上对四种转让收益权合作模式进行了描述分析。可以看出，以上四种转让模式实际同一般投融资业务中灵活采用的股性、债性及混合结构化方案思路是一致的。在实际操作中，资产管理公司与合作投资方基于双方各自的交易动机及自身特点选择不同模式开展不良资产业务合作。当然，合作模式的选择或合作与否的选择根本上应基于不同模式对自身收益影响的比较，并以此为基础确定模式的具体方案。

三、不良资产收益权转让业务的法律问题与解决方案

1. 基础资产选择的三大原则

在不良资产收益权转让项目中，一般也会参照证券化的要求，选择资产有以下三大原则：(1)不良资产的合法有效性：不良资产为出让方合法所有；不良资产合法有效。(2)不良资产的可转让性：不良资产均可进行合法有效的转让；均无限制或禁止出让方转让不良资产或者转让不良资产须征得债务人或其他义务人同意的约定；不良资产的债务人和担保人不属于国家机关；不良资产不包含国防军工等涉及国家安全和敏感信息；不良资产不属于经国务院批准列入全国企业政策性关闭破产计划的资产。(3)不良资产的确定性：如某笔不良资产的附属担保权益涉及最高额担保的，则截至初始起算日该最高额担保的主债权已确定。

2. 不同类型不良资产的主要入池问题比较

在这里主要讨论四种类型的不良资产在入池上的主要问题，分别是对公贷款、小微贷款、住房抵押贷款和信用卡贷款。对公贷款的借款人为工商企业，以企业经营为贷款用途，其主要的入池问题有贸易融资资产入池，涉外因素(债务人、担保人、币种等)，债务人、担保人进入破产重整程序。小微贷款的借款人为小微企业主，以生产经营为贷款途径，其主要入池问题有两点，债务人、担保人死亡或者被注销，抵押房产的产权存在争议。住房抵押贷款的借款人多为自然人，以购房为贷款用途，其涉及的入池问题有抵押房产涉及经济适用房、集资建房，抵押权预告登记的认定，抵押房产买卖合同纠纷、产权纠纷等问题。信用卡贷款的借款人为自然人，因个人取现或消费等用途而产生，且不涉及循环购买，其涉及的入池问题有持卡人已经死亡、入池资产已经核销等情况，同一“信用卡账户”项下“借款人”的全部未偿还债务是否全部入池以及是否包含信用卡诈骗等问题。

3. 保证金质押有瑕疵的问题

以保证金质押的，如该笔保证金未达到“特定化”要求，或者已被抵扣完毕的，可能无法认定为存在有效的“金钱质权”。根据原《物权法》第 210 条、第 212 条和原《最高人民法院关于适用〈中华人民共和国担保法〉若干问题的解释》第

85 条的规定，保证金质权的有效设立，至少应当符合两个条件：①出质人和质权人签订书面的质权合同；②出质人将金钱特定化并交付质权人占有、控制。若不能证明作为质押标的的金钱已经特定化并交付质权人占有、控制，则难以确认保证金质权是否已经成立，导致保证金质权不存在或灭失的风险。如保证金没有达到“特定化”要求，或已被抵扣完毕的，应认定为不存在“金钱质权”，债权人可要求债务人、出质人提供其他有效的担保方式，保障债权实现。

4. 催收行为有瑕疵的问题

债权人对到期债权所进行的催收行为，存在已超过诉讼时效，或者采用电子邮件、电话、短信等非书面催收等情形，存在借款人提出时效抗辩，从而导致债权请求权无法得到法院支持的风险。债权人对债务人进行有效催收的，可以导致诉讼时效中断并重新起算，在诉讼时效内的债权请求权可得到法院支持。如债权经过诉讼时效，且债务人提出时效抗辩的，则债权人的债权请求权将无法得到法院的支持。债权人应在诉讼时效届满前，向债务人及担保人发出书面催收通知并要求其签收并确认债务，或向债务人及担保人提起诉讼或仲裁使诉讼时效中断。

我国不良资产收益权转让业务还存在诸多风险，特别是在当前的金融形势下，这些风险更应该引起我们的注意和重视，不断完善相关法律法规制度，发挥相关法律法规制度的作用，改善不良资产转让制度，科学把握新形势下行业动向，培养相应的专业人员，不断满足市场需求，从而保障不良资产业务以及金融市场的可持续发展。

四、不良资产收益权转让的疑难杂症

1. 不良资产收益权转让后的维权主体

不良资产收益权转让后，债权主体未发生变更，银行仍然是债权人。债权人银行只是丧失了债权的“给付保持力”，受让方有权请求债权人银行向其转付已收回的本金、利息和其他约定款项。因此，即使不良资产收益权发生转让，维权主体也依然为银行。

此外，《银行业信贷资产登记流转中心信贷资产收益权转让业务规则（试行）》第 19 条第 1 款第 1 句规定：“出让方银行与信托公司应当以贷款管理协议形式确定贷款管理人,明确信贷资产的日常管理职责和清收职能。”因此,关于不良资产收益权转让后的维权事宜,可由银行与信托公司在贷款管理协议中确定贷款管理人具体负责。

2. 信托到期或终止时,尚未完全偿付的不良资产的处置

根据《银行业信贷资产登记流转中心信贷资产收益权转让业务规则(试行)》第19条第2款规定:“信托计划到期时,对尚未完全偿付的信贷资产,可由贷款管理人通过市场化方式,规范、透明地进行处置,将回收现金用于信托受益权的兑付。”

《信托法》第54条规定:“信托终止的,信托财产归属于信托文件规定的人;信托文件未规定的,按下列顺序确定归属:(一)受益人或者其继承人;(二)委托人或者其继承人。”

《信托公司集合资金信托计划管理办法》第32条规定:“清算后的剩余信托财产,应当依照信托合同约定按受益人所持信托单位比例进行分配。分配方式可采取现金方式、维持信托终止时财产原状方式或者两者的混合方式。采取现金方式的,信托公司应当于信托计划文件约定的分配日前或者信托期满日前变现信托财产,并将现金存入受益人账户。采取维持信托终止时财产原状方式的,信托公司应于信托期满后的约定时间内,完成与受益人的财产转移手续。信托财产转移前,由信托公司负责保管。保管期间,信托公司不得运用该财产。保管期间的收益归属于信托财产,发生的保管费用由被保管的信托财产承担。因受益人原因导致信托财产无法转移的,信托公司可以按照有关法律法规进行处理。”

因此,信托到期或终止时,若不良资产尚未完全偿付,对于该收益权可采取三种方式进行分配:现金分配、原状分配或者两者的混合方式。为保障后期不良资产收益权的妥当处置,我们建议可在《贷款管理协议》及《信托合同》中约定若信托到期或终止时,对于尚未完全偿付的不良资产,可由贷款管理人通过打包转让、单户转让等市场化方式进行处置,将回收现金用于信托受益权的兑付。

第五节　以物抵债

在不良资产处置领域,以物抵债也逐渐被广泛应用,成为不良资产处置的一

种常见方式。以物抵债协议并未出现在《民法典》合同编所规定的典型合同范畴内，在《民法典》诞生前的原《合同法》中也未有以物抵债的明确规定。有很多学者认为它应被归属于无名合同的范畴内予以规制。虽然以物抵债的概念和制度在我国现行法律制度中并无相应的规定，但在司法实践中却有各种不同形态的以物抵债情形出现，引起理论界和实务界的广泛关注。

以物抵债是指债务人与债权人达成的以他种给付替代原定给付，用以清偿债务的约定。[①] 中国实务中的以物抵债，可分为两种情形，一种是当事人双方之间已就以物抵债达成了协议，且已经将该抵债之物现实地交付给了债权人，符合德国、日本的民法所说的代物清偿；另一种是只有双方当事人就以物抵债达成了一致意见，却没有现实地交付该物的行为，表现为诺成性。[②] 因此，以物抵债一般会涉及物权变动及新的债权债务关系的产生，在实务中借以物抵债之名行虚假诉讼之实的案件层出不穷，容易引起矛盾和纠纷，这也是不良资产处置中需要关注的要点。

因本节主要论述不良资产处置过程中的以物抵债，此处不再赘述债务履行期满前的以物抵债，而是主要论述债务履行期满后的以物抵债，以及执行程序中涉及的以物抵债。

一、债务履行期满后的以物抵债——诉讼前达成以物抵债协议

债务履行期满后的以物抵债也分为诉讼中达成以物抵债协议和直接达成以物抵债协议两种方式。如债权人在诉前与债务人达成以物抵债的协议，但债务人在协议达成后反悔不予履行交付物，未将抵债的标的物交付给债权人，此时债权人能否要求债务人履行以物抵债协议，抑或只能要求其按照原协议履行，或者债权人可自由选择要求债务人按照以物抵债协议或原协议履行债务？

依据《全国法院民商事审判工作会议纪要》的相关规定，当事人在债务履行期限届满后达成以物抵债协议，抵债物尚未交付债权人，债权人请求债务人交付的，法院要着重审查以物抵债协议是否存在恶意损害第三人合法权益等情形，避

① 参见袁文全、卢亚雄：《检视与规范：以物抵债的适用路径》，载《西南大学学报（社会科学版）》2022 年第 2 期。

② 参见崔建远：《以物抵债的理论与实践》，载《河北法学》2012 年第 3 期。

免虚假诉讼的发生。经审查,不存在以上情况,且无其他无效事由的,应当依法予以支持。该纪要的发布,被认为是最高人民法院对以物抵债协议性质认定的态度从认为是实践合同到认为是诺成合同的一个转变的过程,即从必须要交付抵债标的物方视为以物抵债协议成立,如未交付,债权人只可以原债权债务关系诉讼的观点,转变为现在主流观点认为的,双方达成以物抵债的合意就认可以物抵债协议成立,债务人不履行的,债权人可以就以物抵债协议向法院请求债务人交付。

二、债务履行期满后的以物抵债——诉讼中达成以物抵债协议

依据《全国法院民商事审判工作会议纪要》的相关规定,在诉讼中,双方可以达成以物抵债协议,当事人在一审程序中因达成以物抵债协议申请撤回起诉的,人民法院可予准许。当事人在二审程序中申请撤回上诉的,人民法院应当告知其申请撤回起诉。当事人申请撤回起诉,经审查不损害国家利益、社会公共利益、他人合法权益的,人民法院可予准许。当事人不申请撤回起诉,请求人民法院出具调解书对以物抵债协议予以确认的,因债务人完全可以立即履行该协议,没有必要由人民法院出具调解书,故人民法院不应准许,同时应当继续对原债权债务关系进行审理。

结合上文的规定可以看出,司法实践中主流观点是不再对以物抵债合同进行司法确认。一是因为在以物抵债协议的履行和签订过程中,存在大量的虚假诉讼情形,容易产生争议,而且民事调解协议是当事人意思自治的产物,其本质上属于协议的范畴。二是因为以物抵债的民事调解书无物权变动的效力,人民法院仅是对以物抵债协议的内容是否合法作出判断,其公权力的介入体现在确认协议的合法性上,而无直接导致物权变动的内容,债权人要想在调解书生效后,仍要当事人持调解书办理交付或过户登记,抵债物方发生物权变动。

三、执行中的以物抵债

执行阶段的以物抵债一种为不经拍卖或变卖直接"以物抵债"的形式,一般是在经申请执行人和被执行人同意的情形下进行;另一种为需要经过司法拍卖

时无人竞买或者竞买人的最高应价低于保留价，由债权人申请或同意后才进行以物抵债。

1. 不经拍卖或变卖直接以物抵债

在执行阶段，经申请执行人和被执行人同意，且不损害其他债权人合法权益和社会公共利益的，人民法院可以不经拍卖、变卖，直接将被执行人的财产作价交申请执行人抵偿债务。对剩余债务，被执行人应当继续清偿。但是与诉讼中达成以物抵债协议相类似，《最高人民法院关于执行和解若干问题的规定》第6条规定，当事人达成以物抵债执行和解协议的，人民法院不得依据该协议作出以物抵债裁定。因此在执行阶段达成以物抵债协议，一定要敦促对方及时履行，避免出现以物抵债未实际履行而丧失对原债务的执行时效。

还有一种情形也是可以不经过拍卖变卖程序来进行以物抵债，在被执行人的财产存在无法拍卖或者变卖等情形的，经申请执行人同意，且不损害其他债权人合法权益和社会公共利益的，人民法院可以将该项财产作价后交付申请执行人抵偿债务。

2. 在拍卖或变卖程序中以物抵债

在拍卖或变卖程序中"以物抵债"，包括三种情形：其一，一拍流拍，申请执行人或者其他执行债权人申请或同意以该次拍卖所定的保留价接受拍卖财产的，应当将该财产交其抵债；其二，二拍流拍，人民法院可以依照规定将其作价交申请执行人或者其他执行债权人抵债；其三，变卖失败的，人民法院依照规定将该财产交申请执行人或者其他执行债权人抵债。

对此重点说明为何一拍流拍后就可以申请进行以物抵债。根据《最高人民法院关于人民法院网络司法拍卖若干问题的规定》，网络司法拍卖竞价期间无人出价的，本次拍卖流拍。流拍后应当在30日内在同一网络司法拍卖平台再次拍卖，拍卖动产的应当在拍卖7日前公告；拍卖不动产或者其他财产权的应当在拍卖15日前公告。再次拍卖的起拍价降价幅度不得超过前次起拍价的20%。[①]对于此条规定，大家都比较熟悉，但也因此很多人认为一拍流拍后，一定要进行第二次拍卖。

《最高人民法院关于人民法院民事执行中拍卖、变卖财产的规定》（2020修

① 参见《最高人民法院关于人民法院网络司法拍卖若干问题的规定》第26条第1款。

正）规定，拍卖时无人竞买或者竞买人的最高应价低于保留价，到场的申请执行人或者其他执行债权人申请或者同意以该次拍卖所定的保留价接受拍卖财产的，应当将该财产交其抵债。[①] 此条规定给予了一拍流拍后抵债的法律基础，虽然目前没有明确的法律规定直接表示一拍流拍后可以进行以物抵债，但是依据此条规定可以进行推断，一拍流拍后以物抵债具有正当性。如在不良资产处置的过程中，需要一拍就进行以物抵债的，可以积极与法院联系反馈，促成一拍后抵债。

四、以物抵债的相关问题

1. 经过拍卖后要求以物抵债有时限要求，否则应重新予以评估

（2019）最高法执监 174 号李某、祁东县水产科学研究所物权保护纠纷执行审查类执行裁定书中，湖南省高级人民法院认为："第一次拍卖时间虽然没有超过案涉估价报告一年有效期，但是在流拍之后，衡阳中院并没有适时裁定以物抵债，而是过了将近两年才依申请执行人李某的申请作出以物抵债的裁定，明显超过了案涉估价报告一年有效期，且已不符《拍卖变卖规定》有关以物抵债的条件。在这期间，土地市场价格变化较大，应该对案涉土地重新评估，衡阳中院未认定案涉《评估报告》失效的事实不当。另以物抵债的土地上有建筑物、配套设施及附属物，与土地是不可分的整体，衡阳中院以物抵债的裁定没有对土地上的财产进行相应的处理，有可能导致新的执行障碍。"最高人民法院认为："首先，以物抵债未经被执行人同意。依据相关法律规定，被执行人逾期不履行的，人民法院可以按照规定交有关单位拍卖或者变卖被查封、扣押的财产。拍卖时无人竞买或者竞买人的最高应价低于保留价，到场的申请执行人或者其他执行债权人不申请以该次拍卖所定的保留价抵债的，应当在 60 日内再行拍卖。本案执行过程中，衡阳中院首次拍卖时间为 2015 年 8 月 25 日，流拍后，申请执行人未申请以物抵债，依法应当在 60 日内再行拍卖。但 2015 年 11 月 6 日，衡阳中院依据申请执行人申请中止执行，后于 2016 年 12 月 26 日恢复执行，并于 2017 年 3

① 参见《最高人民法院关于人民法院民事执行中拍卖、变卖财产的规定》（2020 修正）第 16 条第 1 款。

月 13 日作出以物抵债裁定。也就是说,本案在第一次流拍之后,申请执行人未依法申请以物抵债,而是申请中止执行,过了一年多时间再以物抵债已不符合法律规定的以物抵债条件。且《评估报告》已过一年有效期,评估价格无法客观反映案涉土地的价格。衡阳中院的以物抵债裁定在理由及依据上均不符合上述法律规定。湖南高院据此予以撤销并无不当。”

2. 以物抵债中的税费负担

抵债财产在司法拍卖或流拍后取得,过户时产生的税费负担主体目前法律没有明确规定。除非申请执行人自愿负担有关税费之外,目前的通行做法一般是参照民事交易中自主买卖的相关规定确定抵债双方的税费承担。以房屋抵债为例,申请执行人相当于房屋的买受人,承担契税、印花税两项买方税费;被执行人相当于房屋的出卖人,承担增值税、土地增值税、印花税、个人所得税(若被执行人为个人,按财产转让所得单项征收个人所得税;若被执行人为企业,企业所得税按综合所得征收,故不考虑企业所得税)。

但有部分判例认为,如果在诉讼中或在执行阶段内达成执行和解,双方签订《以物抵债协议》,可直接在协议中约定以物抵债后产生的税费由谁承担,在《以物抵债协议》不违反法律、行政法规的情形下,可以按以物抵债协议约定的税费负担条款进行。

第六节　债务重组

一、债务重组的概念

债务重组,也被称为债务调整,是指在不改变交易对手方的情况下,经债权人和债务人自愿协商或法院裁定,就清偿债务的时间、金额或方式等重新达成协议。根据现行的《企业会计准则第 12 号——债务重组》中的规定,采用调整债务本金、改变债务利息、变更还款期限等方式修改原定债务偿还条件的,均作为债务重组。就法律层面而言,债务重组是通过一定的方式改变原债权债务合同关系的过程,是一种民事法律行为。

债权人按照其与债务人达成的协议或者法院裁定做出让步,让步是为了使债务人度过困难时期，避免可能出现破产结局。《民事诉讼法》第 53 条规定，“双方当事人可以自行和解”；第 237 条第 1 款规定，执行过程中“双方当事人自行和解达成协议的，执行员应当将协议内容记入笔录，由双方当事人签名或者盖章”，这些规定在法律上赋予了当事人自行协商和解民商事债务的法律能力。《民法典》和相关司法解释等也为当事人自行开展债务和解提供了实体性的法律依据。在《民法典》合同编中，债务转移、债权转让、债务抵销、债务混同的规定，成为设计和实施企业债务重组计划的重要法律依据。

在谈论债务重组时，我国现行法律体系下用两种法律框架对其进行规范。第一种是《民法典》框架之下的关于债务重组的相关法律规范，第二种是《企业破产法》框架下的债务重组，二者所规制的民事法律行为的发生时间阶段不同，原因也不同。本章论述首先将对第一种情况进行说明，即当事人在自愿、平等、协商一致的基础上，通过市场交易行为完成的债务重组，也被称为“庭外重组”或“协议重组”。

二、债务重组在不良资产处置中的意义

债务重组对于经营困难的企业的存续和发展具有重要意义，也是能够使得债权人最大可能获益的可行办法，债务重组一般是企业首先考虑的自救方式。大部分情况下，只有在债务重组失败后，企业才会选择进入破产中的重整或者和解程序，当重整与和解不能实现债权，不能帮助企业重回正轨，则会进入最终的破产清算。值得一提的是在我国涉及国有企业的破产，考虑到对声誉和后续社会影响的顾虑，很多国有企业非常避讳“破产”二字，国有企业资不抵债的，甚至即使他们作为不抵债企业的投资方的，都不希望本企业或投资企业涉及破产。所以，在很多情况下，通过债务重组来挽救危机局面是企业的首要选择。一般面对经营困境的企业，在债务重组、破产重整、和解的自救方式中，首先考虑债务重组，直至挽救不能后进行破产清算。

债务重组也是国家稳定经济，促进市场经济发展的重要工具。2022 年发布的《最高人民法院关于充分发挥司法职能作用 助力中小微企业发展的指导意见》明确提道：“对受疫情等因素影响无法清偿所有债务但具有挽救价值的中小微企业，债权人提出破产申请的，积极引导当事人通过债务重组、资产重构等方

式进行庭外和解,帮助企业渡过难关。”当然,债务重组不仅能缓解中小微企业的困境,也是影响国民经济发展的大企业解决财务危机的有力手段。例如20世纪90年代亚洲金融危机,总债务303亿港元的广东粤海集团资不抵债,1999年10月26日,官方宣布根据中央部署,以壮士断腕的决心,通过债务重组的方式处理“粤海案”,最终使粤海免于破产,这场亚洲有史以来最大、最复杂的债务重组成功遏制了金融风险的蔓延。

1. 债务重组对债权人的意义

(1)由于进入破产程序的企业的清偿顺序依次为企业所欠职工工资和劳动保险费用、企业所欠税款、破产债权和股东。因此,企业的破产清算实际上会带给债权人更多的损失,特别是在资不抵债的情况下。同时,采用法律手段强制债务人企业通过资产变现还债将很大程度上削减债务人企业的生产经营能力和信誉度,也进而降低了债务人企业的还款意愿和决心。采用债务重组的方式虽然要求债权人企业做出相应的让步,但却能避免债务人进行破产清算,很大程度上增加了债权收回的可能性。

(2)从会计处理的角度看,债务重组本身对债权人利润表的负面影响不大,还可能优化其资产负债表。由于债务重组中的债务往往需要计提坏账准备,若债务重组时债权人已在以前会计年度计提过坏账准备,则债务重组时可先冲减,不足冲减的部分才计入债务重组损失;若债务重组时在以前年度未计提过坏账准备,则即使不进行债务重组,也需在本会计年度计提资产减值损失。因而,债务重组给债权人利润表带来的负面冲击较小。所以,如果能通过债务重组在资产负债表将“问题债权”冲销,将加速资金周转,优化资产结构,尤其是对于银行而言,不良贷款率将大大降低。

(3)当债务人企业发生财务困难,无法按照原来的条件全额支付债务时,通过债务重组,债权人与债务人企业达成协议,以较低的条件来偿还债务,债权人可以在一定程度上收回债权,不至于在之后漫长的诉讼中与债务人企业进行争议解决,因为在债务人企业资不抵债的经营状况下,随着时间的推移,债务很有可能成为坏账。

2. 债务重组对债务人企业的意义

债务人企业在短时间内无法清偿全部债务,但这往往是短期困境,并不代表债务人企业的债务一直无法清偿,如果此时采用债务重组让债权人在偿还方式、期间及金额方面做出让步则能够缓解债务人企业的财务困难,帮助其渡过难关,从而避免破产,债务人也将更好地持续经营,最大限度地保障投资者的收益,实现利益最大化。同时,对于一些垄断型企业和国企,因为受到国家保护,此时为了避免企业破产,法院也会采取强制执行债务重组的方式帮助企业度过财务危机。债务重组的方式有助于减轻债务人企业的还款压力,适当给予债务人企业主动权,促进债权人与债务人企业保持密切的合作关系。

三、债务重组的方式

1. 债务转移

债务转移是指债务人企业将其对债权人的债务转给第三方承担。债务人企业的债务转移,对于债权人来讲,是一种债权转让行为。根据我国《民法典》合同编有关债务转移的规定,企业转移债务时应当经债权人同意。债权人将其对债务人企业的债权转让给第三方时,通知到达债务人企业后对债务人企业生效,否则债务转移不发生法律效力。在进行债务转移时,与主债务有关的担保和主债务应一同转让,除非是专属于原债务人企业自身的。另外,如果法律、行政法规规定转移债务应当办理批准、登记等手续的,应按规定办理。

2. 债务抵销

债务抵销是指双方就相互之间的债务,按对等数额使其相互消灭的行为。如果双方的债务数额不相等,对尚未抵销的剩余债务,债务人仍有清偿的义务。根据《民法典》合同编第 568 条、第 569 条的规定,当事人互负到期债务,该债务的标的物种类、品质相同的,任何一方可以将自己的债务与对方的债务抵销,但依照法律规定或者按照合同性质不得抵销的除外。当事人主张抵销的,应当通知对方,而且抵销不得附条件或者附期限。当事人互负债务,标的物种类、品质不相同的,经双方协商一致,也可以抵销。债务抵销有利于节省清偿债务的费用,对债权人来说,则有利于保障债权的及时实现。在债务重组实践中,债务抵销经常会结合债权转让这种重组方式配套运用,这种操作方法在我国现行法律中可以找到明确的法律根据。《民法典》第 549 条第 1 项规定,债务人接到债权转让通知时,债务人对让与人享有债权,并且债务人的债权先于转让的债权到期或者同时到期的,债务人可以向受让人主张抵销。

3. 修改债务条件

企业间的债务一般都是根据合同产生的,而合同是当事人协商一致的结果,当一方因故不能履行合同约定的偿还债务的条款时,可与对方协商变更合同,修改其他债务条件。修改其他债务条件主要包括:减免原债务的部分利息、修改利率、延长债务偿还期限、延长债务偿还期限并加收利息、延长债务偿还期限并减少债务本金或债务利息,对部分或者全部债务由新的第三方提供连带责任保证,或者提供新的物保等。

4. 债务免除

债务免除是指债权人放弃债权而免除债务人偿还义务的行为。在债务重组的实务操作中,债务人企业的关联企业如果实力雄厚,也可通过债务重组的方式先购买债权人对债务人企业的债权然后予以免除。

5. 债务混同

债务混同是指债权债务归于一人的法律事实。根据《民法典》第 576 条规定,债权和债务同归于一人的,合同的权利义务终止,但损害第三人利益的除外。

6. 债权打折

债权打折是指由债权人减让部分债权,在一定程度上减轻负债企业的负担。这种方式一般在企业明显资不抵债且未来困境难解时被采用。企业一旦破产,债权人只能收回部分债权,甚至完全收不回任何欠款。因此,通过适当的债权减让,有利于避免可能的更大损失,及时止损,这种重组方式在《企业会计准则——债务重组》中规定为"以低于债务账面价值的现金清偿债务"。

四、如何保护债权人的利益

1. 债权重组中的法律风险注意

债务重组从设计到协商谈判再到实施是一个非常漫长的过程,涉及方方面面需要考量的因素,并且过程中也充满变化。与破产程序中的债务重组相比,债权人债务人的庭外债务重组体现为双方当事人之间的合意,并没有破产程序中的司法干预力和强制力。因此,债务重组仍然是民法框架中平等当事人之间的协商活动,此时,更应对缔约过程所要求的平等、自愿等原则严格要求,以均衡双方当事人的利益,保护债权人的权益。债务重组过程中各利益相关方,包括债权人、债务人、债务人股东、员工、政府和相关机构等，多方谈判需要进行及时和有效的沟通，才能尽可能地降低风险。因此，在制订和实施债务重组计划时各项决策都需周密的考虑，其中在会计和法律方面，有几点风险需要特别注意。

(1)“财务困难”的界定

根据会计准则的相关规定，处于“财务困难”的债务人企业可以以债务重组的方式为企业减轻负担，但并未对“财务困难”进行具体的解释。不同企业的财务状况千差万别，对于每一个企业来说，何为“财务困难”也是非常主观的，如果错误地进行债务重组将会使债权人蒙受不必要的损失，可能反而会造成债务人财务状况的恶化。因此，提前做好规划，比如规定企业的最低资产负债率、规定企业的最高流动比率及企业每股的最大盈余等作为红线。同时，决策者也应当考虑到未来经营状况，对于不同性质特点的企业进行不同标准的界定。例如，因为技术革新失败而不能跟进市场的企业，即便是财务报表有盈利，但未来的亏损显而易见，不良资产可预见地会产生，那么则应当视此企业为财务困难，进行债务重组；如果一个企业在短时期内财务状况堪忧，但是就其企业特点分析得出该企业属于管理制度科学、技术先进型的企业，评估表明企业有能力适应市场变化，未来经营状况十分乐观，则不应当进行债务重组。

(2)财务舞弊的风险

如上文所阐述，不少企业通过免责的债务承担的方式进行债务重组，即在面临财务危机和濒临破产的情况下，企业采用让其关联企业代偿债务的方法来获得债务的减少或者免除，债务人企业的财务状况将在短时间内明显改善。不过，就会计的角度而言，债务重组的利得计入在利润表却并不在现金流量表上具体反映，这就会造成会计信息不对称，财务报表不能真实反映企业的经营情况，使得信息使用者比如投资者或债权人对于债务人企业的后期经营状况可能做出错误的预估。这个漏洞甚至可能成为一些关联企业操纵利润的工具，干扰了关联企业的信息使用者对企业经营成果的判断，扰乱了市场秩序。因此，应当在现金流量表的补充资料中增加“债务重组损益”，用以反映债务重组的利得和损失，从而与利润表保持一致，提高会计信息的质量。同时，相关机构和监督方应当完善企业内外部的监管，企业内部通过各种方式对相关财务人员和高管进行素质培训，并在外部加强监管机构的职能，尽可能降低财务舞弊的风险。

(3)税费处理

在债务重组的过程中,应当明确相关税费的会计处理。本章所讨论的债务重组并不包含以物抵债或债权融资等更广义的债务重组方式,相关税费的处理与这些债务重组方式的实施更加关键。不过,不论是何种方式,处于困境的企业本身所产生的现金流通常相对匮乏,债务人企业往往难以在交易行为发生当期及时缴纳税费,尤其是大笔的企业所得税,因此税费负担也往往成为不良资产债务重组顺利进行的障碍。比如,不同于法国等西方国家,我国的会计准则规定将债务人企业债务重组的收益一次性计入当期损益,但一般情况下企业债务重组收益是多个会计期间的总和,采用一次性计入当期损益的方法就会增加当期利润从而增加应纳税所得额,进而使得企业当期应纳企业所得税增加。

(4)银行修改债务条件的债务重组所面临的困境

如果债权人是银行,在处置不良贷款时,往往会通过更详尽的债务重组计划设计来尽可能减少对国有资产流失的顾虑。在我国,大部分的债务重组都涉及银行,根据2016年出台的《国务院关于积极稳妥降低企业杠杆率的意见》,以及《关于市场化银行债权转股权的指导意见》,国有银行通过债转股来处置不良资产的方式是非常受限的,因此,传统意义上修改债务条件的债务重组是国有银行等国有企业不良资产处置的首要选择。如何提高不良资产的回收率和覆盖率,如何运用合规的手段有效开展债务重组,也是中国商业银行行业风险管理的热点话题。

不过,虽然是银行不良资产处置的有限可选方式之一,但以修改债务条件来进行债务重组有着严格的行业规定和限制。中国人民银行颁布的《贷款通则》第12条第2款规定,“短期贷款展期期限累计不得超过原贷款期限;中期贷款展期期限累计不得超过原贷款期限的一半;长期贷款展期期限累计不得超过3年。国家另有规定者除外”,商业银行延长贷款期限要遵循上述期限限制。《中国银监会关于完善和创新小微企业贷款服务提高小微企业金融服务水平的通知》也规定了小微企业申请续贷的条件,“具有持续经营能力和良好的财务状况”“信用状况良好,还款能力与还款意愿强,没有挪用贷款资金、欠贷欠息等不良行为”“原流动资金周转贷款为正常类”。如果需要进行债务重组的企业已经深陷财务困境,则无法满足上述条件,此时通过修改债务条件的方式处置不良资产,比如减少债务、降低利率、延长还款期限,无疑是具有风险的,银行的风险控制也主要在于防患于未然。同时,银行作出的合规的修改债务条件的债务重组也面临着法律风险,主要有以下几点。

①保证人保证期间罹于失效或担保物脱保

《最高人民法院关于适用〈中华人民共和国民法典〉有关担保制度的解释》和《商业银行金融资产风险分类办法》都承认了基于自愿原则借新还旧的法律效力,但“借新还旧”后的保证或抵押质押的担保物权并不会自然延续。对于保证人来说,如果债务人没有明确告知,并经过保证人书面同意,则保证人可以主张免除保证责任。对于抵押或质押担保而言,如果没有及时办理抵押登记,或者转移质押物,新债务的担保则不能自动延续。根据《企业破产法》,如果在企业宣告破产前六个月内形成的新的债权债务关系,抵押质押合同还可能被申请法院撤销。

②抵押质押权顺位的改变

根据债权担保的从属性原则,主债权消灭,从权利也随之消灭,因此在新的债务合同成立时,原抵押合同也随之失效。新的债务合同当然可以重新列明担保物,确立担保关系,但是因为登记时间的改变,物权的时间在先效力优先原则可能会因此丧失优先受偿权。尽管很多地方政府积极鼓励银行机构转贷,但新贷债权债务关系重新确立担保关系后,也仍然面临可能出现登记在先的抵押变成登记在后的抵押,并因此丧失优先受偿权的情况。

③“置换贷款”存在合规性问题

“置换贷款”本质上也是借新贷还旧贷,这也是实践中很多企业绕过银行风险控制的方法。例如,A 企业在银行贷款即将到期时向 B 企业借款用于归还在银行的贷款,银行再向 A 企业发放等额的贷款金额,A 企业再将这笔钱还给 B 企业。A、B 两个企业之间并无真正的市场交易行为,而是短期的资金借用,从贷款的目的来说,在贷款用途上并不符合规定。并且,银行与 A 企业并未就续贷达成新合同,法律效力不明,也有意思表示不真实的可撤销之嫌。

2. 发挥法院外的债权人委员会作用

破产程序中,在法院的指令下由债权人会议选出债权人委员会是债权人监督破产债务人企业的主要组织。不过,近年来的实践中,未进入破产程序却陷入危机的企业,其债权人也开始尝试采取联合统一行动,维护自身合法权益,在解决债务危机,尽量提升不良资产的回收率上扮演着越来越重要的角色。比如,在国内企业粤海、德隆、啤酒花等债务重组实践中，债权人委员会成为解决债务危机的最高决策机构，参与债权人委员会的各债权人以协议的方式明确各自的权利义务，并以协议或决议的方式确定债权人委员会的职责、议事规则和其他债务重组的种种事项。类似于破产程序中的法定债权人委员会，协商而成的债权人委员会也可以通过民法框架达成合意，表决债务重组方案和监督重组方案的落实，并对各债权人申报的重组债权进行确认核实，也能聘请中介机构，决定是否向法院申请债务人企业破产等。面对已经深陷泥潭的债务人企业，债权人与其他债权人取得联系统一行动，精准了解企业的运营和财务动向，快速协商谈判是一个实现共赢、尽可能减少风险的创新之举。

五、破产法框架下的债务重组

正如本章开头所述，债务重组也通过《企业破产法》、《民事诉讼法》和相关司法解释被引入破产企业的危机处理中，将民法中的债务重组规定纳入破产重整或和解程序中。此时的债务重组是在法院主导下开展债务重组，也称“庭内重组”或“司法重组”。其中，《企业破产法》详细对债权人会议、债权人委员会、破产重整以及破产和解等事项作出了规定，成为庭内债务重组得以实现的重要法律基础。《企业破产法》第 95 条允许当事人直接向法院提起破产和解申请，第 105 条允许当事人在破产申请受理后至破产宣告前，提出和解申请。不过，破产法框架下的债务重组仍然面临着考验。

1. 我国目前在法律上并没有单独的庭外和解的启动机制

《企业破产法》虽然在破产和解申请时间上做了灵活的制度设计，允许债务人向法院提出破产和解申请，但由此启动的债务和解程序仍然是破产程序的环节，而并不是真正意义上的庭外和解。《民事诉讼法》从法律层面承认了当事人庭外和解的效力，但由于缺乏明晰的实体和程序上的法律适用规则连接，庭外债务和解仍处于自发、无序状态。通过《企业破产法》中和解的相关法条，虽然赋予了法院作出是否有允许和解的法律效力裁定，但没有规定如其他国家破产法中的预警机制等相关范畴，包括债务人的公告和登记义务、法院的监测和决定义务等，因此如何平衡各方利益、促进破产和解在实践中也需要更多的探索和考虑周延。

2. 债权人会议和债权人委员会的权利行使仍有难度

债权人委员会是法院审理企业破产案件期间的临时组织，由债权人会议选择设立，是法定的破产程序中债务人企业的债权人的意思表示机构。债权人会议和债权人委员会通过对重大事项的决定和监督，来维护债权人自身的合法权益。不过，《企业破产法》关于其相关的法律规定不能涵盖这个破产企业“最高决策机构”运行的方方面面。

（1）法律角色仍不明确

根据《企业破产法》相关规定，债权人会议和债权人委员会应当是债权人的最高决策机构，但根据现行的《民法典》和《公司法》，其并不具备法律主体（有独立的诉讼地位）的资格，只是一个临时组成的松散的议事组织。因此，债权人会议和债权人委员会形成的决议对某些债权人，比如各债权人银行的约束力是非常有限的，即使债权人银行违反协议或决议要求，债权人会议和债权人委员会也很难直接进行责任追究。另外，债权人会议和债权人委员会所达成的债权人协议并不一定能完全被法院承认，比如国务院出台的“三中止”规定可能造成协议无法落实。

（2）弱势债权人的利益保护

由于法律并未强制规定所有债权人均须参加债权人会议和债权人委员会，因此债权人会议和债权人委员会的参与范围往往由处于强势地位的债权人主导。如债权人银行级别有差，处于强势地位的债权人银行掌握话语权和主动权；另外，如果民间债权人众多且诉求强烈，态度激进，债权人银行则可能相对处于弱势。最后，若债权人会议和债权人委员会成员之间达成协议，自愿接受约束统一行动，而未参加的债权人依法采取其他贷款清收措施，则参与债权人会议和债权人委员会的成员的权益反而可能受到损害。在司法实践中，债权人会议和债权人委员会所达成的协议很有可能涉及限制行使抵押权、质权或留置权，限制查封、扣押、冻结债务人财产，提起诉讼等条款。在我国有关庭内债务重组法律保障制度尚不完善的情况下，上述约定可能导致债权人丧失申请法院保护及向法院申请强制执行的权利。

第七节 债 转 股

一、债转股的概念

1999年正处于亚洲金融危机后的调整期,我国的国有企业亏损面持续扩大,导致建行、中行、农行和工行四大国有商业银行不良贷款率持续恶化。为帮助国有企业脱困,降低银行金融风险,原国家经济贸易委员会和中国人民银行发布《关于实施债权转股权若干问题的意见》,决定组建金融资产管理公司,依法处置银行原有的不良信贷资产,信达、东方、长城、华融四家AMC应运而生。通过债转股,AMC将四大行的坏账剥离,国有企业扭亏为盈,降低不良贷款率效果显著。

2003年最高人民法院发布的《关于审理与企业改制相关的民事纠纷案件若干问题的规定》将债转股分为自愿债转股和政策性债转股(参见《关于审理与企业改制相关的民事纠纷案件若干问题的规定》第14条)。

2005年修订的《公司法》中,非货币出资形式不再限制于实物、工业产权、非专利技术、土地使用权,而是可以用货币估价并可以依法转让的非货币财产都可以用于出资[参见《公司法》(2005修订)第27条],为债转股的进一步发展提供了法律工具。

2006年《企业破产法》规定重整计划可对出资人权益进行调整,为破产重整中实施债转股奠定了基础。

2012年实施的《公司债权转股权登记管理办法》(已失效)明确规定,债权转股权系指债权人以其依法享有的对在中国境内设立的有限责任公司或者股份有限公司的债权,转为公司股权,进而增加公司注册资本的行为(参见《公司债权转股权登记管理办法》第2条)。这是第一次从立法层面明确债转股的概念。后《公司债权转股权登记管理办法》于2014年被《公司注册资本登记管理规定》所废止和替代,并进一步明确了转股的构成要件。《公司注册资本登记管理规定》第7条规定:“债权人可以将其依法享有的对在中国境内设立的公司的债权,转为公司股权。转为公司股权的债权应当符合下列情形之一:(一)债权人已经履行债权所对应的合同义务，且不违反法律、行政法规、国务院决定或者公司章程的禁止性规定；（二）经人民法院生效裁判或者仲裁机构裁决确认；（三）公司破产重整或者和解期间，列入经人民法院批准的重整计划或者裁定认可的和解协议。用以转为公司股权的债权有两个以上债权人的，债权人对债权应当已经作出分割。债权转为公司股权的，公司应当增加注册资本。”可以看到《公司注册资本登记管理规定》中排除了未履行或未完全履行的债权人，即债权人应系已履行合同义务的无过错方，转为公司股权的债权也必须是得到法院、仲裁机构等公权力机关确认或批准的债权。

2016 年国务院发布的《关于积极稳妥降低企业杠杆率的意见》鼓励多类型实施机构参与开展市场化债转股，在此基础上又发布《关于市场化银行债权转股权的指导意见》，该意见指出银行、企业和实施机构可以自主协商确定债权转让、转股价格和条件。此外，经批准可允许参考股票二级市场交易价格确定国有上市公司转股价格，允许参考竞争性市场报价或其他公允价格确定国有非上市公司转股价格。

2022 年 3 月，基于充分发挥市场主体登记管理职能，激发市场创业创新活力的目的，国家市场监督管理总局发布了《市场主体登记管理条例实施细则》，该细则第 13 条第 3 款规定：“依法以境内公司股权或者债权出资的，应当权属清楚、权能完整，依法可以评估、转让，符合公司章程规定。”该规定删除了此前对于债权人和债权的认定限制，转而从权属、权能、价值量化和可转让性几个方面予以认定。

二、债转股的法律性质

对于债转股的法律性质，理论界最有代表性的是以下三种学说：债权出资抵销说、代物清偿说和程序法属性说，分别以王欣新教授、韩长印教授和邹海林研究员的观点为代表。

债权出资抵销说认为，为达到降低重整企业负债率的目的，可以在重整程序中借助于“债权出资”和“抵销”的实体法制度来实现债转股。从债务清偿的角度看，债转股的实质是以股偿债，重整企业通过对出资人权益进行调整产生的股权对债权人进行清偿，债权人则用对重整企业享有的债权作为出资对价以抵销其出资缴纳的义务。重整程序中的债转股具有债务清偿和债权出资的双重法律性质,应当同时受《企业破产法》和《公司法》的调整。

代物清偿说对债转股的债权出资属性持否定态度,认为重整程序中的债转股是在债权债务人、出资人等各个主体之间达成的以股抵债的自治式的代物清偿契约。当重整企业不能及时履行其债务时,可以在法律规定的范围之内,由"代物清偿"或者"第三人代为清偿"来清偿债务。以出资人权益清偿债权的,构成代物清偿。债转股是债务人在违约后实施的一种代物清偿或者"专为清偿",其属性明显区别于"进行股权投资"的性质。

程序法属性说对债权出资抵销说和代物清偿说均不认可,认为两者均以民法关于债权清偿的实体法制度为基础,虽然具有某种程度的合理性但包容性不足。《企业破产法》第八章规定的"债权受偿""债权调整""出资人权益调整"等程序法制度用于债转股的具体工具,以上三个概念和实体法没什么关系。因此,债转股是《企业破产法》规定的、通过公平分配出资人权益进而对债务进行清偿的方式,具有程序法上的意义。重整程序中的债转股仅是债务人财产分配的一种可供选择的方式,债权人所享有的债权在其实际获得股权分配之时而消灭,但这一债权消灭仅发生程序法上的效力,基于该债权的担保权利并不会因此而消灭。

另外,有学者提出债转股具有工具属性,从债转股在企业破产法上的制度逻辑进行研究,认为债转股仅是用于解决债务危机的一个市场化工具,而不是解决债权债务问题本身。债转股涉及资本结构调整、股权估值、债务评估、控制权转移等多层次的债务解决框架,应当意识到债转股具有的工具性质。甚至直接将债转股的法律性质认定为"以股抵债"或"以债作股",不做更具体的界定。

债权出资抵销说和代物清偿说均以实体法上的法律行为制度为基础,两者可以统称为实体法属性说,两者的争议焦点为债转股是否具有债权出资属性。我们认为,债转股是否受《公司法》的调整并不必然对其是否具有债权出资属性产生影响,即便是债转股的实现过程必须履行《公司法》上的增资登记、股东变更等程序的调整,也不能就此认定债转股就具有债权出资属性,反之亦然。而应以接受债转股的债权人是否有参与公司实际经营之目的来进行判断,若债权人接受债转股只是看中股票变现后的现金价值,即便是债转股实现的过程中适用了《公司法》,也可以将其看作债权的实现手段。另外,债转股中的股权是否仅限于债权人企业自身的股权也会影响两种学说的争议。以债务人企业自身的股权对债权人进行清偿无疑是债转股的应有之义,但是,以债务人或第三人持有的债务人以外的其他企业的股权向债权人清偿是否属于债转股则需要进一步探讨。

实体法属性说和程序法属性说是以适用的法律内容为基础,程序法属性说是以破产法律制度和重整司法实务中的债转股制度为出发点,其争议焦点在于破产重整中的债转股是适用实体法律制度还是程序法律制度。我们认为,实体法属性说和程序法属性说中的"债转股"的外延并不相同,实体法属性说中的债转股关注的是破产重整视角下的市场化债转股,并不局限于重整期间;程序法属性说关注的则是破产重整司法实务中的债转股,是在破产重整程序的特殊语境下实施的债转股。市场化债转股是在2017年《降杠杆意见》和《债转股意见》出台后开始的,而破产重整程序中的债转股自2007年《企业破产法》施行之后便存在于法律实务中,因此,讨论实体法属性说与程序法属性说就需要厘清市场化债转股和重整程序中的债转股关系。

工具属性说和上述学说并没有在同一层面进行探讨,不具有必然的非此即彼的关系,即债转股的工具属性并不对其是实体法属性还是程序法属性产生必然的影响。而对债转股的法律性质为"以股抵债"属于进行了文义解释,亦是三种主流观点的应有之义,并不具有争议。

三、债转股的种类

1. 按照债转股之债权的性质分类

(1)广义的债转股

广义的"债转股"就是将债权转为股权,从一般意义上说,它可以发生于任何债权人与债务人之间,如企业之间、企业与内部职工之间、银行与企业之间的债权债务关系等,具体可包含以银行贷款为主要标的的市场化银行债权转股权,以及以对第三人债权作为出资的债转股。

(2)狭义的债转股

我国长期以来企业的融资渠道相对比较单一,大量贷款来自银行,银行与企业之间的债权债务关系占了企业债务的绝大比例。因此,狭义的“债转股”,限定债权人为银行,债务人为企业,是指“当商业银行贷款对象出现一定问题时,商业银行所采取的一种资产保全方式,通过债转股,商业银行希望恢复或者在一定程度上恢复贷款对象的盈利能力和财务健康状况,减少商业银行的贷款损失”。简言之,狭义的债转股就是将银行持有的企业债权资产转为对企业的股权投资。

2. 根据债转股的主导对象分类

(1)政策性债转股

政策性债转股,是指在政府主导下进行的债转股行为,包括政府主导债转股企业的选择、债权转让定价、财政出资设立资产管理公司。

(2)市场化债转股或商业性债转股

市场化债转股或商业性债转股,是指债权人与债务人在市场主导下为了各自的利益平等、自愿地将债权转换为对债务人企业股权的商事行为。债转股过程中,政府相关部门制定规则和政策、提供担保等适度介入行为不改变市场化债转股的性质。

四、债转股的运作模式

根据债转股的承载主体不同,可以将其分为三种运作模式:

一是直接模式,即将银行对企业的债权直接转化为银行对企业的股权,这又包括银行直接持股和银行子公司持股两种方式。

二是间接模式,即银行将其对企业的债权,主要是不良债权打包出售给第三方(如金融资产管理公司),债权随之转移给第三方,再由第三方将这笔债权转化为其对企业的股权。

三是委托模式,在直接模式后,银行再将其对企业的股权委托给第三方管理,银行从第三方那里获取股息和分红。

五、市场化债转股

严格意义上或狭义的市场化债转股系债权人以其持有的标的企业的债权作

为相关资产，向标的企业进行出资从而债权转化成股权、债权人转化成股东的法律行为。市场化债转股这个概念为大家所知晓，来源于2016年全国“两会”期间的总理问答及其后出台的《国务院关于积极稳妥降低企业杠杆率的意见》。继纲领性国务院54号文发布后，各部委在配套制度层面为市场化债转股参与方提供了相较于政策性债转股更多的实施路径可选项：

(1)2018年1月19日，国家发展改革委、人民银行、财政部、原中国银监会、国务院国资委、中国证监会、原中国保监会发布《关于市场化银行债权转股权实施中有关具体政策问题的通知》(发改财金〔2018〕152号，以下简称152号文)，鼓励“收债转股”、规范“发股还债”，提出“股债结合”，同时为“非上市非公众股份公司银行债权转为优先股”提供制度基础和可能性。

(2)2018年6月29日，原中国银行保险监督管理委员会发布《金融资产投资公司管理办法(试行)》(以下简称4号令)，明晰了金融资产投资公司(FAIC)的设立要求，为商业银行设立债转股实施机构的实施路径及资金来源进一步指明方向。

根据152号文，市场化债转股在法治化、市场化的原则下可积极探索“模式创新”，市场参与方可根据自身商业诉求和目标企业特点量身设计债转股实施路径。

六、市场化债转股的模式

债转股是比较宽泛意义上的，转股标的企业和转股债权的债务人不要求保持同一，凡标的企业合并报表范围内的主体甚至标的企业控股股东、实际控制人及其同一控制下不同主体之间存在勾连的债务、股权的重组和转化实际上都可包含在内。152号文也明确鼓励“收债转股”，规范“发股还债”，允许设立私募股权投资基金开展债转股，提出“股债结合、以股为主”，允许上市公司、非上市公众公司向实施机构发行普通股、优先股或可转换债券等权益类融资工具募集资金偿还债务，同时为非上市非公众股份公司银行债权转为优先股提供制度基础和可能性。从目前实务看主要有以下四类操作模式：

1. 增资还债

增资还债模式为实施机构向标的企业现金增资，标的企业以实施机构缴纳的增资款来偿还相关债务。实施机构在以增资还债模式开展市场化债转股时，应在市场化债转股协议中明确偿还的具体债务，并在资金到位后及时偿还债务。

2. 增资还债之上市公司两步走特殊模式

目前该两步走可能的操作是：投资者先对上市公司子公司或同一控股股东实际控制人下关联公司增资以供其还债，而后上市公司对投资者等股东发行股份购买资产实现投资者上翻成为上市公司股东以退出。该债转股方案本质上属于发股还债，但需要通过上市公司发行股份购买资产的方式来实施。

该等模式较好地实现了市场化债转股参与主体的多赢而已成为上市公司市场化债转股的主流操作模式，就市场化债转股的上市公司及/或其控股股东、实际控制人合并报表范围内标的子公司而言，该种模式优点为：(1)降低上市公司及/或其控股股东、实际控制人合并报表范围内资产负债率以及节省不菲的利息等财务费用；(2)较大程度减轻甚至免除通常情况下标的公司原股东或实控人繁重的回购义务；(3)同时还可解决上市公司先前不能锁价定增的问题；(4)上市公司与市场化债转股实施机构实施上翻换股交易时，也可一并实施上市公司发行股份购买其他优质资产。

就市场化债转股的投资者而言，由于目前高效的私募股权交易市场尚未完全形成，此上市公司二级市场退出方式已然成为投资者退出的最佳渠道。具体而言，此种模式的优点为：(1)流动性良好，尤其是在行情比较好或被看好时，不仅容易减持卖出，而且溢价效果明显；(2)有公开市场定价，减少被指摘“贱卖”的风险。

但对投资者而言，亦有不利之处，主要为：(1)两步交易非单一复合交易，较为复杂，增加了交易的不确定性，尤其是前述第二步上翻步骤存在的证券审核的不确定性。(2)锁定和退出周期较长，成本和风险加大。受制于12个月标的股权持有期、12个月股票限售期及减持规则要求的节奏与比例限制(特别是集中竞价减持12个月不得超过50%的限制)，这对投资方对于成本和风险的容忍程度甚至二级市场操盘能力也提出了更高的要求。(3)投资者通常持股数额较大，对二级市场会有一定冲击。即使不通过集中竞价交易系统减持，通过大宗交易或协议转让，但找到合适的接盘方也较为不易尤其在下跌行情。

3. 直接债转股

直接债转股模式，是指由实施机构先承接债权，再将债权作为股权出资转为股权。这种模式最贴合债转股概念的内涵，其为上一轮政策性债转股主要采用的模式，本轮市场化债转股也有适用。

4. 股转还债

在市场化债转股的实践中出现了“股转还债”这样一种创新模式，即标的公司的股东将股权转让予实施机构，股东以获得的股权转让款清偿其债务。该等案例目前较少，在该等模式下，股权对应的企业（目标公司）和债权的对象（债务人）不属于同一主体，但从案例角度看，目标公司及债务人应通常属于母子公司关系或者企业集团内部关联方关系，通常在于以企业集团优质资产解决企业集团整体的债务问题。

此外，根据152号文第9条，市场化债转股创新模式，主要是指现行政策要求不明确或需调整现行政策的市场化债转股模式，应报送部际联席会议办公室并由其会同相关部门研究反馈后再行开展。

我们建议，相关企业、实施机构等应根据相关主管机构原则意见在初步尽职调查的基础上综合相关实际情况与各方诉求确定合适的具体操作模式。

七、市场化债转股的主要操作流程

前文提到在20世纪90年代的国企改革与银行业重组时期，我国曾实施过一轮债转股，不过实施背景与当前已大相径庭。为了加强不良管控，2016年9月国务院印发了《关于市场化银行债权转股权的指导意见》，为银行处置不良贷款提供了全新政策支持，拉开全新一轮债转股的序幕。国家发展和改革委员会办公厅、中国人民银行办公厅、财政部办公厅、原中国银行保险监督管理委员会办公厅、中国证监会2018年11月13日联合发布《关于鼓励相关机构参与市场化债转股的通知》（发改办财金〔2018〕1442号），与1998年的上一轮相比，本轮债转股更加突出市场化、法治化。

1. 确定转股标的企业及标的债权

（1）标的企业

目前市场实践中，实施机构选择的市场化债转股对象往往是企业集团本身业务模式不存在重大风险，具有一定产业价值和上市可能性，只是暂时性陷入债务困境的企业集团，特别是品牌知名度高、市场竞争力强、经营运转正常的高杠杆优质企业或企业集团内优质子公司及业务板块。

(2)标的债权

市场化债转股相关标的债权主要是银行及财务公司等非银行金融机构的直接贷款或委托贷款(包括上市公司统一筹措安排并提供给其子公司使用的委托贷款)。部分市场案例中亦出现上市公司控股股东向外部金融机构进行股票质押和质押式回购借款,并进一步提供给上市公司及其子公司作为股东借款,该等股东借款不属于银行债权,但标的企业股东将其取得的债权转让款全部用于归还符合 152 号文规定的融资借款,该等股东借款形成债权也作为符合政策规定的标的债权而得到监管认可。另外,有上市公司案例中明确市场化债转股不存在用于偿还标的公司房地产业务借款的情形,我们理解为房地产业务相关债权因相关产业政策在市场化债转股项目中依然受限。

2. 确定实施机构及资金募集方式

(1)实施机构

国家政策支持各类机构依法依规积极参与市场化法治化债转股,国资、民资、外资等各种所有制性质的投资者都可以依法平等参与市场化法治化债转股。

(2)资金募集

债转股所需资金由实施机构充分利用各种市场化方式和渠道筹集,鼓励实施机构依法依规面向社会投资者募集资金(如发行专项用于市场化债转股的企业债券)或发起设立专项基金(如建设银行、中国人寿共同发起设立的中船降本增效私募投资基金)的方式进行市场化债转股投资。

3. 交易价格锁定与调价机制

就市场化债转股交易而言,而在一步走的交易,转股定价只需一次性关注债转股交易定价即可。前述增资还债之上市公司两步走特殊模式的交易中,因标的股权涉及第一步转股和第二步上翻两个步骤,两次交易的估值定价因此更为复杂。交易各方需在两个步骤都对标的股权定价予以关注,而且前述两个步骤两次交易价格差异合理性也需要同样予以关注。而站在上市公司和投资方两个立场,各有其锁价的模式及理据,需要寻找中间的平衡点以满足双方的诉求。这对参与交易各方及其财务、法律顾问都提出了不小的挑战。

值得特别注意的是,在前述上市公司市场化债转股操作模式中,就第二步的上翻即换股交易而言,由于上市公司发行股份购买资产交易的审核周期较长,为降低上市公司股票价格波动对投资机构的影响,需要发股交易中设置股票发行价格的调价机制。在前述直接以债权转股权的模式,则需重点关注债权作为非货币出资需符合《公司法》第27条关于非货币出资等规定的问题。但根据目前上市公司市场化债转股的有关实践操作,用于出资的债权大多未进行资产评估。然而,为确定出资债权所占标的企业的出资比例,通常需要对债转股实施对象即标的企业进行资产评估,以作为转股定价的依据。

4. 核心交易文件及条款

市场化债转股项目涉及的交易协议根据需要通常可以包括债权转让协议、增资协议、债转股协议、股权收购协议、股东协议、投资合作协议、合伙协议、基金协议、发行股份购买资产协议、一致行动协议、标的公司章程等。除常规交易条款外,该等协议文件通常应包括以下特别约定:

(1)相关案例对于实施机构投后的股东权利亦进行了市场化的操作,譬如赋予实施机构在重大事项上的一票否决权、优先分红权、反稀释、随售权、原股东转股限制、业绩承诺、股权回购等投资者特殊权利、估值调整机制等投资者权益保护机制。

(2)就前述上市公司市场化债转股操作模式而言,除前述交易价格条款,还需重点关注相关交易安排实现的可能性,提前预判并做安排(如第二步上翻不成的处理)。另外,由于标的公司已为上市公司的子公司且投资者仅为参股股东无法对标的公司施加重大影响,公平起见,投资者在两个步骤中都不应对上市公司下属子公司的资产瑕疵承担兜底责任(在债转股前即已存在),也不应承担标的公司的业绩对赌责任。

(3)受制于股票限售期及减持规则,实施机构在上翻环节完成之后一般还需要较长期限才能减持完毕,实施机构从投资非上市股权至减持完毕周期较长,实施机构需要充分测算相关投资周期成本及与上市公司做好相关对接安排,如果实施机构以基金方式募集资金,需考虑与基金的存续周期相衔接。

(4)市场化债转股大部分项目是按正常作价机制定价的,但在融资难与资管新规严管的大经济背景下,实施机构出于交易安全及谨慎求稳,实践中仍会要求保底、回购等交易安排。鉴于2019年以来中国证监会、交易所对上市公司定增项目有无保底安排的常规询问,以及《上市公司非公开发行股票实施细则》(2020修正)专门新增第29条首次明文规定禁止保底保收益,并将范围扩大至控股股东、实际控制人、主要股东，日后上市公司市场化债转股项目中保底安排将面临更严格的监管。

(5)就上市退出而言，由于其涉及证券监管审核，因此需关注标的公司、标的股权是否符合作为上市公司发行股份购买资产的相关审核条件(比如，标的公司股权、资产质量以及相关负担、瑕疵状况)以及相关交易安排合法合规及合理性要求(比如，转股和上翻两个交易步骤中标的公司估值定价的差异合理性、投资者在换股交易完成后参与上市公司的治理以及对上市公司的控制或影响)，以进行提前尽职调查、预判及安排。

(6)内外部批准手续、信息报送

市场化债转股的交易各方应就交易事项分别履行各自的内部决策和外部审批(如涉及)程序。就标的企业而言，其需履行股东会决策程序，标的企业控股股东为上市公司的还涉及上市公司的董事会、股东大会决策程序；标的公司为国有企业的，还将涉及国资监管机构关于以非公开协议方式进行增资(豁免进场交易)的批复；涉及国有股东与上市公司交易的，还需根据《上市公司国有股权监督管理办法》相关规定履行国资监管审批程序。就实施机构而言，如其为基金则通常需履行相关投决会、董事会、基金管理人批准等相关决策程序。

此外，根据《关于做好市场化债转股项目信息报送平台上线相关工作的通知》，实施机构应在债转股相关协议签署后 5 个工作日内，通过“市场化债转股信息报送平台”系统填报项目信息。

5. 交割

债转股企业应依法进行公司股东变更、董事会改组等交割程序，完成工商变更登记手续。涉及上市公司增发股份的应履行证券监管部门规定的相关程序，包括但不限于证券登记结算公司的股份登记手续。

八、第三人债权出资的债转股

第三人债权出资，是指投资人以其对第三人的债权向标的公司出资。首先，在法律层面，通过梳理历次颁布的《公司法》可以发现，债权出资并非一开始就被纳入股东出资方式的范围。根据《公司法》(1993)第 24 条第 1 款规定，股东可以用货币出资，也可以用实物、工业产权、非专利技术、土地使用权作价出资。

该条款对股东出资方式进行了详尽列举,因此,股东只能按照其规定的方式进行出资。上述规定在 1999 年和 2004 年颁布的《公司法》中得到了沿用。《公司法》(2005)第 27 条第 1 款规定,“股东可以用货币出资,也可以用实物、知识产权、土地使用权等可以用货币估价并可以依法转让的非货币财产作价出资;但是,法律、行政法规规定不得作为出资的财产除外”。可见,上述规定既未明确亦未禁止债权用于出资。

按照文义解释,“非货币财产”须同时符合三个条件:(1)可用货币估价;(2)可依法转让;(3)法律、行政法规未作禁止。而且,上述规定对“非货币财产”出资采取列举未尽的方式。因此,债权(包括第三人债权)作为股东出资方式并不违反现行《公司法》的规定。

其次,在部门规章层面,2011 年原国家工商行政管理总局颁布的《公司债权转股权登记管理办法》(已失效,以下简称原《债转股登记办法》[现已被《公司注册资本登记管理规定》(2014)(已失效,以下简称《注册资本登记新规》)替代]首次将债权明确作为公司出资方式之一。根据原《债转股登记办法》第 2 条规定:“本办法所称债权转股权,是指债权人以其依法享有的对在中国境内设立的有限责任公司或者股份有限公司(以下统称公司)的债权,转为公司股权,增加公司注册资本的行为。”可见,上述规定明确认可了标的公司债权可以用于出资,而未明确是否允许第三人债权出资,但通过部分市场监督管理机构对于该规定的解读可知,原《债转股登记办法》对第三方债权出资持否定态度。

例如,北京市工商行政管理局答记者问——《公司债权转股权登记管理试行办法》中提到,股东对公司的出资涉及两个关键问题,一是对被投资公司而言,股东的出资能否实际到位,确保公司资本充实;二是对被投资公司的债权人和交易对象而言,该项出资能否对公司的债务承担责任,在清偿公司到期债务方面是否存在障碍。如允许第三方债权作为出资,第三方债务人的偿债能力、偿债意愿和其他不可知的因素会使公司资本充实原则难以有效维护,公司债权人利益难以切实保证。可见,第三人债权出资在一开始并未受到市场监督管理机构的认可,进而引发理论界和实务界对第三人出资法律效力的争议。

之后,2014 年 2 月 20 日原国家工商行政管理总局颁布了《注册资本登记新规》,并同步废止了原《债转股登记办法》。根据《注册资本登记新规》第 7 条第 1、2 款规定,“债权人可以将其依法享有的对在中国境内设立的公司的债权,转为公司股权。转为公司股权的债权应当符合下列情形之一:(一)债权人已经履行债权所对应的合同义务,且不违反法律、行政法规、国务院决定或者公司章程的禁止性规定;(二)经人民法院生效裁判或者仲裁机构裁决确认;(三)公司破产重整或者和解期间,列入经人民法院批准的重整计划或者裁定认可的和解协议”。原《债转股登记办法》规定,除司法裁判和破产程序两类特殊情况外,可用于公司出资的债权仅限于“公司经营中债权人与公司之间产生的合同之债转为公司股权”,而该表述在《注册资本登记新规》中被删除,但《注册资本登记新规》亦未明确是否允许第三人债权出资。

综上可知,第三人债权的法律效力之所以存在争议,主要有两个原因:其一,现行有效的《公司法》及配套文件对于该问题未予以明确,导致法律解释存在偏差;其二,既往的《公司法》及相关配套文件未将第三人债权纳入标的公司出资范围,相关机构和社会公众对禁止第三人债权出资的固有理解一时难以转变。

因此,要正确理解《公司法》《注册资本登记新规》关于第三人债权法律效力的规定,需探究上述法律法规的修订背景,以及实务中产生理解分歧的具体原因。

以《注册资本登记新规》颁布的时间为“分水岭”,2014 年之前,《公司法》对公司注册资本采取实缴登记制,在公司成立、股东缴纳注册资本时,需出具验资报告,且实缴的注册资本不能低于全部注册资本的 20%,剩余注册资本须在两年内缴清,同时要求股东货币出资比例不能低于全部注册资本的 30%。因此,市场监督管理机构对公司资本充足率尤为关注,而股东出资能否实际到位,与公司资本充足率关系密切。若允许股东以第三方债权出资,则第三人的偿债能力、偿债意愿和其他不可控因素会使标的公司资本充足率存在不确定性,因此,市场监督管理机构对以第三方债权出资不予认可。

2014 年认缴制实施后,市场监督管理机构只登记公司承诺认缴的注册资本总额,不再登记实收资本,也不再要求验资证明文件。原国家工商行政管理总局(现为国家市场监督管理总局)在原《债转股登记办法》的基础上修订并印发了《注册资本登记新规》,与此同时,也未再有市场监督管理机构以官方渠道(包括答记者问的方式)正面回应第三人债权出资的法律效力。由此可以推定,受认缴制的影响,市场监督管理机构对于第三人债权出资的态度发生了一定程度的变化,由最初的明令禁止变成了不置可否。

但是，部分地区市场监督管理机构自行颁布的规定并未及时根据《注册资本登记新规》进行修订或废止，以至于有些地区的市场监督管理机构对第三人债权出资予以办理登记，而另一些地区则不然，进而使得第三人债权出资效力在实操层面处于混沌状态。

综上所述，在法律效力层面，现行有效的《公司法》、《注册资本登记新规》和最高人民法院的司法解释虽未明确亦未禁止第三人债权出资，且实践中鲜有明确禁止第三人债权出资的判例。相反，部分地区法院对第三人债权出资持明确支持态度，包括曾出台司法文件明文禁止第三人债权出资的江苏省高级人民法院。因此，可以推定第三人债权出资在司法实践中大概率将被认定为有效。

在实际操作层面，结合司法判例中出现的争议焦点和司法机构的裁判倾向，债转股实施机构在采用第三人债权出资时，需重点关注以下问题：

首先，重点关注第三人债权的可实现性。司法实践中，在考虑以第三人债权出资是否存在重大瑕疵时，法院往往会结合债权的形成、资金的流向，同时考察债权人是否有充分证据证明债权已得到实现或将来可能得到实现，以此认定投资人是否履行了出资义务。其中，投资人单方面委托的中介机构出具的报告证明力相对较弱，而标的公司单方面出具的证明材料需要关注其负责人或制作证明材料的人员是否签名或者盖章。

其次，如果债权存在瑕疵或无效、被撤销等情形，投资人所获股权大概率不会被收回，但可能需要承担瑕疵出资的责任，因此采用收购第三人债权转股方式，应当与原债权人、债务人约定违约责任，特别是收购关联方债权时，应当重点关注上述问题。

再次，应当关注公司章程对出资方式的限制条件，避免出资方式瑕疵而产生争议，并要求公司及时召开股东会，确保股东会决议的有效性，取得其他股东放弃优先认购权的确认文件，并及时办理工商变更手续。

最后，评估已不是第三人债权出资的前置程序，投资人应当关注债权的交付，并且确保债权的真实转移。

第八节　不良资产证券化

一、不良资产证券化的概念

1. 资产证券化 ABS(Assets Backed Securities)的概念

资产证券化是指通过对资产的重新组合,在进行信用增级后,将未来可预期的资产现金流收益转变为市场上的可流通证券。实务操作中,往往是由第三方机构把买下的金融资产作为担保发行资产支持证券。在我国,近年来资产支持证券发行的统计中,信贷资产证券化产品发行规模占比约达到1/3,其中,个人住房抵押贷款证券化 RMBS(Residential Mortgage Backed Securities)产品为ABS市场发行规模最大的基础资产类型;个人汽车贷款资产支持证券(Auto - Loan ABS)发行规模及数量居于第二位;微小企业证券化发行规模迅猛增长,不良资产证券化 NPAS(Non - Performance Loan Asset Backed Securities)产品占比规模位列其后,但仍处于上升趋势。本节将详细探讨不良资产证券化作为不良资产处置方式之一的积极意义、局限性、操作方式和未来期望。

2. 不良资产证券化 NPAS 的概念

不良资产证券化是指以不良资产为标的构建资产池的资产证券化产品。不良资产证券化可以说是"舶来品",最早在20世纪90年代的美国诞生,之后由越来越多的国家效仿引入,我国的不良资产证券化在2005年开始逐渐形成规模。2005年,中国人民银行和原中国银监会共同发布了《信贷资产证券化试点管理办法》,该办法对于证券市场上的信贷ABS进行了法律框架的设计。2016年,中国银行间市场交易商协会发布了《不良贷款资产支持证券信息披露指引(试行)》,该指引对不良贷款支持证券的发行及数据披露等重要环节都进行了明确规定,使不良资产证券化的制度框架在我国规范确立起来。

在我国,不良资产证券化主要是由商业银行启动。银行到期未能收回或预计难以收回的贷款本息,并非未来收不回来,相反大部分抵押担保较为充足,贬值的幅度也不会太大。商业银行从这些不良贷款中抽取部分组合成未来可具有稳定现金流的资产池,出售给特殊目的公司(Special Purpose Vehicle,SPV),SPV

通过信用增级将其定价发售给投资者,成为可在市场上流通的证券。不良资产证券化与股票和一般债券不同,其并非对某一经营实体的权利要求,而是对资产池内的资产所产生现金流的收益权要求,其信用等级取决于资产池中特定资产的质量,而非发起人。因此,不良资产证券化有一个重要前提,即资产池内的资产必须在未来一段时期能产生相对稳定的现金流,以保证投资人的权益。信用评级机构在不良资产证券化过程中扮演着重要的角色,后文将详细探讨其具体的操作流程。

二、不良资产证券化在中国的发展

1. 不良资产证券化在他国的成功经验

不良资产证券化的诞生地美国在1989~1995年处置了4650亿美元,回收了3580亿美元。资产证券化在亚洲国家的兴起源自1997年亚洲金融危机后,各国希望利用该项技术高效处置各国产生的大量银行不良资产。其中,韩国资产管理公司KAMCO收购100.3万亿韩元的不良资产,收购金额37.9万亿韩元,证券化62.9万亿韩元,回收了29.3万亿韩元。同为亚洲国家的马来西亚也在2001年年底,进行了首例不良资产证券化交易。这些成功案例都充分展示了证券化技术运用于处置不良资产的可行性和高效性,也是原中国银监会和中国人民银行在近年来不断通过法律规定为不良资产证券化提供国家政策支持和相关信用支持的原因。

2. 不良资产证券化在中国的历史进程

2005年4月20日《信贷资产证券化试点管理办法》的颁布,标志着不良资产证券化在我国正式进入实施阶段。2006年至2008年,由中国建设银行、中国信达资产管理有限公司和中国东方资产管理有限公司先后在全国银行间债权交易市场公开发行四只标准化的不良资产证券化产品,发行额为134.15亿元,其中优先级78.5亿元,涉及12,365笔不良贷款,对应不良贷款本金共计516.32亿元。目前这四单产品运营情况良好,已全部完成兑付。

不过,2008年美国次贷危机爆发,资产证券化被暂时叫停,但通过重新评估与审慎审查后,确认资产证券化并非导致金融危机的真正原因,有效的行业监管仍可将风险控制在可承受范围内。因此,国家监管部门自2014年重启了一般的资产证券化。2016 年,八部委联合发布的《关于金融支持工业稳增长调结构增效益的若干意见》提出:“在审慎稳妥的前提下,选择少数符合条件的金融机构探索不良资产证券化试点。”至此,不良资产证券化正式重启。在此之后,伴随着商业银行不良资产规模的空前扩大,不良资产证券化将作为银行处置不良资产、盘活存量的重要工具,其试点规模、范围创下新高,除了四大国有银行外,多家农商行、城商行以及资产管理公司也被纳入试点范围。

3. 不良资产证券化在中国的特色

在严格的行业监管和谨慎的评估态度下,我国不良资产证券化规模相较于欧美国家仍然具有巨大的尚未发掘的潜力。近年来,我国处置的不良资产总额都在 400 亿元到 600 亿元,不到同期全国商业银行不良资产总额的 3% 。2021 年,我国共发行资产证券化产品 30,999.32 亿元,同比增长 8% ;年末市场存量为 59,280.95 亿元,同比增长 14% ,但其中不良资产支持证券产品占比却微乎其微。不良资产证券产品的发行主体也主要集中在几大国有银行以及招商银行。不过,单纯的不良资产收益权转让已不能满足银行不良资产处置诉求,清洁出表的不良资产证券化成为银行越来越倾向的处置方式,不良资产证券化未来发展的趋势是向上的。2016 ~2022 年,银行间市场累计发行 282 单不良资产证券化产品,规模 1480.2 亿元,消化不良贷款本息余额 7621.4 亿元,各年发行规模分别为 156.10 亿元、129.61 亿元、158.81 亿元、143.5 亿元、281.43 亿元、301.14 亿元、309.61 亿元。

4. 当前国际经济局势下的发展趋势

在新冠疫情暴发之前,中国和美国银行业的不良贷款率在近几年都保持在相对稳定的水平,欧盟各国银行的平均不良贷款率大幅下降。但是,新冠疫情的暴发以及各国对疫情的应对措施在很长的时间范围内,对全球银行的资产质量产生巨大而持久的影响。中国特有的银行体系,以及初期对疫情的控制带来的经济提前复苏,对不良资产的大量产生起到了缓冲作用。截至 2021 年年末,我国商业银行不良贷款率为 1.73% ,资产质量整体向好,但从绝对数量上看,未来中国新增的不良资产规模将占据全球范围内新增不良贷款的很大一部分,伴随着疫情的次生影响,不良资产率也可能会在可见的未来提高。

2023 年第二季度末,我国商业银行不良贷款余额 3.2 万亿元,较上季末增加 831 亿元;商业银行不良贷款率为 1.62% ,较上季末基本持平。如何通过多元化的方式更灵活地降低不良资产率,降低银行风险维护金融稳定,正是不良资产证券化可以参与解决的首要问题。

三、通过不良资产证券化处置不良资产的优势

银行主要依靠吸收公众存款发放贷款,在金融体系中扮演着重要角色,对一国乃至全球金融稳定产生巨大影响,通常都被置于各国金融管理机构的严格监管之下。保障银行的资产安全与稳健经营,是维护金融稳定和促进经济增长的基础。如果银行的不良贷款率过高,银行的借贷人无法按期偿还本息,长此以往,银行作为国民经济委托人角色的风险抵抗力将被大大削弱。为了社会稳定,减少经济危机的发生可能,寻求能够以高效多元的方式处置银行不良资产成为学界、政府机构的工作重心,这其中可大大发挥不良资产证券化的优势。

1. 提高成功回收的概率

不良资产证券化构造出了独立的资产池,并以之产生的现金流偿付不良资产本息。这一以资产信用为基础、自我清偿的融资交易结构能够缓解不良资产处置的信息不对称问题。不良资产证券化的启动按一定标准挑选合适的基础资产,并聘请外部机构尽职调查和评估可产生的现金流,增信后,信用机构对其进行评级,对资产的状况、回收率、担保品及其担保进行详尽的评估,有效计算资产的成功回收比例,增强不良资产的信息透明度,提高成功回收的概率。

2. 分散风险

不良资产证券化是一种分散风险的融资工具。单笔不良资产的未来现金流极不稳定,也无法获得投资人的信心,但足够多数量的不良资产汇成的资产池则可模拟预测出未来一定数量的现金流产出,降低不良资产现金流利益产出的不确定性。同时,不良资产证券化在基础资产上又进行评估和分级,对冲风险,从而满足市场上不同投资者不同的风险偏好,吸引资本市场上的各级别投资者。

3. 多方专业人员共力,最大化不良资产收益率

不良资产证券化的启动涉及众多市场参与者和交易参与方,包括资产管理公司、民间资本、海外资本,同时也包括中介服务,如律师事务所、评估(会计师)机构、拍卖机构等,还包括国家机构,如财政部、人民银行、法院、国土资源部、住房和城乡建设部、市场监督管理总局、税务总局等。众多参与方通过签署服务合

同形成以 SPV 为核心的稳定法律结构,共同保障证券化项目的成功运作。也就是说,银行本身不必承担不良资产处置中最大化处置效益的目的负担,通过挑选专业服务机构,可以在最小负担的情况下最大化不良资产的成功处置概率。

4. 一次性大批量降低银行不良资产率

(1)通过不良资产的证券化,银行将一部分贷款转移出资产负债表,成功降低了不良资产率,缩小了风险资产规模,提高了银行的资本充足率,将一部分风险转分散给其他投资者,这也代表着银行通过可以不断从资本市场获得资金直接用于不良资产处置。

(2)银行体系的不良贷款规模比较庞大,只用债务重组、招标拍卖、债务追索、债权转让等手段一笔一笔进行处置,既费时间又费人力。资产证券化作为一种新型的融资工具,应是一个明智的选择,借用不良资产证券化,银行能免于对每一项的不良资产花费大量的时间和精力寻找购买者,建立批量处置不良资产的高效机制,这也成功帮助了商业银行把投放的巨额贷款变现为流动资金。

(3)过去多年我国银行对不良资产的处置方式中向资产管理公司批量转让不良资产最为简便高效,也是目前的主要方式。但这种方式近年来却开始"降温",主要是因为资产管理公司的数量和规模受资本充足率监管约束和基于对盈利目标的考虑,无法足额吸纳银行的万亿不良资产并同时高效处置。同时,由于监管政策要求不良资产只能向资产管理公司批量转让,资产管理公司话语权过大,收购时可能提出种种要求如要求高价收购,银行为了降低风险减少损失并不能妥协,双方交易也很难顺利达成。不良资产证券化可弥补这一缺陷。

四、不良资产证券化的实务操作

1. 第一阶段:从选择不良资产到设立 SPV

不良资产证券化首先由银行作为发起人选择合适的不良贷款重新组成基础资产池(符合条件的资产应具备可以产生稳定的、可预测的现金流收入的特点),并聘请律师、会计师等中介机构对不良贷款进行尽职调查,聘请评估机构预估未来现金流,以此作为资产出售的报价基础。其次,银行聘请信托公司作为受托机构,以基础资产作为信托财产设立特殊目的公司 SPV。不良资产证券化的核心就是资产证券化的首要原理——风险隔离原理。如上文所讨论的,实现风险隔离取决于两个主要因素:资产的真实出售和在交易结构中设立 SPV。

SPV 可以是由证券化发起人设立的一个附属机构,也可以是一个长期存在的专门进行资产证券化的机构,设立的形式包括信托投资公司、担保公司或其他独立法人实体。SPV 是发行人为了迎合法律的要求特设的实体,由它对发起人提供的资产组合进行评估,确定购买价格,实现风险隔离。正常运作时,SPV 的破产风险并不大,因为 SPV 所管理的基础资产所产生的现金流足以支付不良资产的利息和本金,SPV 的管理和运行费用也可以在成立时被预估。不过,法律要求 SPV 的自身业务仅限定在资产证券化范围内,因此,在 SPV 的章程中要限定 SPV 的经营范围,最好能够做到对债务的限制,设置独立董事,要求不能进行并购重组,保持独立的会计和账户等。

2. 第二阶段:SPV 进行信用增级并发行

为了吸引更多的投资者,降低发行成本,对冲潜在风险,SPV 可以选择对整个资产证券化交易进行信用增级,以提高所发行证券的信用级别。信用增级多采用内部和外部相结合的方式。外部增级方式包括保险、银行信用证、公司担保和现金抵押账户等方式,内部增级方式包括储备账户、超额抵押和优先/次级分层结构。SPV 聘请资产服务商(一般是发起人银行)追偿不良贷款,聘请保管机构保管基础资产现金流;最后,由 SPV 以基础资产为支撑,在银行间债券市场发行不良资产证券,并聘请评级机构进行评级,之后用所募集资金向银行支付资产转让对价。SPV 在管理不良贷款资产池的过程中利用回收的现金流向投资者偿付不良资产证券本息,到期或符合条件时清算项目,处置剩余资产权益,也有要求银行更换不符合条件的不良资产的权利。

3. 重要角色:评级机构的参与

在这个过程中,评级机构具有举足轻重的作用,机构的评级框架一般包括基础资产分析、现金流分析和压力测试、交易结构分析、主要参与方分析和法律风险分析等。(1)基础资产分析主要是关注预期回收率和回收时间,抵押物的变现情况、债务人和保证人的还款能力和意愿等;(2)现金流和压力测试分析一般是选取不同的模拟方法对基础资产未来现金流进行模拟,同时结合交易结构设计和增信情况预估现金流对不同档位资产组合本息的覆盖程度,并通过压力测试检验覆盖程度的稳健性;(3)交易结构方面则重点分析现金流归集的方式、路径和频率,超额利差和超额抵押情况,现金流支付机制、加速清偿条款和流动性支持触发机制的设置；（4）主要参与方分析包括对于产品发起机构财务状况的评估，资金保管机构的运营能力和风险管理能力的预计等；（5）在法律层面主要分析不良贷款资产证券化过程中基础资产的转让是否真实有效，《贷款服务合同》与《资金托管合同》中关于现金流的归集与支付的约定是否明确等。

五、不良资产证券化作用的局限性

通过不良资产证券化的确可以帮助银行一次性大规模剥离不良资产，美化银行的资产负债表，但仍然有其局限性。

1. 定价过程具有较强主观性

不良资产证券化的一大风险来自产品的估价困难。不良资产的特点包括同质性差，现金流不稳定，大部分已逾期，债务人、保证人经营状况、还款意愿普遍较差，相关信息不完全，因此估值难度也比较大。不良资产支持证券的定价过程具有较强主观性，过低会降低银行的回收率，过高也会降低对投资者的吸引力，因此合理的定价是不良资产证券化成功发行的前提。不良资产证券化涉及大量的中介机构，包括银行、信用评级机构、信用增信担保、保险机构等，信息披露和监督机制非常复杂。同时，在定价所需的基础数据方面，我国的商业银行未经历过完整经济周期的考验，历史数据获取较为困难，因此，评级机构也很难通过详尽的数据对产品准确评级，中介机构也难以构建合理的定价模型，这都制约了不良资产证券化的发展。

2. 风险未消灭

证券化没有消灭不良资产的信用风险，只是通过证券载体增强了不良资产的流动性并将信用风险转移给资本市场上更有风险承受力的投资者，这一过程能成功需要的是成熟投资者的参与。不良资产证券化为银行处置不良资产提供了极大的便利，帮助银行一次性摆脱处置负担，但正因如此，反而可能会使得银行放松对风险的控制和评估审核，如果银行因此放宽放贷标准反而会造成市场的混乱，使投资者蒙受不必要的损失。因此，监管部门在倡导运用证券化处置不良资产的同时，需要加强对银行审慎经营的监管。

3. 试点范围有限

不良资产证券化只有规模化的成熟操作才能降低证券化带来的较高操作成

本,取得良好的经济效益。不过不良资产证券化作为一种金融工具,在我国一直被谨慎对待,试点范围和额度仍然有限。比如,如果以基础资产的选择条件来衡量,很多业务发展地域性强的地方商业银行很难在不良资产规模和分散度上符合要求,这也使得这两类有迫切处置需求的银行无法获得不良资产证券化技术所带来的收益。

2012 年财政部和原中国银监会出台的《金融企业不良资产批量转让管理办法》规范了信贷资产证券化,但规定金融企业对 10 项以上不良资产进行组包时,必须定向转让给资产管理公司。这一规定限制了市场参与主体的范围和不良资产证券化产品的交易范围。另外,我国公司法对公司成立和发行债券的要求也使得 SPV 运作上仍然有较多的限制。如何在充分发挥不良资产证券化的优势和控制其可能带来的金融风险中寻求平衡仍然是相关决策机构未来的工作重心,这离不开更健全的政府支持和相关配套法律制度。

4. 专业人士的缺乏

不良资产证券化的发展需要更多专业投资机构和专业人才的参与。只有多层次高质量的投资者的广泛参与,才能真正做到风险分散。目前,不良资产支持证券的合格投资者仍很单一,银行持有产品份额占到一半以上,券商、保险、基金等机构投资者参与程度不高,缺乏次级档的投资者。另外,大多数银行和非银行金融机构不良资产证券化产品发行与交易的经验并不多,缺乏专业人才,合规性和专业性上的操作风险可能因此变大。同时,我国目前系统合理的不良资产市场化评级制度仍然有待完善,难以为投资者和发行机构确立定价依据,同时也缺乏信用度较高、规范化和专业化中介机构。这三个缺乏互为因果,阻碍了不良资产证券化处置在我国的更广泛利用。

5. 需求并不迫切

我国银行业的资金比较充裕,而不良资产证券化作为一种金融工具和融资手段,中间费和时间成本都很高,再加上对于资产的利率要求,成本可能远高于目前的贷款利率。也就是说,银行只有在融到的资金能创造更好的效益时才会选择进行不良资产证券化,因此,目前我国银行仍然偏向于选择传统的不良资产处置方式,比如债务重组、以股抵债、以物抵债等。同时,在我国目前的信用环境下,不良资产的回收风险仍然高于金融系统相对成熟的国家,这两点共同导致了我国银行目前进行不良资产证券化的需求并不十分迫切。

六、不良资产证券化的未来展望

尽管不良资产证券化处置仍有局限，但在严格监管和运作下，仍然是商业银行处置不良资产、盘活现金流、分散风险的一大利器。近年来我国不良资产证券化的蓬勃发展也证明了这一点。2016～2022 年，银行间市场累计发行 282 单不良资产证券化产品，规模 1480.2 亿元，目前我国经济面临转型阶段，宏观经济也面临多重压力，可以预见的是金融机构未来不良资产处置需求不会走低，不良资产支持证券的交易发起机构将继续扩容，发行量或将持续上升。

近年来，我国信贷资产支持证券的产品中，个人住房不良贷款外的其他不良贷款种类支持证券占比呈上升趋势。2020 年，工商银行首次成功发行以信用卡分期汽车不良贷款作为基础资产的车贷不良资产支持证券产品，不良资产支持证券产品基础资产类型更加丰富；同时，不良资产证券化第三批试点名单出炉，四大国有资产管理公司入场，华融资产管理股份有限公司和东方资产管理股份有限公司继不良资产证券化试点重启以来首次发行不良资产支持证券，未来不良资产支持证券产品有望进一步发展。根据惠誉博华的调研报告，截至 2021 年 11 月末，存续的不良资产支持证券中优先级证券共 45 只。从兑付完毕的证券看，有较大比例提前到期的情况出现，少数推迟到期的优先级证券也预期到期日后半年之内兑付完毕，表明各类不良资产支持证券交易的实际回收情况普遍好于发行时的预期。

从经济形势预估以及不良资产证券化在我国的不断成熟两个角度来看，未来不良资产支持证券将逐渐成为更多金融机构选择的不良资产处置方式。另外，就投资者的角度而言，伴随着我国机构投资者，如证券投资基金、社保基金、保险资金等运营的日渐成熟，规模的不断扩大，政策将越来越放松对于他们进入资本市场的要求。目前，不良资产支持证券的收益率仍然高于银行存款和国债，并且通过内部和外部增信，风险低于股票。在这些机构寻求多元化的投资配置时，不良资产支持证券不失为一个良好的选择。

受经济增速放缓等因素冲击，信托项目、非标债权、P2P 网贷和金融租赁款等金融领域不良资产存量风险集中释放。此外，受“三道红线”、限价政策等房企政策限制及国有大中型企业分离业务加速推进，均为不良资产证券化业务的开展提供了基础资产来源。同时,资产证券化审批及备案流程进一步简化,2020年9月印发的《中国银保监会办公厅关于银行业金融机构信贷资产证券化信息登记有关事项的通知》,明确不再对信贷资产证券化产品备案登记,实施信贷资产证券化信息登记。2020年下半年,中国人民银行将不良资产证券化纳入注册制范畴。

第九节 拍卖出售

在不良资产处置中,有很多的处置方式。其中,拍卖作为主要的处置方式被广泛采用。

《拍卖法》定义:“以公开竞价的形式,将特定物品或者财产权利转让给最高应价者的买卖方式。”美国经济学家麦卡菲认为:“拍卖是一种市场状态,此市场状态在市场参入者标价基础上具有决定资源配置和资源价格的明确规则。”经济学界认为:“拍卖是一个集体(拍卖群体)决定价格及其分配的过程。”我国拍卖法中已确认公开、公平、公正及诚实信用为拍卖活动必须遵守的基本原则。

一、不良资产拍卖相关规定梳理

《金融资产管理公司吸收外资参与资产重组与处置的暂行规定》(已失效,原对外贸易经济合作部、财政部、中国人民银行令2001年第6号)第6条第3项规定:AMC可以通过协议转让、招标、拍卖等方式向外商出让其拥有的实物资产。《财政部关于进一步规范金融资产管理公司不良债权转让有关问题的通知》(财金〔2005〕74号)第4条规定:AMC应采取公开招标、拍卖等市场化方式,吸引国内外各类合格投资者参与不良资产市场交易;涉及企业国有产权转让须进入产权交易所挂牌交易。如有竞买者还应进行拍卖或招投标。《财政部关于进一步规范金融资产管理公司商业化转型过渡期间股权投资有关问题的通知》(已失效,财金〔2007〕143号)第4条第1句规定:AMC在不良资产处置过程中涉及股权项目时,应优先考虑通过招标、拍卖等方式处置变现。《国家发展改革委、国家外汇管理局关于规范境内金融机构对外转让不良债权备案管理的通知》(已失效,发改外资〔2007〕254 号)第 4 条规定:境内金融机构转让不良债权,原则上所有转让应当采取招标、拍卖、公开竞价等公开方式并采取境外投资者一次性付清全部转让价款形式进行交易。《金融企业不良资产批量转让管理办法》(财金〔2012〕6 号)第 6 条第 3 项规定:不良资产批量转让要优先选择招标、竞价、拍卖等公开转让方式,充分竞争,避免非理性竞价。《金融企业呆账核销管理办法》(2013 修订)(已失效,财金〔2013〕146 号)第 22 条第 3 款第 6 项规定:金融企业按规定采取打包出售、公开拍卖、转让、债务减免等市场手段处置债权或者股权,受让方或者债务人按照转让协议或者债务减免协议履行相关义务完毕后,其处置回收资金与债权或股权余额的差额。

二、不良资产司法拍卖

(一)不良资产司法拍卖的概念

网络司法拍卖,是指人民法院依法通过互联网拍卖平台,以网络电子竞价方式公开处置财产的行为。

随着 2005 年《关于人民法院民事执行中拍卖、变卖财产的规定》、2009 年《关于人民法院委托评估、拍卖和变卖工作的若干规定》、2012 年《关于人民法院委托评估、拍卖工作的若干规定》相继出台,各地法院在实践中不断探索,一些地方法院先行先试,摸索出了不少颇具成效的司法拍卖工作方式。2012 年 2 月 8 日,最高人民法院在重庆召开全国法院深化司法拍卖改革工作会议(以下简称重庆会议),正式开通人民法院诉讼资产网。会议明确了新形势下利用互联网开展人民法院司法拍卖工作的改革方向,要求到 2012 年 5 月 1 日前,全国法院的司法评估、拍卖信息都必须在人民法院诉讼资产网上发布,并逐步将人民法院诉讼资产网建成全国法院开展司法拍卖的统一网络交易平台。各地法院积极贯彻重庆会议精神,结合当地实际,开展了形式多样的司法拍卖改革尝试。自 2012 年浙江省高级人民法院试水淘宝网拍模式以来,网络司法拍卖因对原有拍卖制度及执行制度的挑战而引发争议。但同时,网络司法拍卖因其公开、高效、低成本的精准解决司法执行难而迅速在各地法院得到推广。

2016 年 8 月,最高人民法院出台《关于人民法院网络司法拍卖若干问题的规定》(以下简称《网拍规定》)让网络司法拍卖模式的探索尘埃落定,《网拍规定》首次界定"网络司法拍卖"的概念,对网络司法拍卖的平台准入规则、运行模式、各主体之间的权责划分、具体的竞拍规则进行了全面而系统的梳理和规范,以司法解释的形式确认了人民法院以拍卖方式处置财产的,应当采取网络司法拍卖方式,但法律、行政法规和司法解释规定必须通过其他途径处置,或者不宜采用网络拍卖方式处置的除外。

(二)不良资产的司法拍卖的流程

网络司法拍卖应当在互联网拍卖平台上向社会全程公开,从人民法院角度出发,实施网络司法拍卖的流程包括启动拍卖程序、对拍卖财产进行评估、对拍卖财产进行调查与情况公示、设置拍卖保留价、发布拍卖公告、竞价拍卖、协助办理交割等。从竞买人的角度看,一次成功的司法竞拍包括以下流程:拍卖前准备、注册及缴纳保证金、出价拍卖、办理交割等。

(1)竞拍前的准备阶段

此阶段通过对拍卖标的的法律尽职调查及评估估值,确认拍卖标的价值并最终决定是否参与竞拍及参与竞拍的价格。尽职调查的内容包括但不限于拍卖标的的基本情况(权证情况、现状、权利限制、税费负担情况等)、竞买人条件(竞买人资格审查、是否存在限制性规定)、竞拍规则(竞拍时间、是否设置保留价、加价幅度、优先购买权等)、办理交割的手续(法院出具的确权文件、欠缴税费情况、能否过户、是否需要二次过户等)。作为企业竞拍主体,竞拍前,应根据尽职调查情况履行完毕内部的审批核价流程,确认竞拍价格。

(2)注册及缴纳保证金,取得竞拍资格

参与网络司法拍卖要求实名注册,委托他人代为竞买的,应当在竞价程序开始前经人民法院确认,并通知网络服务提供者。目前 5 家网络服务提供者均提供企业竞拍者的注册通道,企业注册后可直接参与司法竞拍。注册成功的意向竞拍者应在法院公告规定的保证金缴纳时间前缴纳足额保证金。

(3)竞拍阶段

一般司法竞拍的竞价时间不少于 24 小时,竞价程序结束前 5 分钟内无人出价的,最后出价即为成交价。有出价的,竞价时间自出价时顺延 5 分钟。

(4)办理交割

买受人支付剩余拍卖价款后,人民法院相应提供《执行裁定书》《协助执行通知书》《拍卖成交确认书》等确权文件协助办理资产交割。如果不良资产涉及房产的，则办理交割可能需要更长的时间流程，至于是否负责清退及协助办理具体过户事宜，各地法院做法不一致。

三、银行及资管公司等不良资产拍卖

因处置不良资产的主体不同，并非所有的不良资产都需要法院来进行处置，银行或者其他的金融机构也可直接将单项不良债权或组合不良债权打包进行处置。

银行或资产管理公司的不良资产拍卖流程：首先确定拟处置标的、处置公示；其次请专业机构进行尽职调查、买卖双方谈判、不良债权处置单位内部的报批流程；再次进入拍卖流程，买受人购买成功后签约付款；最后付款之后，出卖人进行债权交接并出具债权转让公告。具体来看可分为下列流程。

（1）确定拟处置标的、处置公示

拟处置标的可以是一户债权，也可以是几户债权，后者是各项不良资产的组合包。资产管理公司有时是根据资产特点主动组包并进行招商，但大多数情况下是根据客户提出的需求确定处置标的。处置标的确定后，绝大多数项目需要进行处置公示——报纸上和资产管理公司的网站上。

（2）尽职调查

除损失类债权或能够回收本金的债权，其他债权基本上要进行评估。企业不配合评估或财务制度不健全的，评估前还要请律师事务所或审计机构所进行尽职调查；法律关系复杂的，会专门请律师事务所出具法律意见。尽职调查对于不良资产的交易价格、交易是否能够成功起着至关重要的作用。

（3）谈判

评估结果是债权定价的重要参考依据。一般情况下，评估结果出来后资产管理公司再与投资者拟定交易价格及交易结构。实践中一边评估一边谈判的现象也比较常见。

（4）报批

资产管理公司项目组撰写处置方案进行报批，与审批的人员不参与项目处置。有的项目办事处有权批复，损失大的还需要报总公司批复。

(5)拍卖

批复后选拍卖行,拍卖行再刊登拍卖公告并组织拍卖,一般都是公开拍卖。当然,有些项目可以协议转让不必走拍卖程序,有的项目可能发起招标,有的项目通过竞价方式。不管什么形式,首选公开,很少协议。

(6)签约付款

协议版本由资产管理公司提供。不良债权买卖双方签署合同后,进行付款。

(7)债权交接、债权转让公告

付清款项后,资产管理公司将移交借款合同、催收通知、抵押权证的资料,并通知债务人、担保人债权已转让,让债务人、担保人向购买方履行还款义务。

四、拍卖涉及的法律问题及探讨

网络拍卖方式虽然有着高效、便捷的特点,但是根本上并没有改变金融风险的本质。所以我们在不良资产处置存在的争议问题仍然存在。

(一)当事人对网络询价报告或评估报告提起执行异议的处理

1. 按照执行异议程序处理

法律依据:《最高人民法院关于人民法院确定财产处置参考价若干问题的规定》(以下简称《财产处置规定》)第22条规定,“当事人、利害关系人认为网络询价报告或者评估报告具有下列情形之一的,可以在收到报告后五日内提出书面异议:(一)财产基本信息错误;(二)超出财产范围或者遗漏财产;(三)评估机构或者评估人员不具备相应评估资质;(四)评估程序严重违法。对当事人、利害关系人依据前款规定提出的书面异议,人民法院应当参照民事诉讼法第二百二十五条的规定处理”。

2. 由评估机构作出书面说明,交由行业协会组织专业技术评审

法律依据:《财产处置规定》第23条规定,“当事人、利害关系人收到评估报告后五日内对评估报告的参照标准、计算方法或者评估结果等提出书面异议的,人民法院应当在三日内交评估机构予以书面说明。评估机构在五日内未作说明或者当事人、利害关系人对作出的说明仍有异议的,人民法院应当交由相关行业协会在指定期限内组织专业技术评审,并根据专业技术评审出具的结论认定评估结果或者责令原评估机构予以补正。当事人、利害关系人提出前款异议,同时

涉及本规定第二十二条第一款第一、二项情形的，按照前款规定处理；同时涉及本规定第二十二条第一款第三、四项情形的，按照本规定第二十二条第二款先对第三、四项情形审查，异议成立的，应当通知评估机构三日内将人民法院委托评估时移交的材料退回，另行委托下一顺序的评估机构重新进行评估；异议不成立的，按照前款规定处理”。

根据该条规定，当事人对评估报告的参照标准、计算方法或者评估结果等提出书面异议的分三种情况处理：

（1）当事人、利害关系人仅对评估报告的参照标准、计算方法或者评估结果等提出书面异议的，人民法院应当在 3 日内交评估机构予以书面说明。评估机构在 5 日内未作说明或者当事人、利害关系人对作出的说明仍有异议的，人民法院应当交由相关行业协会在指定期限内组织专业技术评审，并根据专业技术评审出具的结论认定评估结果或者责令原评估机构予以补正。

（2）当事人、利害关系人不仅对评估报告的参照标准、计算方法或者评估结果等提出书面异议，同时涉及对财产基本信息错误、超出财产范围或者遗漏财产异议的，按照第一种情形予以处理。

（3）当事人、利害关系人不仅对评估报告的参照标准、计算方法或者评估结果等提出书面异议，同时涉及评估机构或者评估人员不具备相应评估资质、评估程序严重违法的，按照《财产处置规定》第 22 条第 2 款先对涉及评估机构或者评估人员不具备相应评估资质、评估程序严重违法的情形审查，异议成立的，应当通知评估机构 3 日内将人民法院委托评估时移交的材料退回，另行委托下一顺序的评估机构重新进行评估；异议不成立的，按照第一种情形予以处理。

3. 不予受理

法律依据：《财产处置规定》第 24 条规定，“当事人、利害关系人未在本规定第二十二条、第二十三条规定的期限内提出异议或者对网络询价平台、评估机构、行业协会按照本规定第二十二条、第二十三条所作的补正说明、专业技术评审结论提出异议的，人民法院不予受理。当事人、利害关系人对议价或者定向询价提出异议的，人民法院不予受理”。

根据该条规定，当事人、利害关系人对网络询价报告或者评估报告超出法定期限提出异议，或对网络询价平台、评估机构、行业协会按照《财产处置规定》第 22 条、第 23 条所作的补正说明、专业技术评审结论提出异议的，人民法院不予受理。当事人、利害关系人对议价或者定向询价提出异议的，人民法院不予受理。

最高人民法院办公厅、中国资产评估协会等部门制定的《关于印发〈人民法院委托评估专业技术评审工作规范〉的通知》于2019年11月22日印发执行，目前行业协会专业技术评审还不是很成熟，有部分行业还未成立专业评审委员会，对于没有成立专业评审委员会的行业，如当事人、利害关系人对由评估机构作出书面说明仍有异议的，可能会按照《财产处置规定》第24条的规定，不予受理。

（二）关于对网络司法拍卖的法律适用

根据《拍卖法》规定，拍卖法适用于中华人民共和国境内拍卖企业进行的拍卖活动，调整的是拍卖人、委托人、竞买人、买受人等平等主体之间的权利义务关系。拍卖人接受委托人委托对拍卖标的进行拍卖，是拍卖人和委托人之间"合意"的结果，该委托拍卖系合同关系，属于私法范畴。

人民法院司法拍卖是人民法院依法行使强制执行权就查封、扣押、冻结的财产强制进行拍卖变价进而清偿债务的强制执行行为，其本质上属于司法行为，具有公法性质。该强制执行权并非来自当事人的授权，无须征得当事人的同意，也不以当事人的意志为转移，而是基于法律赋予人民法院的强制执行权，即来源于《民事诉讼法》及相关司法解释的规定。

即便是在传统的司法拍卖中，人民法院委托拍卖企业进行拍卖活动，拍卖企业与人民法院之间也不是平等关系，该拍卖企业的拍卖活动只能在人民法院的授权范围内进行。因此，网络司法拍卖是人民法院司法拍卖的一种优选方式，亦应适用《民事诉讼法》及相关司法解释对人民法院强制执行的规定。

第十节　房地产企业破产处置

不良资产的种类众多，处置不良资产的方式也要根据资产特点而定，如此，不良资产才可发挥更大价值，回报更多利益。企业破产是不良资产的一个重要来源，根据企业的性质及其经营内容的不同，所产生的不良资产种类也有着明显区别。在众多破产企业中，房地产企业破产所产生的不良资产一般更易获得广大投资者的青睐。

一、房地产开发企业破产背景

近年来,房地产企业破产越来越多,趋势越来越明显。从数据看,2019 年至 2021 年全国已有千余家房地产开发企业宣告破产,且数量呈逐年递增趋势,其中大多数为中小型房地产开发商,但也不乏有曾位列全国 500 强第 215 位的上市房企银亿集团这类大型房地产企业加入破产行列。

在 2021 年,房地产行业巨头恒大地产、碧桂园等相继出现了严重经济危机,引发人们对于房地产行业的担忧。从地域上看,房地产企业破产趋势正从二三线城市向一线城市发展。先前,由于一线城市人口密度较高,存在大量的购房刚需,加之大量炒房资本的存在,使得一线城市的房源根本不愁卖,房地产开发企业资金回流高效且稳定,不容易发生资金流断裂导致破产的情况。但如今,随着大环境的改变,一线城市的大型房地产开发商也开始越来越多地加入破产行列。以上海为例,上海的房地产开发企业破产市场相对来说一直偏保守,直至 2018 年下半年上海的房地产企业破产市场才活跃起来。导致这一变化趋势的主要原因有以下几点:

1. “房住不炒”原则的出台。2016 年 12 月 14 日至 16 日召开的中央经济工作会议上首次提出“房子是用来住的,不是用来炒的”。2017 年 10 月 18 日至 24 日,中国共产党第十九次全国人民代表大会上习近平总书记再次强调坚持“房子是用来住的、不是用来炒的”定位。在这一原则出台后,全国 2018 年上半年各地出台楼市调控政策累计 200 次左右,实施限售的城市约 50 个,调控地域不断增加。大量限购政策的出台以及银行按揭贷款政策的收紧不断提高购房者的购房门槛,房产市场迅速“降温”,房地产开发企业的资金回流速度降低,流动资金减少,原本的房地产开发“金饭碗”出现了裂痕。

2. 融资难度提高。2020 年 8 月 20 日,住房和城乡建设部、中国人民银行在北京召开重点房地产企业座谈会,会议上明确了重点房地产企业资金监测和融资管理规则,被称为“三道红线”(见图 5 -6)。“三道红线”是针对所有的房地产开发商划出的三个标准,分别是:(1)剔除预收账款后的资产负债率大于 70%;(2)净负债率大于 100%;(3)现金短债比小于 1。如果有房企全部踩中了这“三道红线”,那将被归为红色档,其后果就是有息负债规模不得增加;如果只踩中“两道红线”,则将被归为橙色档,有息负债规模年增速不得超过 5% ;如果只踩中“一道红线”,那就被归为黄色档,有息债务规模年增速将扩宽至 10% 。对于“一道红线”都没踩中的房企,则被归为绿色档,有息债务规模年增速可放宽至 15% 。房地产企业大多靠高资金流动及高负债率方式开展经营。“三道红线”的出台大大增加了房地产开发企业的融资难度,对房地产企业的现金流提出了巨大的挑战。

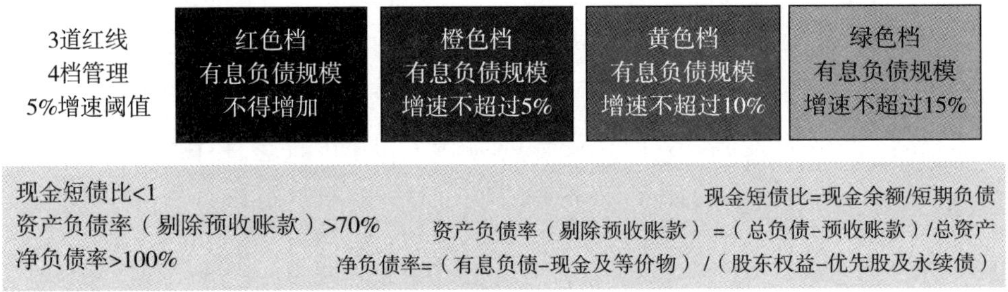

注:目前以 2019 年 6 月底有息负债规模为基准。

资料来源:赛普地产研究院。

图 5-6 重点房地产企业资金监测和融资管理规则——“三道红线”

3. 土地出让金改为税务局征收,征收更加规范。2021 年财政部、自然资源部、税务总局、中国人民银行联合发布了《关于将国有土地使用权出让收入、矿产资源专项收入、海域使用金、无居民海岛使用金四项政府非税收入划转税务部门征收有关问题的通知》,该通知指出土地出让金将统一改为由税务局征收。以往带项目的土地出让金是可以免除或者返还的,但现在改由税务局征收后,在执行时将更为规范和严格,也会进一步影响房地产开发企业的现金流。值得一提的是,由于拿地门槛提高,主流房地产开发商开始介入不良资产,通过购买不良资产包来获得可开发土地。其中最典型的就是 2017 年 6 月 29 日万科以 551 亿元成交价竞买广信资产包,该资产包中包括广州市区 16 宗可开发土地。现今,通过不良资产拿地也成为开发商拿地的渠道和路径,不良资产在各领域经济运作方面发挥的作用和产生的影响正在不断扩大。

以上三点对房地产开发企业可谓“内忧外患”,种种因素的叠加导致房地产企业生存空间的进一步压缩,破产的房地产企业也越来越多。

二、房地产企业破产债权分类

房地产企业破产债权群体复杂多样，债权种类繁多，按清偿顺位从高到低主要可分为以下类别：

1. 拆迁户。拆迁户的债权基础来源于动迁。虽说拆迁户所享有的权益属于债权，但其性质在一定程度上已经在向物权靠拢，实践中主要体现在其优先性上。虽然目前法律及司法解释中并无明文规定，但在司法实践中大量案例均将动迁户所享有的债权作为第一等的债权，甚至高于消费性购房者优先权。无论是动迁房还是动迁款，在房地产企业破产债权中都属于第一顺位的债权，将优先于其他各种债权优先受偿。在部分的房地产企业破产案件中，有的项目地块上还留有大量拆迁户，此时可能会发生拆迁成本已经高于整个项目的价值，破产重整往往已经没有意义了。

2. 消费性购房者优先债权。消费性购房者优先债权本质上是购房者债权，其债权基础来源于房产买卖。在房地产开发企业破产处置过程中，首先要考虑社会稳定的问题，也就是要解决购房者的问题。购房者一般分为两类，一类是消费性购房者，另一类是一般购房者。上述两者的最大区别在于消费性购房者享有消费性购房者优先权，这是一种优先级高于除动迁债权外其他各类债权的超级债权。消费性购房者优先权并没有法律的明文规定，但其可以从最高人民法院的一些批复中找到依据。《最高人民法院关于建设工程价款优先受偿权问题的批复》（2021 年 1 月 1 日已废止）第 1 条及第 2 条中作出了相关规定，可以看出消费性购房者优先权 > 工程价款优先受偿权 > 抵押权和其他债权。另外《最高人民法院关于人民法院办理执行异议和复议案件若干问题的规定》（2020 修正）第 29 条以及《全国法院民商事审判工作会议纪要》第 125 条关于排除执行相关规定也从侧面体现了消费性购房者优先权的存在。

那么消费性购房者与一般购房者如何界定？要享受消费性购房者优先权需要满足什么条件？这个问题在实践中仍存在一定争议，需要具体情况具体分析，但大体上可以从以下四个方面进行把握。

（1）购房主体身份。最高人民法院批复并未对购房主体加以限制，从表面上看，该消费者可以是个人、公司或者其他社会组织。但从消费性购房者优先权的设立目的出发,是基于保障居住和生活需要,所以此处购房主体一般应限于公民个人。公司或其他社会组织要证明自己购房系用于居住难度较大,在司法实践中一般不予支持和认定。

(2)购房类型。最高人民法院批复中对于购房类型规定的是商品房,是一个相对宽泛的概念。故在购房类型认定上,还是应当从保障居住和生活需要的目的出发予以认定,简单来说就是该商品房是居住属性还是投资经营属性。一般来说住宅以及在设计建造之初即具备居住功能的酒店式公寓等,均可以被认定为属于消费性购房,而商铺、办公楼等投资经营性商业房一般不能被认定。但这种认定方式并非绝对,在实践中存在大量商业房被用于自住、住宅被用于投资炒卖的现象,房屋的建造属性与实际用途并无直接对应关系,需要根据实际情况具体分析。

(3)购房款支付比例。最高人民法院批复中对此的规定为"已支付的价款超过合同约定总价款的百分之五十",而《全国法院民商事审判工作会议纪要》对这一标准进行了补充,如果商品房消费者支付的价款接近于50%,且已按照合同约定将剩余价款支付给申请执行人或者按照人民法院的要求交付执行的,也属于消费性购房者。在实践中,由于普遍存在通过银行按揭贷款购买商品房的购房者,其已按照合同约定支付首付款,付款比例可能并未"接近百分之五十",但通过补缴一定比例购房款等方式,该类购房者依旧有可能被认定为享有消费性购房者优先权,而另外一些只支付了数万元定金的购房者一般不会被认定为享有优先权。

(4)是否唯一住房。对此问题最高人民法院批复为需要买受人名下无其他用于居住的房屋,而《全国法院民商事审判工作会议纪要》对此作出了更进一步说明,即可以理解为在案涉房屋同一设区的市或者县级市范围内商品房消费者名下没有用于居住的房屋或商品房消费者名下虽然已有一套房屋,但购买的房屋在面积上仍然属于满足基本居住需要的,可以理解为符合条件。在实践中,是否唯一住房的认定存在较大争议,争议最多的有两个方面:一方面是该唯一住房认定应和限购政策一样以家庭为单位进行还是以购房者个人名下单独认定,从实际操作和维稳角度来说,一般更倾向于"能给就给",以有利于保障购房者权益的角度出发进行认定;另一方面是同一购房人购买多套房屋的情况下应如何认定,法院一般有两种做法,一种是所有购房均不予认定享有优先权,这类做法比较极端，出现的相对较少；另一种是认定其中一套享有优先权，其他作为普通债权，这种做法较为能够使人接受，实践中也运用较多。

另外值得一提的是，从相关规定及司法实践中可以看出，是否办理商品房预售登记并不属于消费性购房者优先权认定的必要条件之一，即便没有办理商品房预售登记，也依旧可以被认定为属于消费性购房，从而获得优先受偿。

3. 建设工程款。建设工程款债权往往是整个破产过程中的核心债权。《民法典》第 807 条（原《合同法》第 286 条）规定，发包人未按照约定支付价款的，承包人可以催告发包人在合理期限内支付价款。发包人逾期不支付的，除根据建设工程的性质不宜折价、拍卖外，承包人可以与发包人协议将该工程折价，也可以请求人民法院将该工程依法拍卖。建设工程的价款就该工程折价或者拍卖的价款优先受偿。该条文对建设工程款优先权进行的明确规定，赋予了其特殊的法律地位。建设工程款债权的受偿顺位高于担保物权人的抵押权和其他普通债权，仅次于动迁债权及消费性购房者优先权。

在破产实践中，广义上的建设工程款一般可以分为四部分，分别是工程进度款、工程尾款、违约金和利息。工程进度款顾名思义与工程进度相匹配，在承包人申报建设工程债权时往往已有相关生效判决，故该部分争议不大，一般应作为优先债权获得受偿。工程尾款未届清偿期，故一般不会在生效判决中体现，但作为将来必然要支付的工程款，在承包人相关资质齐全且验收能够通过的情况下，一般也可以享有优先受偿权。对于违约金，《最高人民法院关于工程价款优先受偿权问题的批复》（已失效）第 3 条规定：建设工程价款包括承包人为建设工程应当支付的工作人员报酬、材料款等实际支出的费用，不包括承包人因发包人违约所造成的损失。虽然该批复目前已失效，但实践中依旧保持一贯做法，将违约金排除在优先受偿权之外，仅作为普通债权进行处理。至于利息是否在优先受偿权范围在实践中是争议最大的，最高人民法院的案例中也存在支持和不支持两种截然相反的判决。笔者认为针对该问题应当具体情况具体分析，如果该利息具有违约金性质，类似罚息，则不应享有优先受偿权；相反如果该利息是由于承包人垫资工程款等原因产生，则应当作为建设工程款的一部分享有优先受偿权。

4. 有财产担保的债权。有财产担保的债权在各种类型企业的破产过程中都很常见，财产担保赋予了债权人就特定担保财产在破产程序中优先受偿的权利。其权利依据来源于《企业破产法》第 109 条：“对破产人的特定财产享有担保权的权利人,对该特定财产享有优先受偿的权利。”就房地产开发企业而言,其担保债权的实现有其特殊性,主要体现在以下两个方面。

(1)担保财产范围。房地产开发企业最常见的财产担保形式为土地使用权抵押及在建工程抵押。对此,《民法典》第 397 条作出了相关规定:以建筑物抵押的,该建筑物占用范围内的建设用地使用权一并抵押。以建设用地使用权抵押的,该土地上的建筑物一并抵押。抵押人未依据前款规定一并抵押的,未抵押的财产视为一并抵押。该条文体现了房地一体的抵押原则,但在实践过程中仍存在诸多难点和问题。首先在实际操作中建筑物占用范围内的建设用地使用权并非必须随地上建筑一并抵押,房地产开发商可以与抵押权人约定仅抵押地上建筑,并在抵押权证上进行注明,这样可以排除抵押权人对于土地使用权范围内的优先受偿。其次在设立土地使用权抵押时,土地上新增建筑物或抵押后建筑物的续建部分,在无特别约定的情况下是不属于抵押范围的。《民法典》第 417 条规定:建设用地使用权抵押后,该土地上新增的建筑物不属于抵押财产。该建设用地使用权实现抵押权时,应当将该土地上新增的建筑物与建设用地使用权一并处分。但是,新增建筑物所得的价款,抵押权人无权优先受偿。实务中,房地产开发企业拿地后一般都会将土地用于抵押融资,此时土地上还未形成建筑物,待后续项目工程开工,土地上出现在建建筑物,此时项目进入破产程序后,评估时必须将土地和在建工程分别评估。该建设用地使用权实现抵押权时,应当将该土地上新增的或续建的建筑物与建设用地使用权一并处分。但是,新增建筑物所得的价款,抵押权人无权优先受偿。

(2)受偿顺位。在普通企业破产过程中,有财产担保的债权就担保财产而言一般处于第一顺位获得清偿。但在前文已经提到,在房地产开发企业破产过程中,存在动迁成本、消费性购房者优先权、建设工程款优先权等在先权利。担保债权的受偿顺位将大幅下降,可能发生即便设立了财产担保却依旧无法获得任何清偿的情况。

另外值得一提的是预告抵押登记问题。在《民法典》及相关司法解释出台前,业界的主流观点倾向于预告抵押登记不产生本登记的效力,也即办理了预告抵押登记并不能取得优先受偿权。如今,《最高人民法院关于适用〈中华人民共和国民法典〉有关担保制度的解释》第 52 条第 2 款明确规定:当事人办理了抵押预告登记,抵押人破产,经审查抵押财产属于破产财产,预告登记权利人主张就抵押财产优先受偿的，人民法院应当在受理破产申请时抵押财产的价值范围内予以支持，但是在人民法院受理破产申请前一年内，债务人对没有财产担保的债务设立抵押预告登记的除外。由此可见，法律对于预告抵押登记的效力进行了认可，但同时也作出了一定的限制，要求预告抵押登记设立时间要在法院受理破产申请前一年内。

5. 职工债权。房地产开发企业破产时职工债权的处理与一般企业破产无本质上的区别，其法律依据为《企业破产法》第 113 条及《全国法院破产审判工作会议纪要》第 27 条。在进行破产企业职工债权认定时，可能遇到下列常见问题：

(1) 长期停业的职工债权如何认定？企业破产时往往已经长期处于停业或歇业状态，职工并非每天都有工作安排，即使有，工作量比之前会少很多。但从劳动合同法角度来看，公司并未与员工解除劳动合同，仍然应当按照合同约定支付员工工资。对于该问题，在实践中一般会根据员工是否参与劳动、是否仍然接受企业的工作安排、未参加劳动是否为其自身原因等多个方面来综合考虑是否认定其职工债权。当然，职工在停业期间与其他用人单位签订了劳动合同的，则与原破产企业的劳动关系已经终止，不应再认定其职工债权。

(2) 企业向内部职工的集资款是否属于职工债权？由于房地产开发企业融资难度较一般企业更大，故企业内部向职工借款集资的做法在房地产开发企业中更为常见。对于职工集资款债权的认定，在实践中仍存在较大争议。原因在于《最高人民法院关于审理企业破产案件若干问题的规定》第 58 条第 1 款规定，债务人所欠企业职工集资款，参照《企业破产法》第 37 条第 2 款第 1 项规定的顺序清偿，即职工集资款应当作为职工债权优先受偿。但该规定所依据的企业破产法为旧法且已失效，现行《企业破产法》列出的职工债权范围中并未明确纳入职工集资款。故目前在职工集资款性质认定上仍应谨慎并依据具体情况灵活处理，等待后续相关部门对于该问题的解释与完善。

(3) 员工奖金是否可以认定为职工债权？对于该问题的处理一般应区分职工身份及工作性质。对于董事、监事、经理等高级管理人员，依据《最高人民法院关于适用〈中华人民共和国企业破产法〉若干问题的规定（二）》第 24 条第 1 款第 1 项之规定，其获得的正常薪水以外的大额绩效奖金一般应认定为普通债权。对于普通员工依据其工作性质导致奖金为其工资的主要组成部分的，应当根据该员工工资构成及工作成果证明等进行综合认定。

6. 税收债权。房地产开发企业破产中的税收债权与普通企业无太大区别，均应依据《企业破产法》第 113 条及《国家税务总局关于税收征管若干事项的公告》进行申报及缴纳。值得注意的是，房地产开发企业有时为了融资，会与资本方约定以部分房产网签的方式获得购房款，并约定一定的合同解除条款，以便将来将房产回购。该种做法名为买卖实为借贷，房地产开发商仅是通过签订买卖合同的方式绕开融资门槛，达到融资目的。但该种做法存在后遗症，税务机关依旧会根据这一房产买卖行为征收相应税款，待将来房产回购正式上市销售时，可能会面临税务机关再次征收税款的情况。此时需要与税务部门沟通，说明情况，避免同一套房产交易税款的重复征收。

7. 普通购房者债权。该类债权的产生基础也是房产买卖行为，但由于其不符合上述消费性购房者优先权的相关条件，而不能享有优先受偿的权利，该类债权本质上依旧为普通债权。对于真实购房者的认定和债权受偿安排在房地产开发企业破产处置中一直是难点和敏感点。在破产实践中，经常会遇到通过买卖来进行融资或提供担保的情况，所以需要进一步区分买卖合同相对方是否为真实购房者，一般除买卖合同外，还另行签订了担保协议或者借款协议，或在买卖合同中约定了无条件解除条款的，可认定为非真实购房者。对于这类非真实购房者，其债权一般仅作为普通债权末位受偿。而对于除上述以外的不享有消费性购房者优先权的真实购房者，出于民生及维稳的需要，很少有企业的破产管理人将其作为彻彻底底的普通债权进行处理，而是会在债权分配方案中予以适当考虑，给予清偿优惠。实践中还会遇到部分购房者主张已经付清房产全款、办理过网签或设立了预告登记，要求将该房产别除出破产财产，单独进行处理的情况。对于该类主张，由于该房产并未办理过户，有的甚至只是在建工程，并不满足过户条件，购房者所享有的依旧只是债权而非物权，故其要求将房屋别除出破产债权单独处理的要求一般不会被企业破产管理人所认可。

8. 普通债权。普通债权是除上述优先债权外的其他债权的统称，主要因正常商业行为而产生，有时还会有部分优先债权由于种种原因放弃优先权而加入普通债权行列。该类债权位于清偿顺位的末尾，受偿时彼此不分先后，在企业破产过程中需待其他享有优先权的债权获得足额清偿后，才能对企业剩余财产进行等比例受偿。在破产实践中，普通债权是最不受保护的一类债权，其清偿率较低，甚至完全得不到任何受偿。

综上，房地产开发企业破产债权清偿顺序大致为：拆迁户（动迁房及动迁款）>消费性购房者优先债权>建设工程款>有财产担保的债权>职工债权>税收债权>普通购房者债权>普通债权。原则上在下顺位的债权需待上顺位债权获得足额清偿后，才能开始受偿。

除上述破产债权外，破产企业还可能面临两类破产成本，分别为破产费用及共益债务。

破产费用，是指在破产程序中为破产债权人的共同利益而由破产财产中支付的费用。《企业破产法》第 41 条规定，人民法院受理破产申请后发生的下列费用，为破产费用：

①破产案件的诉讼费用；

②管理、变价和分配债务人财产的费用；

③管理人执行职务的费用、报酬和聘用工作人员的费用。

具体而言，一般企业破产费用分别包括以下项目。

（1）破产案件的诉讼费用。包括：破产申请费用；破产管理人为收回破产财产提起诉讼或进行其他法律程序所发生的费用，以及破产管理人以破产企业名义应诉而发生的诉讼费用等；破产案件在诉讼过程中产生的其他费用，如证据保全费、调查费、财产保全费、公告费、鉴定费、送达费、勘验费，以及人民法院认为其他应当支付的诉讼费用。

（2）管理、变价和分配债务人财产费用。包括但不限于债务人财产的保管费用、保养与修缮费用、拍卖或变价变卖费用、变更权属费用、仓储费用、运输费用、保险费用、评估费用、公告及通知债权人受领财产的送达邮寄费用、提存预分配财产费用等。

（3）破产管理人报酬、聘用工作人员的费用和执行职务的费用。其中需要注意的是，破产管理人报酬的支付必须要向人民法院提出书面申请并经过审查批准程序，以防出现自己给自己支付报酬的局面。

除破产费用外另一项常见破产成本为共益债务。共益债务是指在破产程序中，为债权人、债务人的共同利益所负担的债务。《企业破产法》第 42 条规定，人民法院受理破产申请后发生的下列债务，为共益债务：

①因管理人或者债务人请求对方当事人履行双方均未履行完毕的合同所产生的债务；

②债务人财产受无因管理所产生的债务；

③因债务人不当得利所产生的债务；

④为债务人继续营业而应支付的劳动报酬和社会保险费用以及由此产生的其他债务；

⑤管理人或者相关人员执行职务致人损害所产生的债务；

⑥债务人财产致人损害所产生的债务。

共益债务特别常见于房地产开发企业的破产重整程序中。房地产开发企业破产时主要资产一般为在建工程，即烂尾楼。如果将烂尾楼直接拍卖处置，其能够产生的价值很低，不利于破产企业的债务清偿以及后续重整。此时可以引进外部资本投资对烂尾楼进行续建，该外部投资续建费用即为共益债务。后续烂尾楼的续建完成及上市销售所产生的大量增量收益将用于偿还共益债务及其他债权，使得债权清偿率大大提高，乃至盘活整个破产企业。

对于破产费用、共益债务以及其他债权之间的偿还顺序问题，《企业破产法》第43条规定：破产费用和共益债务由债务人财产随时清偿。债务人财产不足以清偿所有破产费用和共益债务的，先行清偿破产费用。债务人财产不足以清偿所有破产费用或者共益债务的，按照比例清偿。债务人财产不足以清偿破产费用的，管理人应当提请人民法院终结破产程序。另外，《最高人民法院关于适用〈中华人民共和国企业破产法〉若干问题的规定（三）》（2020修正）第2条第1款规定：破产申请受理后，经债权人会议决议通过，或者第一次债权人会议召开前经人民法院许可，管理人或者自行管理的债务人可以为债务人继续营业而借款。提供借款的债权人主张参照《企业破产法》第42条第4项的规定优先于普通破产债权清偿的，人民法院应予支持，但其主张优先于此前已就债务人特定财产享有担保的债权清偿的，人民法院不予支持。从上述法律规定理解，破产费用的支付一般优先于共益债务以及其他所有破产债权，如果破产企业剩余资产都不足以覆盖破产费用的，人民法院将终结整个破产程序。而共益债务的支付顺位应当低于建设工程款及有担保的债权，高于普通债权。但由于共益债务受偿顺位劣后于建设工程款及有担保的债权会使得共益债务受偿得不到有效保障，投资风险较高，大大降低外部资本投资共益债的积极性，故在企业破产实践中，建设工程承包方及有担保的债权人出于长远利益考虑，有时会自愿让渡其优先权，让共益债务的清偿顺位高于建设工程款及担保债权，最终目标是释放破产财产的增量价值,达到共赢目的。

三、房地产开发企业破产处置方式及流程

依据《企业破产法》第2条及第7条规定,企业法人不能清偿到期债务,并且资产不足以清偿全部债务或者明显缺乏清偿能力时,破产企业或其债权人可以向人民法院申请破产清算、破产和解或破产重整(见图5－7)。房地产开发企业作为企业法人的一种,其资不抵债时一般也只能通过上述方式进行处置。

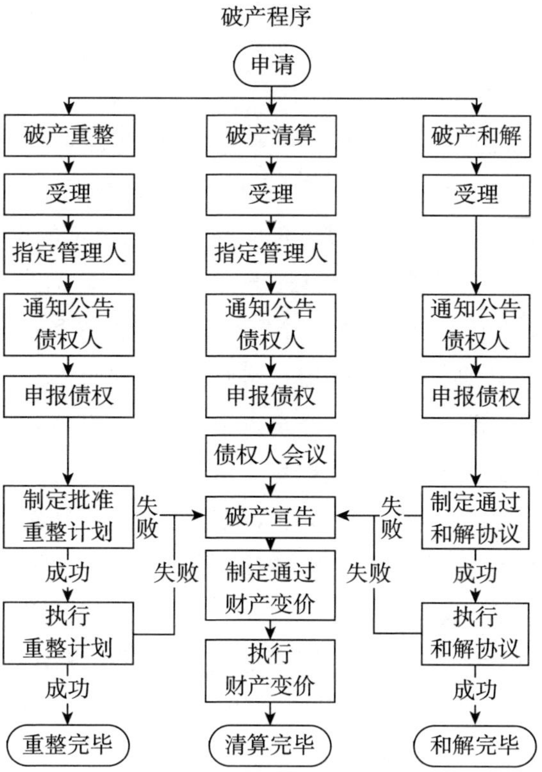

图5－7 破产程序流程

1. 破产清算

破产企业及其债权人均可以向法院提出破产清算申请,开始破产清算程序。一般情况下,破产清算对于破产企业来说是最坏的结果,相当于直接宣判该企业

"死刑"。

依据《企业破产法》及《民事诉讼法》的相关规定，企业破产清算流程主要分以下步骤：

(1)破产受理及公告。对破产案件有管辖权的法院(一般为破产企业住所地人民法院)在收到破产申请后，必须对申请进行审查，在确认破产申请符合法定条件后，法院将裁定受理破产申请、确定破产管理人并进行公告。公告内容包括：破产申请人、被申请人的名称或者姓名；人民法院受理破产申请的时间；申报债权的期限、地点和注意事项；管理人的名称或者姓名及其处理事务的地址；破产企业的债务人或者财产持有人应当向管理人清偿债务或者交付财产的要求；第一次债权人会议召开的时间和地点等事项。

(2)破产企业财产清点及债权申报。人民法院确定的破产管理人将全面接管破产企业，对破产企业的剩余财产进行盘点、清理、估价，并代表破产企业参与民事活动，对申报的债权组织审查。对于破产企业的债权人而言，此时应当积极与管理人沟通进行债权申报。申报债权应当在法院规定的期限内进行，不在规定的期限内申报的，不能成为破产债权，不得以破产企业的财产受偿。债权申报时需说明债权数额和形成债权的原因，并提出必要的证据。管理人收到债权申报材料后，应当登记造册，对申报的债权进行审查，并编制债权登记表。管理人必须将申报的债权全部登记在债权登记表上，不允许以其认为债权超过诉讼时效或者不能成立等为由拒绝编入债权登记表。管理人依法编制的债权登记表，应当提交债权人会议核查。经核查后，管理人、债务人、其他债权人等对债权无异议的，列入债权确认表中。债权确认表最终由人民法院裁定确认，该确认具有与生效判决同等的法律效力。

(3)破产财产分配。破产财产的分配，应由管理人提出分配方案，在债权人会议上讨论通过，报人民法院批准后由管理人具体执行。一般情况下，破产财产首先应支付破产费用，随后剩余财产按照各债权间优先级不同进行顺位清偿。破产财产清算分配完毕，由管理人向人民法院汇报清算分配工作的情况，并申请人民法院裁定破产终结，对于未得到足额清偿的债权，不再进行清偿。

(4)注销登记。待破产财产分配完毕，破产企业法人将依法终止其民事行为能力，破产管理人向破产公司的原登记机关申请注销公司登记，破产清算流程结束。

就房地产开发企业而言，其破产清算程序和其他企业一样，国家并没有因为行业的不同而设置不同的标准。但由于房地产开发企业主要资产为土地使用权、在建工程、应收账款、预收房款（其本质为负债），企业资产负债率较高，直接拍卖处理价值较低；加之房地产开发企业涉及的利益格局复杂，会涉及大量不同群体债权人，另外还需要考虑民生及维稳需求，故在房地产开发企业破产实践中，破产清算周期相对较长，单纯进行破产清算的也相对较少，法院及各方当事人会更倾向于进行破产和解及破产重整。

2. 破产和解

破产和解，是指破产企业与债权人就债务清偿达成协议，经法院审查认可后中止破产程序，避免破产清算的法律制度。不同于破产清算及破产重整，破产和解只能由破产企业自己提出，任何债权人均无权主动要求破产和解，和解申请提出时间可以在破产受理时直接向法院提出，也可以在人民法院受理破产申请后、宣告债务人破产前提出。

破产和解虽然也被称为和解，但与普通民事案件中的和解不同，其区别主要体现在程序要求和效力认定上。根据《企业破产法》相关规定，破产企业提出破产和解申请的，需一并提出和解协议草案，该草案需经债权人会议由出席会议有表决权的并且所代表的债权额占无财产担保债权总额的2/3以上债权人过半数同意方能通过。债权人会议通过的和解协议需再经人民法院裁定认可后方能正式生效；如果和解协议未获得债权人会议通过或未获得法院认可，则和解程序终止，法院将宣告债务人破产并进入破产清算程序。与普通和解协议不同的是，最终正式生效的破产和解协议效力及于所有无财产担保的债权人，也即只要和解协议正式生效，即便是在债权人会议上投反对票的债权人，也依旧需要受到协议的约束。

另外值得一提的是，在破产和解程序中，有财产担保的债权人自人民法院裁定和解之日即可行使其权利，可在担保范围内优先受偿，后续和解协议的内容及通过与否一般不对担保债权人产生影响。

3. 破产重整

破产重整，又称企业再生或破产保护，是指对已经具备或者可能具备破产条件而又有再生希望的破产企业，保护其继续营业并挽救其生存的程序，是世界各国公认的挽救企业、预防破产最有力的法律制度之一。破产重整制度的意义在于为濒临破产的企业增加一次恢复生机的机会,减少债权人的损失以及投资于债务人的股东的损失。同时,其也能够在一定程度上减少社会财富的损失和因债务人破产而转为失业人口的数量,保持社会稳定。鉴于破产重整在整个社会经济发展中所能起到的重要作用,与破产清算和破产和解相比,法律赋予了破产重整更低的门槛和更多的可能性,主要体现在以下方面:

首先,是申请时间和申请主体方面。《企业破产法》第 70 条规定,破产重整的提出时间可以是在法院受理破产申请时直接提出,也可以在人民法院受理破产申请后、宣告债务人破产前提出。这一点与破产和解相同,但不同的是,破产和解只能由破产企业自己提出,而破产重整可以由破产企业、债权人乃至出资额占破产企业注册资本 1/10 以上的股东提出。

其次,破产企业有机会继续自行管理企业财产及营业事务。一般情况下,在法院受理破产申请时,将由法院指定破产管理人进驻企业,全面接管破产企业的各项财产及营业事务,破产企业会丧失对自身所有财产和业务的控制权。但破产重整程序则存在例外,《企业破产法》第 73 条第 1 款规定,在破产重整程序中,破产企业有机会继续自行管理企业财产及营业事务,但需要由破产企业提出申请并经人民法院批准,且即便由破产企业自行管理也需要接受对法院及债权人负责的管理人的监督。但无论如何,破产企业有机会继续自行管理和经营,这无疑给破产企业的重生增加了便利,也提升了重整成功的可能性。

最后,破产重整方案可以强制通过和强制执行。根据《企业破产法》相关规定,企业破产重整草案需经债权人会议表决,表决时按照担保债权人、劳动债权人、税款债权人和普通债权人的分类进行分组,必要时还可增设小额债权人组及出资人组。出席会议的同一表决组债权人过半数同意重整计划草案,并且其所代表的债权额占该组债权总额的 2/3 以上的,即为该组通过重整计划草案。各表决组均通过重整计划草案时,重整计划即为通过。但实践中经常会遇到部分表决组因自身利益无法得到全额保障而拒绝通过重整计划草案的情况,此时破产企业或管理人可在不损害其他表决组利益的前提下与该部分未通过的表决组进行协商并重新表决一次。再次表决仍未通过的,在符合《企业破产法》第 87 条所列条件的情况下,破产企业或者管理人可以绕开未通过的表决组,向人民法院申请批准重整计划草案。人民法院经审查认为重整计划草案符合法律规定的,可以直接裁定批准重整计划草案,此即为重整计划草案的强制通过。重整计划一旦被裁定批准，对破产企业及全体债权人均具有约束力，包括先前拒绝重整计划的债权人在内的各方当事人均必须遵照执行，此即为重整计划草案的强制执行。

另外，根据《企业破产法》第75条第1款之规定，在破产重整程序中，除担保物有损坏或者价值明显减少的可能，足以危害担保权人权利的情况以外，对破产企业特定财产享有担保的债权人也需暂停行使担保权。不同于破产和解，在破产重整程序中有担保的债权人并不能将担保财产自破产财产中别除出去优先受偿，而是需要等待后续重整计划草案的统一安排。就房地产开发企业而言，其主要资产为在建工程及土地使用权，该类资产往往都已办理抵押登记，如果允许担保债权直接行使权利对在建工程及土地使用权进行拍卖，则破产企业将再无重整价值。为避免此类情况发生，法律对于破产重整中担保债权的行使作出了限制，在一定程度上排除重整障碍，使得重整更容易获得成功。

综上可见，法律给予了破产重整程序相对而言更多的特权和优待，引导破产企业更多地进行重整，而非单纯的清算及简单的和解，最终目的是使破产企业获得二次生命，债权人利益获得更大程度保障，维护社会经济的安定与发展。

企业破产重整的方式因企业性质不同而不同，重整计划草案也具有多样性。就房地产开发企业而言，其破产重整方式一般可以分两种，一种是各类企业都能运用的传统股权式重整，另一种是针对房地产开发企业运用的续建式重整。

（1）股权式重整。股权式重整也称股权拍卖式重整，是指通过在公开市场上拍卖破产企业整体股权的方式招募到适合的重整投资人，取得投资人的投资资金或资金额度，用于偿还破产企业各类债务，使得破产企业得以存续，同时最大限度地保障债权人合法权益的重整方式。股权式重整泛用性较广，几乎所有破产企业均可以通过此种方式进行重整。2017年11月9日，河南省新乡市中级人民法院裁定受理河南新飞电器有限公司、河南新飞家电有限公司以及河南新飞制冷器具有限公司重整。2018年6月29日，新飞电器管理人对以上三家公司的100%股权在淘宝网司法拍卖网络平台上进行公开拍卖，安徽康佳电器科技有限公司以4.55亿元竞买成交，这就是典型的股权式重整。安徽康佳电器科技有限公司在竞买成功后，将获得前述三家公司的完全支配权，而4.55亿元竞买资金不会支付给破产企业股东，而是用于偿还破产企业债务，保障债权人的利益。

股权式重整具有诸多优势,在企业破产程序中运用也较多,但也不可避免地存在一些问题,需要不断地优化。最常见的问题在于股权拍卖式重整计划制定时,投资人未确定、投资金额未确定、债务清偿比例和方式均尚未确定,因无法预测可实现利益,债权人会议通过重整计划有一定的难度,部分债权人可能因不能确定债权受偿比例,故对重整计划投反对票。此外,如果在破产企业的股权已被质押或冻结的情形下,股权拍卖将遇到法律障碍,故一般也无法适用股权式重整。

另外,股权拍卖式重整关键点在于需要找到投资人,需要有投资人认可破产企业的有效利用价值及后续可发挥的经济效能。而就房地产开发企业而言,其设立门槛较低,可利用价值及经济效能也较低,甚至很多情况下只是为了开发某个地块项目而成立项目公司,其本身股权并无多大价值,故往往很难找到投资人通过股权拍卖方式进行重整。

(2)续建式重整。续建式重整是房地产开发企业所独有的重整方式,是指破产企业或管理人通过引进投资人,以共益债等方式对破产企业进行投资,使项目工程续建完成并投入销售,将销售所得收益偿还共益债及其他债务的重整方式。如上所述,房地产企业如果以现状拍卖进行破产清算的话,由于烂尾楼价值比较低,其偿债能力是十分有限的,而通过注入一定的资金成本完成续建并投入销售,其产生的经济价值将大大增加,偿债能力也会大大加强。房地产开发企业可以通过引资续建来释放大量的增量价值,以增量化解债务,最终达到清偿债务、盘活企业的双赢目的。

续建式重整的关键在于续建后所能产生的增量价值大小。简单来说,房产项目所在地房价越高,其建成销售所得收益就越大,债务清偿率也就越高,甚至可能出现清偿完所有债务后还有盈余的情况,所以在房价相对较高且稳定的大型城市,续建式重整将有更多运用和发挥的空间。上海悦合置业有限公司(以下简称悦合置业)破产重整一案就是典型的续建式重整。2020 年 3 月,悦合置业因严重资不抵债,不能清偿到期债务而进入破产重整程序,上海市第三中级人民法院受理破产申请时,悦合置业的主要资产悦合国际广场烂尾楼项目估值仅为 15 亿元,而企业负债审计净值高达 126 亿元。2021 年 6 月,破产管理人与外部投资人上海绿庭投资控股集团股份有限公司(以下简称绿庭投资)共同拟定重整计划草案,由绿庭投资作为重整投资人以共益债方式投资金额 2.5 亿元,同时作为悦合置业的项目管理受托方,负责悦合国际广场后续的开发续建管理、招商和运营管理、销售管理。最终该重整方案获得了超百亿元债权的支持,重整方案获得通过,企业重整获得成功。在本案中,投资人仅通过2.5亿元的共益债就撬动了超百亿元的债权,盘活了整个破产企业,使得当时上海最大的烂尾楼项目获得新生,是典型的以小博大、四两拨千斤,这也充分体现了续建式重整在房地产开发企业破产处置中的可行性以及能够发挥的重要作用。

另外值得一提的是,房产项目注资续建、释放增量的做法不仅可以用于破产重整,也可以运用到房地产开发企业的破产清算程序中。破产企业可以通过引进资本续建项目的方式大大提高债务清偿率,虽然破产企业最终同普通的破产清算一样逃不开被注销的命运,但此种做法能够更好地保障债权人的利益,维护社会经济秩序的稳定与发展。

第六章　不良资产处置各类文本

第一节　诉讼文书

一、律师代理服务协议书

律师代理服务协议书

甲方：××银行股份有限公司

乙方：

甲方因与其贷款客户（以下简称借款人）之间的借款纠纷，聘请乙方代为催收借款，经双方友好协商，订立以下协议，共同遵守。

一、委托事项

甲方经其分行职能部门同意，委托乙方向____等____名借款人收回因违约而按约提前归还的____笔借款的全部本息。

二、代理律师

乙方接受甲方的委托，指派____律师组成律师团，具体承办本协议项下委托事项的代理工作。

三、代理权限

代理权限为代为出庭，代为承认、变更、放弃诉讼请求，进行调解、和解，撤诉，提起反诉或上诉，向原公证机关申请执行证书、向法院申请执行。

四、甲方义务

1. 提供与案件有关的所有证据材料原件、复印件。

2. 出具《授权委托书》和其他法律文书。

3. 出现调解、和解事由的，应将是否同意调解、和解的决定通知乙方。

4. 承担诉讼费用及支付律师代理费。

五、乙方义务

1. 在甲方授权范围内严格履行代理职责，不得超越代理权限。

2. 拟订完备的代理方案，起草、呈送与案件有关的诉讼文书，按时出庭。

3. 及时以口头或书面形式向甲方报告案件代理情况。

六、律师费用

律师费用是甲方支付给乙方的全部代理费用____元，包括：申请执行证书后申请执行，或者代理一审诉讼（有二审的包括二审）及申请执行，以及为完成代理目标所做的其他代理活动。

七、协议的生效

1. 本协议经双方负责人或授权代表签字并加盖单位公章后生效；

2. 本协议一式两份，甲乙双方各执一份。

甲方（公章）：　　　　　　　　乙方（公章）：

负责人或　　　　　　　　　　　法定代表人或

授权代表：　　　　　　　　　　授权代表：

______年____月____日

二、律师事务所函

××律师事务所函

____________人民法院：

你院受理的××银行股份有限公司与×××（被告）关于××（案由）纠纷一案，现在××银行股份有限公司已委托本所××律师为其诉讼代理人，特此函告。

××律师事务所（章）

地址：

邮编：

电话：

______年____月____日

附：授权委托书一份（略）

三、授权委托书

授权委托书

委托人：××银行股份有限公司××支行
受托人：____________律师　　工作单位××律师事务所
　　　　____________律师　　工作单位××律师事务所

本委托人因与×××（被告）×××（案由）纠纷一案，特委托上列受托人作为本委托人的代理人，代理权限为特别授权，具体为：

代理权限：
特别代理

代为调查、提供证据	代为出庭	申请财产保全或证据保全
申请追加被告或第三人	自行和解	申请撤诉
提起上诉（申诉）	提起反诉	代为承认、变更、放弃诉讼请求
申请执行	执行和解	代为签署和受领有关文书
出席执行听证会	转委托	申请撤销、中止和终结执行

代为收取、保管执行财物和文件
代为支付诉讼或诉讼相关费用以及代收和保管法院退还的该类费用______
____

上述代理权限自即日起至本案一审、二审、执行程序终止时止。

委托人：××银行股份有限公司
××支行
______年____月____日

附：
受托人联系方式：
××律师事务所　　　　　　邮编：
电话：　　　　　　　　　　受托人手机：

四、法定代表人身份证明书

法定代表人身份证明书

________在我行任________职务,是我行的负责人,特此证明。

（盖章）

______年____月____日

五、民事起诉状

民事起诉状

原告:××银行股份有限公司

住址:

联系地址:

负责人:　　　　　　　　　职务:

联系电话:×××××××××

被告一:姓名,性别,民族,出生年月

户籍地址:

联系地址一:

联系地址二:

联系电话:

被告二:姓名,性别,民族,出生年月

户籍地址:

联系地址一:

联系地址二:

联系电话:

被告三:姓名,性别,民族,出生年月

户籍地址:

联系地址一：
联系地址二：
联系电话：
诉讼请求（合计：×××元）：

1. 被告一、二立即归还原告商业借款本金余额人民币（币种下同）××元；
2. 被告一、二向原告支付至××××年××月××日的应收利息××元，逾期利息××元，并偿付自××××年××月××日起至实际清偿之日止的逾期利息（以本息之和×××元为计算基数，罚息利率按×××确定，并按×××计收）；
3. 被告一、二支付原告为实现上述债权所产生的律师费×××元；
4. 被告三对上述1～3项还款义务承担连带保证责任；
5. 如被告一、二不履行上述第1项、第2项、第3项付款义务，请求法院依法处置被告一名下位于×××抵押房产，并以所得价款优先偿还原告的借款本金、利息、罚息、违约金以及原告为实现债权而发生的相关费用；
6. 三被告承担本案的案件受理费及保全费。

事实与理由：

原告与三被告于××××年××月××日签订了《×××合同》（以下简称《合同》）及附件，《合同》约定被告一向原告贷款人民币××元，期限为××个月，自××日起算。实际执行利率按×××执行，每××个月为一个浮动周期，还款方式为××。同时约定，贷款逾期罚息利率为×××。若被告未能按期归还贷款本息，此时原告有权宣布本合同项下全部贷款本息提前到期，并要求被告赔偿因其违约给贷款人造成的损失包括因实现债权而导致的律师费、诉讼费等相关费用损失等，依法及本合同约定对抵押房屋行使抵押权。《合同》还约定，被告以其名下位于×××对上述贷款提供抵押担保。

原告于××××年××月××日取得《上海市房地产登记证明》（登记证明号为：×××）。后原告依约向指定账户发放贷款人民币×××元。

另外，被告二与被告一系夫妻关系，上述债务形成于夫妻关系存续期间，并且用于夫妻共同生活，系夫妻共同债务。故被告二应对上述债务承担连带责任。（夫妻选用）

被告二、三于××××年××月××日签署《共同还款承诺书》，承诺被告二、三与被告一为父子、母子关系，愿与借款人共同参与还款，以帮助借款人偿还每月应偿还的贷款本息，直至借款人向贷款人所借贷款全部清偿。（父母选用）

被告三与被告一系父子关系，被告三作为抵押人在《合同》中签字，故被告二、三应对上述债务承担共同还款责任。（子女选用）

被告二签订了《配偶同意书/财产共有人承诺书》（以下简称共有承诺书）承诺，其以房产共有人身份不可撤销地同意将该房产依据原告与被告一签署的任何形式的抵押借款合同抵押给原告，并接受该合同全部条款，以及被告二承诺对于若被告一不履行与原告订立的抵押借款合同约定的还款义务承担还款连带保证责任。（其他选用）

被告三系保证人，提供阶段性连带责任保证。保证人在借款人办妥本合同项下贷款所购房屋抵押登记手续并且贷款人收到他项权证之日前，发生借款人违约而引起的本合同项下的债务，保证人仍应承担相应的保证责任。本合同贷款人与借款人解除本合同或者致使本合同提前到期的，保证人对于本合同项下已发生的债务承担担保责任。（保证人选用）

合同签订后，因被告未按期还款，经原告多次催讨无果，为维护自身合法权益，特向法院提起诉讼，望准如所请。

此致

××人民法院

起诉人：××银行股份有限公司

______年____月____日

六、证据清单

证 据 清 单

序号	名称	页数	证明内容	备注
1	《中国银行股份有限公司个人商业用房贷款合同》		证明:1. ××××年××月××日,被告向原告借款××元(商业借款),并以其名下位于××××的房产提供抵押担保; 2. 相关贷款金额、利率、违约标准	
2	上海市房地产登记证明		证明:××××年××月××日,被告将位于××××的房产设定了抵押,用于担保该笔商业贷款	
3	借款凭证		证明:原告依照被告授权向指定账户放款×××元,借款用途为购买商品房	
4	贷款罚息表		证明:被告所欠贷款本金、利息及罚息	
5	律师函/快递单		证明:××××年××月××日,原告向被告发送了律师函,宣布贷款提前到期	
6	委托代理协议、发票		证明:原告为本案聘请律师,产生律师费损失	

七、律师函(房地产开发有限公司)

××律师事务所
律师函

律师函〔××〕第××号

致:××房地产开发有限公司

自:××律师

尊敬的××房地产开发有限公司:

您好! ××律师事务所(以下简称本所)××律师接受××银行股份有限公司(以下简称委托人)的委托,就主债务人×××与其签署的《×××合同》金融借款合同纠纷事宜,贵司作为保证人,特向贵司致送本函。

根据委托人提供的资料:我委托人与主债务人×××于××××年××月××日签订了《×××合同》(以下简称合同),合同约定×××向我委托人借款人民币×××元,期限为××个月。同时约定×××以名下位于×××的房产为此借款提供抵押担保,并由贵司承担保证责任。我委托人之后依约向指定账户发放贷款人民币××元。原告于××××年××月××日取得《××市不动产登记证明—预告登记》(登记证明号为:××××)。

根据以上合同约定,贵司提供保证责任,借款人未按照合同约定按期还款,我委托人有权宣布主合同项下已发放的借款已提前到期,应提前归还主合同项下的全部借款本息。因借款人违约而引起的本合同项下的债务,保证人应承担相应的保证责任。现本律师郑重告知如下:

1. 因×××未按合同约定的还款日期归还合同项下的贷款,故我委托人现宣布主合同项下已发放的借款已提前到期。截至××××年××月××日止的贷款本金余额人民币(币种下同)×××元,逾期利息××元。

2. 请贵司于××××年××月××日前,立即安排款项足额存入我委托人的还款账户中,以归还全部未付本金、利息、罚息、实现债权之费用(具体金额以实际还款日银行出具的还款本息明细表为准),承担连带保证责任。

否则,我委托人将采取进一步的法律措施,由此产生的为实现债权的费用,包括公告费、送达费、邮寄费、鉴定费、律师费、诉讼费、差旅费、催收交通费、评估费、拍卖费、财产保全费、强制执行费等,依约将均由×××及贵司承担。

贵司如有任何疑问或不清晰之处,可及时与本律师联系。请您尽快付款,妥善处理相关事项,有任何问题请联系委托人或我(××律师手机号码:×××××××××××)。建议您审慎行事,避免诉累。

特此函告

××律师事务所

××律师

______年____月____日

八、律师函

××律师事务所

律师函

律师函〔××〕第××号

致:主债务人姓名

自:××律师

尊敬的×××:

您好! ××律师事务所(以下简称本所)××律师接受××银行股份有限公司(以下简称委托人)的委托,就×××与其签署的《×××合同》金融借款纠纷事宜,特向您致送本函。

根据委托人提供的资料:我委托人与主债务人×××于××××年××月××日签订了《×××合同》(以下简称合同),合同约定×××向我委托人借款人民币×××元,期限为××个月。同时约定愿以×××名下××××(以下简称抵押房产)房产为此借款提供抵押担保。我委托人于××××年××月××日取得《××市房地产登记证明—预告登记(预购商品房)》(登记证明号为:×××)。我委托人之后依约向指定账户发放贷款人民币××元。

因您出现如下违约行为,(1)债务人拖延获取房屋所有权证书,致使抵押权不能有效设立的;(2)债务人逾期还款。根据以上合同约定,我委托人有权宣布主合同项下已发放的借款已提前到期,债务人应提前归还主合同项下的全部借款本息。现本律师郑重告知如下:

1. 我委托人现宣布您主合同项下已发放的借款已提前到期。截至××××年××月××日止的贷款本金余额人民币(币种下同)×××元,逾期利息××元。

2. 请您于××××年××月××日前,立即安排款项足额存入您在我委托人的还款账户中,以归还全部未付本金、利息、罚息、实现债权之费用(具体金额以实际还款日银行出具的还款本息明细表为准)。

否则,我的委托人将采取进一步的法律措施,由此产生的为实现债权的费用,包括公告费、送达费、邮寄费、鉴定费、律师费、诉讼费、差旅费、催收交通费、评估费、拍卖费、财产保全费、强制执行费等,依约将均由您承担。

您如有任何疑问或不清晰之处,可及时与本律师联系。请您尽快付款,妥善处理相关事项,有任何问题请联系委托人或我(××律师手机号码:×××××××××××)。建议您审慎行事,避免诉累。

特此函告

××律师事务所

××律师

______年____月____日

九、财产保全申请书

财产保全申请书

申请人:××银行股份有限公司

住址:

联系地址:

负责人: 职务:

联系电话:

被申请人:姓名,性别,民族,出生年月

户籍地址:

联系地址一:

联系地址二:

联系电话:

保全请求(金额:×××元):

保全金额××元或查封被申请人名下××××房产。(此处立案时法官会要求选择保全财产或是房屋)

事实与理由:

××银行股份有限公司诉×××的金融借款合同纠纷一案,贵院已予立案。现××银行股份有限公司申请对被申请人名下的财产进行财产保全,并以××银行股份有限公司的财产作为担保。

为维护申请人的合法权利不受侵犯,特依照《民事诉讼法》第100条第1款之规定,向贵院申请如上,请予准许,谢谢!

此致

××人民法院

申请人:××银行股份有限公司

______年____月____日

附财产线索:

地址:

编号为:

权利人:

十、担保函

担　保　函

我行诉被告××金融借款合同纠纷一案,已向贵院提出财产保全的申请。我行愿以全部自有资产为该财产保全提供担保,若因申请财产保全不当给被告造成损失的,我行愿意承担一切赔偿责任。

此致

××人民法院

××银行股份有限公司

______年____月____日

第二节　债权转让类文本

一、债权转让合同(个人)

债权转让合同

甲方:(以下简称甲方或转让方)

法定代表人:

地址:

乙方:(以下简称乙方或受让方)

身份证号码:

地址:

鉴于:

(1)甲方已就________××公司______等在内的________户不良债权(以下简称××)转让事宜,与××资产公司达成交易意向,且已签订债权转让合同。

(2)乙方有意向从甲方处受让上述________户资产包中的××公司户不良债权(以下简称标的债权)。

甲乙双方就标的债权的转让相关事宜,经平等友好协商,在××地点自愿达成如下意向合同。

1. 转让标的

××公司户债权,债权本金为××元(详见附件债权明细表,略),具体金额以××资产公司披露的债权信息为准。

2. 转让价款

2.1　本合同项下债权转让价款为人民币________圆整(小写:________

元)(以下简称转让价款)。

2.2 转让价款的支付

(1)甲乙双方协商确定,在本合同签订当日,乙方向甲方支付人民币________万元作为定金;

(2)剩余债权转让价款人民币________圆整(小写:________元),乙方应于________年____月____日前付清。

2.3 乙方在本合同项下应支付的全部款项均应汇至甲方下列账户。

户名:

开户银行:

账号:

3. 标的债权的清收和处置

3.1 本合同生效后,乙方即有权对标的债权展开清收处置行动,但在付清转让价款之前,乙方采取任何处置措施需征得甲方同意,清收处置方式包括但不限于债务和解、调解、债务重组、标的债权的拆包或整体出让。

3.2 本合同生效后至乙方付清转让价款前,乙方清收处置标的债权的,必须以甲方名义对外签署关于标的债权处置的一切交易文件。

4. 标的债权的转移

4.1 本合同生效后,乙方付清转让价款,自款项付清之日起,乙方即取得本合同转让的债权及从权利,标的债权转让至乙方名下,自付清债权转让款项之日起10日内,甲方办理债权转让通知的发送等相关手续。

4.2 标的债权转移至乙方后,甲方承诺自收到债权文件原件材料后10日内将材料交付给乙方。

4.3 标的债权所有权发生变更后,甲方应按乙方要求配合向执行法院书面申请变更执行主体,执行款项也应统一支付至乙方指定账户。

5. 合同的变更和终止

5.1 本合同生效后,甲乙双方有权通过书面约定变更本合同内容。

5.2 本合同生效后,乙方未能按期履行付款义务的,甲方有权选择采取以下措施:

(1)甲方有权直接解除合同,并要求没收乙方已经支付的定金;

(2)甲方可以要求乙方继续履行合同,按照乙方逾期付款资金的每日万分之五计算逾期付款利息。

5.3　因法律法规政策等原因,导致本合同无法继续履行的,双方互不承担违约责任。

6.费用承担

乙方受让债权后,自行承担清收处置标的债权过程中的相关费用,若甲方垫付的,则乙方须另行向甲方支付。

7.甲乙双方的声明和保证

7.1　甲方保证具有签署本合同的主体资格,并已获得签署和履行本合同的相应授权。

7.2　乙方保证具有签署本合同的主体资格,有权受让贷款债权,并已获得签署和履行本合同的相应授权或批准。

7.3　乙方确认,其在本合同签署之前,已经对标的债权现状进行了充分了解,并就标的债权的现状及风险完全清楚、认可与接受。

7.4　乙方保证,其处置标的债权的行为应当合法,不得恶意地采取不合法方式进行债权处置,若因此对甲方的合法权益造成实际损害或严重不良影响的,甲方有权解除本合同并进行索赔。

8.保密

合同各方同意,其对本合同签署和履行过程中得到的关于标的债权和相对方的文件资料以及本合同项下交易的所有重要信息及本合同所含信息(包括有关定价的信息)均有保密义务,未经对方书面同意,不得向任何其他方披露此类信息。

9.违约事件与违约责任

9.1　本合同任何一方发生本合同约定或法律法规规定的其他违约事件,应当承担违约责任;造成另一方损失的,违约方还应赔偿守约方的损失,该等损失包括但不限于:守约方实际损失及预期利益、律师费用、诉讼费用、调查取证费用、交通费用等。

9.2　如甲方造成违约,甲方双倍返还乙方定金。

10.争议解决

因本协议引起的或与本协议有关的任何争议,不能通过协商方式解决的,任何一方有权向乙方住所地人民法院诉讼解决。

11. 其他

11.1 本合同由甲乙双方代表签字或盖章之日起成立,自乙方按本合同支付定金起生效。

11.2 正本一式二份,甲乙双方各执一份,具有同等法律效力。

(以下无正文)

二、债权转让合同(企业)

债权转让合同

石银公(债转)第　　号

甲方:　　　　　　　　(转让方)

乙方:　　　　　　　　(受让方)

根据《民法典》等其他相关法律、法规、规章的规定,甲乙双方遵循自愿、公平、诚实信用的原则,就甲方向乙方转让其所持有的贷款债权(含与之有关的从权利)事宜达成如下协议,供双方共同遵守。

第一条 转让标的

1.1 本协议项下转让标的为甲方对于×××××××不动产抵押,及其对应的贷款债权(借款合同编号:____________,抵押合同编号:____________)以及相关从权利(以下简称转让债权)及相应的利息、罚息、违约金等。

1.2 转让债权的详细情况见本协议附件《债权转让明细表》。

第二条 转让价款及支付方式

2.1 作为受让本协议第1条所列债权的对价,乙方应向甲方支付转让价款共计(人民币)××××××元。

2.2 转让价款支付方式。

2.2.1 乙方应按照如下分期支付方式支付本合同项下合同款项:

第一笔应在本协议签订之日起××日内向甲方支付全部转让价款总额的××%;

第二笔应在本协议签订之日起××年内向甲方支付全部转让价款总额的

××%。

2.2.2　乙方应按上款约定将转让价款按时足额支付于甲方的以下账户：

甲方账户名：________________________________

甲方开户行：________________________________

甲方账号：________________________________

第三条　债权转移的生效

3.1　转让债权的所有权于甲方收到第一笔转让价款之日起归乙方享有和行使。

3.2　债权转移后，乙方按照本协议的规定享有和行使与该项债权有关的主、从权利。

3.3　前款所述主、从权利包括但不限于转让债权请求权，与转让债权有关的担保权益及相应的申请查封、冻结、执行的权利和拍卖资产的受偿权、收益权等。

第四条　债权凭证的移交

4.1　甲方应在收到第一笔转让价款之日起××个工作日内，于甲方所在地向乙方移交相关的债权凭证。

4.2　乙方应在接收时对债权凭证进行清点，并在核验无误后签章确认。

第五条　债权转让的通知

甲方应在收到全部转让价款之后，在乙方通知授权后，以书面通知或者其他方式（包括但不限于邮寄债权转让通知、报纸公告等）将债权转移事宜通知相关的主、从债务人。

第六条　甲方的权利义务

6.1　及时、足额地收取转让价款。

6.2　转让债权依本协议3.1约定转归乙方前，甲方保留与转让债权有关的一切权利。

6.3　保证主债权本金与乙方从甲方所受让该项债权的资料中显示的本金余额一致。

6.4　甲方保证：本协议转让的债权合法、有效，并拥有完全处分权。

6.5　按本协议约定移交债权凭证。

6.6　甲方应在乙方通知后××日内办理相关实现债权的举措，包括但不限于申请执行，进行拍卖变卖等，积极配合。

6.7　甲方收到该笔债权实现的款项后（包括但不限于部分），应在乙方通知后××日内将相关款项划入乙方指定账户。

第七条　乙方的权利义务

7.1　自第一笔债权转让金支付之日起，享有与转让债权有关的主、从权利，除乙方应付的剩余债权转让款外，因该笔债权而产生的本金、利息、罚息、律师费等皆归乙方所有，甲方不再享有任何权利。

7.2　及时、足额地支付转让价款。

7.3　按本协议约定核验并签收债权凭证。

7.4　依法行使与转让债权有关的主、从权利。

7.5　自债权转移之日起，承担与转让债权有关的一切风险、责任和其他费用。

第八条　违约责任

8.1　甲方未按约定移交债权凭证、通知转让债权的主、从债务人，经乙方催告后在××个工作日内仍未履行该义务的，每逾期一天，应向乙方支付转让价款的××%作为违约金。

8.2　乙方逾期付款的，每逾期一天，应向甲方支付迟延付款金额的千分之一作为违约金。

第九条　特别规定

9.1　甲方移交给乙方的权利文件包括甲方对位于×××××的不动产抵押权证、委托乙方指定律师办理清收等事宜、欠息清单、相关债权合同、公告债权转让手续等。甲方保证上述权利文件均为真实、合法和有效，且甲方确认，该债权所抵押之不动产可以合法处置、拍卖，不存在除甲方之外的权利负担、无租客、无影响拍卖或清场的因素。

9.2　甲方保证在收到第一笔转让价款之日起，根据乙方申请，给予乙方适当的协助，包括但不限于继续根据乙方申请以甲方名义向法院申请执行该案债权，包括以甲方名义处置该债权抵押物等。

9.3　乙方确认：为签订本协议，乙方已经对转让标的进行了充分、全面的调查和必要的了解。

9.4　乙方承诺：在其因受让而取得和享有本协议项下债权的期间内，严格按照法律法规允许的方式向主、从债务人主张和行使权利，若出现违法行权等情形，需自行承担由此产生的法律责任。

9.5　甲方向乙方转让其所持有的贷款债权，在存续期间所产生的相关法律效力文件，应做到应交尽交。

第十条　保密条款

甲乙双方对因本次债权转让负有保密义务，不得向有关其他第三方泄密，但中国现行法律、法规另有规定的或经另一方书面同意的除外。

第十一条　争议的解决

因本协议引起的或与本协议有关的任何争议，不能通过协商方式解决的，任何一方有权向乙方住所地人民法院申请强制执行或诉讼解决。

第十二条　其他约定

转让人确认：转让债权已经×××公证处出具执行公证书，编号：[________]。转让方保证该债权真实、合法，可得到执行。债权上抵押物真实、合法。

12.1　本协议自双方法人代表或授权人签字及公司盖章之日起生效，附件作为本协议的组成部分，与本协议具有同等效力。

12.2　本协议一式二份，甲乙双方各执一份，具有同等法律效力。

12.3　本协议各方确认其已认真阅读本协议的所有条款，对本协议及相关附件的实质含义，相应的法律后果已全部知晓并充分理解，并据此签署本协议。

甲方（盖章）：

法定代表人

或授权代表（签名）：

乙方：

或授权代表（签名）：

签约时间：______年____月____日

签约地点：

附件:债权转让明细表

姓名	本金余额(万元)	利息(截至××××年××月××日)	罚息(自××××年××月××日起至清偿之日止)	律师费	抵押物地址	产权证号	他项权利证号

三、债权转让合同(银行)

债权转让合同

合同编号:【____】

转让方:
法定代表人:
职务:
联系地址:
电话:
受让方:
负责人:
联系地址:
电话:

鉴于:

转让方于【______年____月____日】与【××银行】签订了编号为【____】的《债权转让协议》。依据该协议,转让方取得对【____】共计【____】户的债权资产(标的债权,详见附件一《债权资产明细表》)。

现转让方同意按本合同的条款整体转让、受让方同意按本合同的条款整体受让上述《债权转让协议》项下的所有债权以及其相关的权益。

双方经友好协商,达成如下一致意见。

第一条 定义

就本合同而言,除非上下文另有要求,下列词语应具有以下规定的含义。

1.1　债权:包括但不限于转让方对借款人、抵押/出质人、保证人所享有的主债权、担保权利,以及由此派生或与此有关的其他法定或约定的附属权利、权益(包括但不限于诉讼请求权、诉讼保全申请权、查封权、申请执行权、破产债权申报权、违约救济请求权等)。

1.2　标的债权:系指附件一《债权资产明细表》中所列、由转让方根据本合同转让给受让方的全部债权。该债权现已经由××银行向××人民法院申请强制执行,执行案号:【____】。

1.3　主债权:指转让方对借款人享有的并依法可向受让方转让的借款本金及利息(含罚息、复利)、违约金、赔偿金等。

1.4　担保权利:指与主债权相关的抵押权/质权、保证担保权等从权利。

1.5　担保人:指为主债权提供抵押/质押担保、保证担保的公民、法人或其他组织。

1.6　债权文件:系指与债权有关的任何合同、协议等文件,包括但不限于贷款合同、借据、保证合同(含保证条款,下同)、抵押合同(含抵押条款,下同)、质押合同、他项权证、催收凭证、抵债合同、生效裁决、和解合同等,以及与上述文件有关的任何修改(如展期等)或补充文件。

1.7　《债权资产明细表》:系指作为本合同附件一并列明每项债权的明细表。该表应依具体情况列明有关各笔债权的下述内容,借款人的编号;借款人的名称;截至交易基准日该借款人名下全部累计未偿债务余额等。

1.8　义务人:系指借款人、物权担保人、保证人以及上述主体的继承人、管理人、接管人或清算委员会(或者清算组)的统称。

1.9　双方:系对转让方与受让方的共同称谓。

1.10　交易基准日:指转让方确定且为受让方认可的计算债权资产项下主债权本金、利息余额及其他费用的截止日,即______年____月____日。

1.11　法定期间:指法律、法规规定的各种期间,包括但不限于上诉期、申诉期、申请执行期间、破产债权申报期间。

1.12　交割日:指标的债权转移之日。

1.13　过渡期:指自基准日起至交割日止的期间。

1.14　处置费用:指转让方在过渡期内管理、维护、处置贷款债权实际发生并在交割时由受让方承担的一切费用,包括但不限于以下内容:(1)在对债务人或其他义务人的诉讼或仲裁以及财产保全、强制执行过程中需支付的法院或仲裁机构收费及为将任何抵债资产变现或过户登记而产生的税收或者其他政府机构收费;(2)委托中介机构提供有关服务而支付的报酬和费用;(3)为获取和查阅有关贷款债权的文件和信息而发生的相关政府机构收费;(4)为保全或完善(包括办理备案、登记或其他手续)贷款债权权益而产生的费用;(5)抵债资产的保险、维修及运营费用,以及将其出租或出售时附带产生的相关费用;(6)转让方已经支付的任何欠付费用。

第二条　风险揭示

受让方已对上述《债权转让协议》及转让方受让标的债权全部文件及流程、细节进行了详细全面的了解并予以认可,对于上述交易及本次交易的法律风险、诉讼风险、处置风险等全部风险自行承担。风险包括但不限于以下内容。

2.1　受让方已知并完全理解,受让方受让的债权自交易基准日次日起产生的利息(包括罚息等)的请求权,由于法律政策导向的不确定性,受让方可能无法继续享有。

2.2　受让方已知并完全理解,其受让的债权可能存在瑕疵或缺陷,以至于受让方预期利益无法最终实现。该等可能存在的瑕疵或缺陷包括但不限于下列一项或多项:

(1)资产债务人、担保人已经破产、解散、吊销营业执照或下落不明,无法送达的;

(2)资产债权已过诉讼时效,同时缺少诉讼时效中断、中止的任何证明,保证期间已经过;

(3)资产债权的担保合同约定主债权不可转让或只对特定债权人承担担保责任;

(4)因资产的债权人没有在担保合同约定和法律规定的担保期间内向债务人或保证人主张权利,而造成担保人不再承担担保责任或免责;

(5)资产债权的担保已过诉讼时效,同时缺少诉讼时效中断、中止的任何证明;

(6)资产债权的担保物权未在规定的期限内行使的;

(7)资产债权的担保物权因担保物灭失而灭失,且没有代位物或其他物上代位权可行使的,担保物价值贬损,担保物丢失的;

(8)资产债权及其附属的最高额抵押,可能因最高额抵押的决算期未届满而发生一次或数次转让,从而可能造成抵押权甚至主债权落空的风险;

(9)已经进入诉讼程序的资产债权可能存在因超过法定上诉期限、申请执行期限而无法获得法律保护,致使全部或部分债权经法院或仲裁机构裁判未获得支持;

(10)已经进入诉讼程序的资产债权,可能存在由于转让方未能在法律规定的期限内申请继续查封而导致转让方对债务人的资产失去控制;

(11)转让方根据《债权转让协议》受让标的债权未通知债务人或通知方式不符合法律规定的;

(12)其他资产债权及其从权利以及附属权益上存在的瑕疵或缺陷。

2.3　受让方已知并完全理解,其受让的资产债权,可能因存在计算误差,或者存在第2.1条、第2.2条表述的情形,从而导致受让方实际接受的资产债权的金额与本合同第3.1条表述的转让债权金额以及本合同附件中所列各债权金额不完全一致。

2.4　受让方已知并完全理解,其受让的资产债权在交易基准日后仍会发生变化。

2.5　受让方已知并完全理解,其受让资产债权可能因法律政策导向的不确定性,在受让方受让后以自己的名义向法院或仲裁机构提起诉讼或仲裁、申请将诉讼或执行主体由转让方变更为受让方时,该等法院或仲裁机构不予受理、不予审理、不予变更、不予执行等致使受让方权利产生难以行使或落空的风险。

2.6　受让方已知并完全理解,转让方所提供的与资产有关的资料均仅供受让方参考,受让方应当依赖于自己的独立调查和判断而签署本合同并受让资产债权。

2.7　受让方已知并完全理解,转让方在签署本合同前的任何答复、说明和解释,无论采取书面或口头形式,均不具有约束力,不构成承诺。

2.8　受让方已对资产进行专业、全面、详细的尽职调查,对资产的风险和瑕疵以及受让本资产的有关法律法规规章政策具有全面准确的认识,不以资产存在风险和瑕疵或对法律法规规章政策认识不够全面、不准确为由提出任何抗辩。

2.9　双方一致同意,鉴于资产的商业价值和法律状态存在不确定性,转让方已就资产的瑕疵和风险向受让方作了说明和陈述并在转让对价中体现了相应的折扣，受让方已经对资产债权的特殊性、风险的不确定性以及回收的困难性进行了充分和全面的调查、评估以及了解，受让方已仔细阅读并完全理解本合同及其附件揭示的风险，受让方经其独立审慎判断后自愿与转让方签署本合同，自愿承担由上述瑕疵或风险造成的一切损失或逾期利益的无法获得。

第三条　债权的转让

3.1　债权的金额

截至基准日，债权本金余额为【________】元（大写：人民币【________】圆整）。

3.2　债权转让价款

（1）转让方及受让方一致同意，本合同项下债权的转让价款为【________】元（大写：人民币【________圆整】）。

（2）双方确认，本合同签订后【5】个工作日内，受让方将转让价【________】元（大写：人民币【________圆整】）支付至转让方指定的账户，受让方全部转让价款付清之日为付款日。

转让方指定账户如下：

账户名称：

账号：

开户行：

转让方应当在付款日后3个工作日内出具收款凭证。

3.3　债权的转让及风险的转移

自受让方足额付清全部转让价款之日起，转让方将其拥有的全部债权转让给受让方，受让方由此替代转让方取得对债权所享有的所有权属和相关权益，包括但不限于主债权、担保权益、实现和执行债权资产相关的全部权利和法律救济等。而债权有关的全部风险自合同签订之日起全部转移至受让方，由受让方承担。

3.4　转让费用

转让方与受让方应当依照有关法律规定，各自承担与本合同项下债权转让有关的任何税费。

除本合同另有约定外，债权转让的公告费用、自交易基准日的次日起所发生的为实现本合同项下转让债权价值和弥补债权缺陷及瑕疵所发生的费用，包括但不限于过户费用、物业管理费、保管费等均由受让方承担。

3.5　自本合同签署之日起转让方不承担任何应付费用(包括应付未付第三方机构费用、法院诉讼费、执行费,律师费用等),如需支付上述费用,均由受让方承担。

第四条　转让债权的交割

4.1　转让方应在受让方付清全部转让价款后,将转让债权开始交割的时间(以下简称交割开始日)和地点通知受让方,受让方应按照转让方通知的时间和地点办理交割手续。双方亦可就资产债权文件的交接时间和地点进行协商和确定。

4.2　转让方应向受让方交付其掌握的或在其合理控制下转让债权的全部资产债权文件。受让方应在转让方交付资产债权文件时作出书面签收,并将签收凭证交于转让方。

4.3　受让方未按转让方通知确定或者双方协商确定的时间和地点接受资产债权文件的,由受让方承担逾期接受之日起资产债权文件的损毁、灭失风险。

4.4　受让方声明,其对转让方交付的资产债权文件已经过充分阅读,并对受让方从转让方受让的标的债权以上述资产债权文件为依据的事实已有充分认识。

4.5　转让债权的交割按以下约定进行:

(1)交割的债权文件以本合同第1.6条约定的"资产债权文件"为限;双方应在交割开始日起的一个月内完成所有本附件清单所列户资产债权文件的交割。

(2)交割过程中,双方应共同备制并签署资产债权文件移交清单。

4.6　转让债权交割时,法律、法规规定需办理有关手续的,例如诉讼或申请执行主体的变更,转让方应根据受让方的需要配合受让方办理,费用由受让方承担。

第五条　依法处置保证和协助处置

5.1　受让方通过诉讼方式追偿转让债权时,受理法院认为债权转让通知效力有瑕疵的,转让方可应受让方的合理要求,采取该法院认可的方式将债权转让事项通知相关债务人。

5.2　自受让方足额支付转让价款的次日至资产债权交割完毕前,经受让方提出书面申请获得转让方同意后，转让方应本着勤恳、尽职的原则，对转让债权采取相应的处置措施（包括但不限于催告、启动诉讼或执行程序、提出债权申请）并及时向受让方披露。

5.3 应受让方的合理要求，并基于案件审理、执行所需（限于受让方承继相应案件诉讼或执行当事人的申请不被法院认可的情形），转让方应在法律允许的范围内给予受让方必要的协助。

5.4 应受让方的合理要求，确保案件尽快执行回款，在本合同签订之日起至将权利转让给受让方之日止，转让方依据受让方的指示，由【××银行】出具授权委托书、恢复执行申请书以及执行所需要的文书给受让方委托的律师，如后续还需相关法律文件，转让方经过内部审核通过后予以配合。

第六条 现金流和收益处置

6.1 如在交易基准日的次日起，转让债权发生现金收回的，应归受让方所有，并按以下情形由转让方返还受让方：

(1)受让方付清全部款项之前发生的现金收回，转让方将直接收取并抵扣债权。

(2)受让方付清全部款项之后发生的现金收回，不计利息暂留存转让方，在交割完毕之日起的3个工作日内支付给受让方。

6.2 除上述现金流外，自交易基准日的次日起发生的非现金收益，在受让方付清全部转让价款后，由转让方在交割期间一并转交受让方。

第七条 双方的陈述和保证

7.1 转让方的陈述与保证

(1)转让方承诺，已就本合同项下的债权转让事宜取得相应决策机构的批准，转让方授权其代表在本合同上签字，并使转让方受本合同约束。

(2)转让方保证按本合同约定的方式向受让方交割资产债权文件。

(3)转让方保证按本合同约定，积极协助受让方办理债权转让时涉及的各类变更、登记手续。

(4)转让方保证除以书面形式向乙方披露的情况外，甲方未曾放弃过债权文件的全部或任何部分，未曾放弃过债权文件项下甲方权益中的全部或任何部分。

7.2 受让方的陈述与保证

(1)受让方已就本合同项下的债权转让事宜取得相应决策机构的批准，受让方授权其代表在本合同上签字,并使受让方受本合同约束。

(2)受让方保证,其为签署和履行本合同所提供的与本合同有关的任何文件或信息,在所有方面都是真实的,不存在故意隐瞒和欺骗的情况。

(3)受让方保证无论债务人的主体法律状态发生何种变化,无论债务人现时及将来有无偿付能力,以及无论不可抗力的发生或国家相关政策如何变化等情况影响标的债权的处置及处置所得,受让方就本合同中债权的任何部分或者全部,对转让方无任何追索权;受让方在此已承诺,即使法律法规或者国家相关政策允许其行使追索权,受让方亦不可更改地决定放弃。

(4)受让方保证若受让方今后将基于本合同而受让的债权中的全部或部分资产转让给第三方的,受让方需在与第三方的转让协议中约定,该转让资产中不包含任何转让方或转让方下属的分支机构提供的担保、不包含转让方或其分支机构对其设立的企业所承担的责任,且该第三方需在协议中承诺,即使存在上述情况,该第三方亦放弃其追索权。如因受让方在与第三方转让协议中未约定或第三方未遵守该约定而追索转让方导致转让方承担任何损失的,转让方有权向受让方主张,由受让方全额承担。

(5)受让方已被告知并完全理解,其受让的标的债权的主权利及其一切附属权益,因属于金融资产,而非一般意义上的债权,可能存在瑕疵或尚未发现的缺陷或者因各种因素难以得到清偿,以致受让方预期利益可能无法最终实现。为此,受让方在此郑重承诺,其将不采取任何方式恶意对外披露或做出任何有损于转让方信誉的行为。

(6)受让方确认并承诺,受让方签署并履行本合同不违反对其适用的任何现行法律规定,不违反由其签署的任何文件,也不违反对其任何资产具有约束力的任何文件;不与由其签署的任何已生效或者将对其生效的契约性或者非契约性法律文件规定的义务相冲突;并且不存在任何会影响其履行本合同项下义务的诉讼、仲裁或其他法律规定。

第八条　债权文件的交付

8.1　债权文件交付

债权文件应于受让方足额付清全部转让价款之日在转让方住所地进行交付。债权转让后,转让方应在收到与债权或担保物有关的任何账单、发票、信函或其他文件后,立即将原件转交给受让方。

8.2 债权转让后的合作

债权转让后,经受让方要求,转让方应与受让方就以下事宜进行真诚合作。

8.2.1 涉及债权、抵押物、质押物等的任何诉讼或其他法律行动(包括配合受让方办理抵押、质押登记主体、申请执行主体变更或转让,代表受让方提起并采取法律行动或申请财产保全,在必要的法律文件上签字盖章及/或出庭)。

8.2.2 为受让方的利益而申请强制执行。经受让方要求,为进一步证明债权已转让给受让方,或受让方在处置债权过程中需转让方配合的其他事项,转让方应立即签署、盖章、执行并向受让方交付受让方可能要求的必要的文件及受让方要求的必要的、合理的协助。

第九条 违约责任

9.1 如受让方违反本合同约定的任一付款义务,则每逾期 1 日,受让方应按应付未付款项的千分之五向转让方支付违约金,如违约金不足以补偿转让方遭受的损失的,受让方还应补偿差额部分。受让方逾期付款达 30 日的,转让方有权解除本合同,并要求受让方赔偿全部损失。如转让方单方解除本合同的,转让方有权将本合同所涉及债权另行转让。

9.2 因受让违约导致转让方以其他方式再次处置(包括另行转让)本合同所涉及债权的,若再次处置时的转让价格低于本合同价格的,两者之间的差额则视为转让方因受让方的违约而遭受的损失,受让方应按两者之差额向转让方另行支付赔偿金。

9.3 除上述约定外,任何一方因违反本合同约定造成对方损失的,应赔偿对方的实际损失。该等损失包括但不限于:守约方的实际损失、律师费用、诉讼费用、调查取证费用、交通费用等。

第十条 合同的变更与解除

10.1 本合同生效后,未经各方协商一致达成书面合同,任何一方不得擅自变更本合同。如需变更本合同条款或就未尽事项签署补充合同,应经双方共同协商达成一致,并签署书面文件。补充合同经双方签字或盖章确认后,作为本合同不可分割的组成部分,与本合同具有同等法律效力。

10.2 因不可抗力事件致本合同无法履行,或者自不可抗力事件发生之日起 1 个月内无法恢复履行的,一方可书面通知另一方解除合同,合同自通知送达对方之日解除,转让方已收取的债权转让价款应当在合同解除后 10 个工作日内无息退还受让方,除此之外转让方、受让方双方均不再承担其他任何责任。

10.3　合同解除的,双方在本合同项下的权利义务终止。

10.4　凡在本合同终止前由于一方违约致使另一方遭受的损失,另一方仍有权提出索赔,不受本合同终止的影响。

第十一条　不可抗力

11.1　不可抗力是指不能预见、不能避免且不能克服的客观情况,包括但不限于自然灾害、无法预见的非正常社会状态,任何相关法律、法规变更或任何政府机构的行为。

11.2　自本合同签订之日起,若任何一方因遭受不可抗力致使不能履行本合同,受影响方应于不可抗力发生后14个工作日内通知对方,并提供相关证明。

11.3　由于不可抗力造成的任何迟延或不能履行本合同,受影响方不构成违约。但受让方的付款义务不应因不可抗力事件的发生而免除。在发生不可抗力事件的情况下,双方仍有义务按照实际情况采取合理措施履行本合同。不可抗力消除后,受影响方应尽快通知对方不可抗力的消除并恢复对合同的全面履行。

11.4　双方同意,虽然不可抗力为法定的免责事由,但如果双方中任何一方在不可抗力事件发生前已违约,违约方均不可以发生了不可抗力事件为由要求对方或/和法院(含仲裁机构)免除自身违约责任。

第十二条　完整协议

根据本合同约定形成、作出、签署、附件的一切协议、文件、授权、报告、清单、认可、承诺和放弃都构成对本合同的附加,并与本合同形成一个不可分割的整体,与本合同具有同等法律效力。

第十三条　变更、修改或补充

本合同如有变更、修改或补充,双方需协商一致并签订变更、修改或补充合同,作为本合同的补充,与本合同具有同等法律效力。变更、修改及补充协议与本合同约定不一致的,以变更、修改及补充协议为准。

第十四条　争议的解决

对于因本合同产生或与本合同有关的任何争议,双方应首先尽力通过友好协商解决争议。如双方未能达成满意的解决方法,提交被告住所地法院裁决。

第十五条　保密

双方同意,对一方提供给另一方的有关本合同项下的所有重要信息及本合同所含信息(包括有关定价的信息)予以保密,除根据法律规定,需向相关司法、政府部门披露,以及向服务于本合同项下交易并受保密合同约束的中介机构等披露外,未经对方书面同意,不向任何其他方披露此类信息。进行上述披露之前,披露方应通知另一方其拟进行披露及拟披露的内容。未经另一方的事先书面同意,任何一方不得将本合同有关交易情况向新闻媒体予以公开披露或者发表声明。

第十六条　通知与送达

本合同项下的通知按以下方式送达:

(1)由挂号信邮递,发出通知一方持有的挂号信回执所示日视为送达。

(2)由传真传送,收到回复码或成功发送确认条的情况下的第一个工作日视为送达。

(3)由快递发送,寄出后第四日视为送达。

(4)由专人递送,在送至相关地址时视为送达。

本合同双方的通讯地址及联系方式如下:

转让方:

通讯地址:

邮政编码:

联系人:

联系电话:

电子邮箱:

受让方:

通讯地址:

邮政编码:

联系人:

联系电话:

电子邮箱:

一方通讯地址或联系方式发生变化,应以书面形式在发生变化后的10日内通知对方。发生变动的一方,未将有关变化及时通知对方,除非法律另行规定,变动一方应对由此而造成的影响和损失负责。

双方确认：前述指明的通讯地址和电子邮箱地址为本合同任何一方联系地址、本合同所涉诉讼（仲裁）法律文书（包括但不限于执行证书、起诉状、上诉状、传票、开庭通知书、判决书、裁定书、调解书、限期履行通知书）的送达地址和电子法律文书电子邮件接收邮箱地址。任何合同、函件或法律文书只要发送至前述通讯地址或电子邮件接收邮箱地址即视为送达，收件人或受送达人拒收的，不影响送达的效力；双方亦同意以手机短信方式接收，如任何一方、司法部门（仲裁机构）已按本条前述约定的手机号码发送了相关短信，即视为送达。

第十七条　附则

17.1　本合同自转让方与受让方签署后生效。

17.2　本合同一式四份，双方各执二份，均具有同等法律效力。

（以下无正文，为签署页）

【本页为合同签署页】

在签署本合同时，各当事人对本合同的所有条款均已阅悉且无异议，并对本合同约定的各当事人之间权利、义务和责任条款的法律含义有准确无误的理解。

转让方：

法定代表人或授权代表：

受让方：

负责人或授权代表

【本合同______年____月____日在＿（地址）＿签署】

附件一：债权资产明细表

债权资产明细表

基准日：______年____月____日　　　　单位：人民币（元）

序号	借款人名称	借款合同编号	贷款本金
1			

第三节　以房抵债类文本

房产抵债协议

房产抵债协议

甲方(债权人):
住址:　　　　　　　法定代表人:　　　　　　　联系电话:

乙方一(债务人):
住址:　　　　　　　法定代表人:　　　　　　　联系电话:
乙方二(债务人):
住址:　　　　　　　法定代表人:　　　　　　　联系电话:

丙方(抵债人):
身份证号码:
住址:　　　　　　　　　　　　　　　　　　　联系电话:

甲、乙、丙各方就以物抵债事宜,经协商一致,达成本协议,共同遵守执行。

一、协议主旨

1.1　甲方与乙方就××事宜签订了采购合同,截至××××年××月××日,乙方尚欠付甲方本金人民币×××元(以下简称该债务)。

1.2　丙方对上述债务已知悉并认可,自愿以其名下房产代为清偿乙方所拖欠甲方的该债务,甲方及乙方均表示同意丙方代偿。丙方不可撤销地承诺此次抵债事宜如后续产生任何问题,丙方自行承担相应责任或自行向乙方追偿解决。房产信息:×××

二、用于抵债的房屋

各方确认，标的房屋信息如下：

2.1　标的房屋坐落位置及房号

2.2　具体信息

房屋地址：

权利人：

房屋产权证号：

房屋其他情况说明：

三、抵债安排

3.1　各方同意，以上述标的房屋总价款抵消该债务的部分债权，并确认标的房屋的价值评估由各方共同选定的×××评估有限公司进行（评估报告见附件1），标的房屋评估价总价为×××万元。

3.2　丙方应于______年____月____日前将房屋交付给甲方，并与甲方签署正式房屋买卖合同。房屋买卖合同的价款可以按房地产交易管理部门要求确认买卖合同价款并缴纳税费，可以与双方认可的房屋评估价不一致，但双方确认按双方认可的房屋评估价总价（总价为________万元）抵消债权。

3.3　丙方应于______年____月____日前，负责办理房屋产权证书的有关手续，甲方协助提供资料，房屋办证所需全部税费由乙方、丙方自行承担，甲方不承担交易税费，过户时由乙方、丙方缴纳。

3.4　标的房屋作价人民币________万元，甲方予以抵扣该债权对应本金部分，该债权抵扣时间以丙方标的房屋交房及过户完成的日期为准。

3.5　三方共同确认，原乙方尚欠付甲方本金人民币________元、利息________元；标的房屋评估价总价为________万元；本次抵债合同签署并完成后，视同乙方已向甲方清偿全部欠款，甲方同意不再追究乙方未支付之利息部分。

四、乙方、丙方的权利与义务

4.1　丙方保证对标的房屋拥有所有权，房屋产权无争议，亦不存在法律上的瑕疵。如因房屋产权问题与第三方产生的法律、经济责任，均由乙方、丙方双方承担。

4.2　乙方、丙方确认房屋以现状交付，在交由甲方实际占有房屋前，应提前

5 个工作日内通知甲方对房屋及其装饰、设备情况进行查验。具体详见附件二。

自过户之日起，收益管理由甲方负责，租金已交纳给乙方或丙方的租金应由乙方按天支付至甲方指定账户。

4.3 如因丙方未能尽到配合义务在合同约定的期限内完成标的房屋相关文件的签署及交房、网签、过户等在内的全部手续，则每延期 1 日，乙方、丙方按标的房屋总价值的千分之五向甲方支付迟延履行金，直至乙方、丙方妥善完成标的房屋相关文件的签署及交房、网签、过户等在内的全部手续之日止。

4.4 若标的房屋由于乙方或丙方原因而被有关部门查封、拍卖或者乙方或丙方擅自将标的房屋转让或抵押给第三人，因此导致标的房屋不能顺利过户至甲方名下或交房给甲方的，本合同因无法继续履行而终止。甲方有权追究乙方、丙方因签订此合同给甲方造成的所有损失（包括但不限于利息、评估费、律师费等），且有权不予交付货物，同时要求乙方及丙方承担以目前拖欠本金人民币______元为基数的 20% 的违约责任。

4.5 甲、乙双方就标的房屋抵付货款的事宜自甲方或甲方指定的第三方获得标的房屋产权并实际占有标的房屋后，本合同即告履行完毕，合同终止。标的房屋过户后若因任何非甲方原因导致过户无效或被撤销的，甲方有权向乙方继续追索货款，同时乙方需赔偿甲方因无法取得该房屋产权及占有该房屋导致的所有经济损失。

五、费用承担

因标的房屋所有权转移产生的一切费用，包括但不限于甲、丙各方应承担的交易税费、工本费、测绘费、已发生的物业管理费、水电费等均由乙方、丙方承担。

六、争议解决

若本合同在履行过程中出现纠纷，各方应友好协商解决，如协商不成，各方均同意向甲方所在地人民法院提起诉讼。因本合同产生争议的所有诉讼保全费用、律师代理费、交通费、住宿费等费用均由乙、丙、丁方承担。

七、不可抗力

7.1 本合同所称不可抗力，是指地震、台风、水灾、火灾、战争以及其他本合同各方不能预见，并且对其发生和后果不能防止或不能避免且不可克服的客观情况。

7.2 本合同任何一方因不可抗力不能履行或不能完全履行本合同的义务

时,应在不可抗力发生之日起【5】日内书面通知本合同的其他方,并在不可抗力发生之日起【10】日内向其他方提供由有关部门出具的不可抗力证明。

7.3　因不可抗力不能履行合同的,根据不可抗力的影响,受影响方部分或全部免除责任,甲方可选择推迟发布时间或终止合同,但法律另有规定的除外。终止合同时,合同价款根据合同总价款依实际履行部分按天分摊计算。迟延履行合同后发生不可抗力的,不能免除责任。

八、保密条款

合同各方均有保密义务,非依法或为履行本协议或者经合同相对方书面同意,不得以任何方式公开或外泄本协议的内容。违反本条保密条款的,违约方应赔偿守约方由此所受的全部损失。

九、其他

9.1　本协议一式____份,甲、乙双方各执____份,丙方执____份,具有同等法律效力。本协议经甲方、乙方一、乙方二、丙方签字或盖章后发生效力。

9.2　本协议若有任何未尽事宜,由各方协商解决,对本协议的任何解释与修改,必须由各方以签订书面补充协议的形式作出,补充协议构成本协议不可分割的一部分,与本协议具有同等法律效力。

9.3　附件作为合同不可分割的一部分,与合同形成不可分割的整体。

9.4　本合同的相关通知可以书面方式向本合同首页载明的地址送达,以快递寄出之日起3日视为送达。一方变更送达地址的,应在变更前10日,以书面方式通知其他方。

附件一:评估报告

附件二:随房屋同时转让的设备、装饰情况

附件三:房屋买卖合同

附件四:承诺函(不支付对价)

附件五:房屋目前租赁情况及租赁合同情况

附件六:单身承诺函

附件七:婚姻状况承诺函

(以下无正文,为签署栏)

甲方(盖章):　　　　　　　　　　乙方(一)(盖章):

日期:　　　　　　　　　　　　　日期:

乙方(二)(签字):　　　　　　　　　丙方(签字):

日期:　　　　　　　　　　　　　　日期:

附件一:评估报告

附件二:随房屋同时转让的设备、装饰情况

设备:房屋内现有固定设备,具体如下。

装饰:房屋内现有装饰,具体如下。

乙方确认上述设备及装饰随房屋一并转让,且不另行主张相应的装饰装修补偿费用,房屋价格仍以合同第2条第1款确定。

附件三:房屋买卖合同

以______年____月____日,交易中心登记备案版的《商品房买卖合同》为准。

以______年____月____日,交易中心登记备案版的《商品房买卖合同》为准。

以______年____月____日,交易中心登记备案版的《商品房买卖合同》为准。

附件四:承诺函

____________有限公司:

贵我双方于______年____月____日签订了《房产抵债协议》,约定了________房产(以下简称标的房屋),标的房屋评估价总价为________万元,用于抵扣________公司及________公司(具体抵扣债权数额以《房产抵债协议》为准)拖欠贵司的部分债务,由我方过户给贵司。

贵我双方于______年____月____日签订了合同编号为________的《商品房买卖合同》(以下简称房屋买卖合同),对标的房屋买卖、过户等具体事宜进行了约定。

我方在此承诺,房屋买卖合同正文、补充协议及附件中,任何有关贵司支付房款的约定均对贵司没有任何约束力。贵司无须向我方支付任何房款。但我方需严格按照房屋买卖合同或《房产抵债协议》的约定及时办理标的房屋的过户手续及交房手续。本承诺函与房屋买卖合同形成不可分割的整体,房屋买卖合同与《房产抵债协议》、本承诺函不一致或房屋买卖合同未明确之处,以《房产抵债协议》、本承诺函为准。

特此说明！

承诺人：

日期：

附件五：房屋目前租赁情况及租赁合同情况

1. 房屋租赁合同(____________)

2. 房屋租赁合同(____________)

3. 房屋租赁合同(____________)

4. 关于租赁房屋出售及租金支付的告知函及签收回执(____________)

附件六：单身承诺函(选择)

____________有限公司：

本人________(身份证：________________)，现在此对本人婚姻状况承诺如下：

兹承诺本人________，性别____，______年____月____日出生，至______年____月____日止，从未登记结婚(包括事实婚姻)。

签名：

日期：______年____月____日

附件七：婚姻状况承诺函(选择)

____________有限公司：

兹承诺________，性别____，______年____月____日出生，身份证：____________________，于______年____月____日与________，性别____，______年____月____日出生，身份证：____________________，缔结婚姻关系，目前婚姻关系仍为存续状态。

____________房产(以下简称标的房屋)系____________婚前财产/夫妻关系存续期间内夫妻共同财产，现________二人均同意以标的房屋以________价格，用于抵扣________公司拖欠贵司的部分债务，由我方过户给贵司，具体以《房产抵债协议》约定为准。

特此承诺！

签名：________

日期：______年____月____日

第四节 债转股类文本

一、债转股协议

【 】有限公司

与

【 】有限公司

之

债转股协议

______年____月____日

债转股协议

本增资协议（以下简称本协议）由【____________】有限公司与【____________】有限公司于【______】年【____】月【____】日在北京市丰台区签署。

甲方（原股东）：

法定代表人：

住所：

乙方（投资方）：

法定代表人：

住所：

丙方（目标公司）：

法定代表人：

住所：

以上当事方在本协议中单独称为“一方”，合称为“各方”。

鉴于：

1.【________】有限公司（以下简称丙方）系一家依据中国法律设立并存续的有限责任公司；截至本协议签署日，注册资本为人民币【________】万元。

2.【________】有限公司（以下简称乙方）系一家依据中国法律设立并存续的有限责任公司；截至本协议签署日，持有丙方债权【________】万元。

3. 甲方系丙方的股东，持有乙方【____】%的股份。

经各方协商一致，就乙方将持有丙方债权转为股权事宜，达成本协议，以兹共同遵守。

第一条　丙方概况

公司名称：

组织形式：

经营范围：

债转股前丙方注册资本为：【________】万元人民币，股权结构如下：

序号	股东	认缴出资[单位：人民币(万元)]	持股比例
1			
2			
3			

第二条　债转股方式及款项支付

2.1　本协议所称债转股，系乙方按本协议之约定，将其持有的丙方债权，转为持有丙方的股权。

2.2　乙方通过以下方式对丙方投资：

各方一致同意，乙方将持有的丙方【________】万元债权，转为对丙方的增资款。其中【________】万元部分计入注册资本金，剩余部分计入【________】资本公积金。

2.3　本次债转股完成后，丙方的注册资本变更为：【________】万元人民币，股权结构变更为：

序号	股东	认缴出资[单位：人民币(万元)]	持股比例
1			
2			

第三条　承诺与保证

3.1　本协议各方是依法成立并有效存续的企业法人/合伙企业，并已获得本次增资所要求的一切授权、批准及认可。

3.2　本协议各方具备签署本协议的权利能力和行为能力，本协议一经签署即对各方具有法律约束力。

3.3　本协议各方在本协议中承担的义务是合法、有效的，其履行不会与各方承担的其他协议义务相冲突，也不会违反任何法律。

3.4　本协议各方一致同意根据本协议内容对丙方章程进行相应修改。

3.5　本协议各方承诺在本协议签署后尽快签署相关文件提供相关资料，完成乙方向丙方增资的工商变更登记手续。

第四条　税费承担

本次增资过程中发生的相关税费，由各方根据国家法律、法规、规章的有关规定，各自承担。

第五条　违约责任

任何一方违反本协议的任何约定（包括其在本协议中所作的陈述或保证），违约方应承担违约责任并须赔偿守约方的所有损失。

第六条　不可抗力

6.1　任何一方由于不可抗力且自身无过错造成的不能履行或部分不能履行本协议的义务将不视为违约，但应在条件允许下采取一切必要的救济措施，以减少因不可抗力造成的损失。

6.2　遇有不可抗力的一方，应尽快将事件的情况以书面形式通知其他各方，并在事件发生后 15 日内，向其他各方提交不能履行或部分不能履行本协议义务以及需要延期履行的理由的报告。

第七条　通知与送达

任何与本协议有关的通知或其他通讯往来（"通知"）应当采用书面形式（包括专人送达、邮递、传真、电子邮件），并按照下列通讯地址送达至被通知人。

至甲方的通知均应递至：

地址：

电子邮箱：

至乙方的通知均应递至：

地址：

电子邮箱：

至丙方的通知均应递至：

地址：

电子邮箱：

第八条　保密和信息披露

8.1　各方保证对在谈判、磋商、签订、执行本协议过程中所获悉的属于其他方的且无法自公开渠道获得的文件、资料以及本协议的内容和履行情况予以保密。

8.2　除了法律法规的规定，或者相关有权政府部门的要求外，未经本协议其他方的同意，任何一方均不得直接或间接地以任何形式披露或者泄露本协议所包含的任何内容以及所涉及的任何交易，但向各自负有保密义务的工作人员和法律顾问披露的除外。任何一方应尽力促使各自的工作人员对本协议所涉及的内容进行严格的保密。

8.3　本协议的保密条款为持续性条款，且无论本协议无效、解除、终止均不影响保密条款的延续性和有效性。无论本协议的任一方作为协议当事人的资格和权利是否终止，本协议的任一协议当事人均应遵守本条所约定的保密义务。

第九条　争议的解决

9.1　本协议履行过程中发生争议，各方应友好协商。协商不成时，向合同签订地人民法院提起诉讼解决。

第十条　协议生效及其他

10.1　本协议自各方签署之日起生效。除法律法规另有规定或本协议另有明确约定之外，本协议的任何变更或终止均应经各方事先签署书面协议后方可生效。

10.2　本协议的变更及终止不影响本协议当事人要求损害赔偿的权利。因变更或解除本协议致使协议一方遭受损失的，除依法可以免除责任的以外，应由责任方负责承担或赔偿损失。

10.3　本协议一式【 】份，各方各执一份，具有同等法律效力。

10.4　各方需共同办理工商变更手续，如工商登记机关要求使用的协议文本与本协议不一致，以本协议内容为准。

（以下无正文）

（本页无正文，为《【________】有限公司与【________】有限公司之债转股协议》签署页）

甲方：

法定代表人/授权代表（签字）：

（本页无正文，为《【________】有限公司与【________】有限公司之债转股协议》签署页）

乙方：

法定代表人/授权代表(签字)：

(本页无正文,为《【________】有限公司与【________】有限公司之债转股协议》签署页)

丙方：

法定代表人/授权代表(签字)：

二、债转股投资协议

债转股投资协议

协议编号：

本协议由下列各方于【______】年【____】月【____】日在中国【________】共同签署。

甲方(融资方根据实际情况增加甲方)：

法定代表人：

地址：

邮编：

电话：

乙方(投资方)：

法定代表人：

地址：

邮编：

电话：

丙方(被投资方、目标公司)：

法定代表人：

地址：

邮编：
电话：

鉴于：

1. 截至本协议签署日，目标公司的注册资本(总股本)为人民币【________】万元，其中，甲方持有目标公司【________】万元股权，【________】持有目标公司【________】万元股权……

2. 目标公司及原股东拟根据本协议的安排通过可转股债权增资扩股的方式引入乙方为投资方，甲方已经对标的股权及目标公司进行了充分的尽职调查和独立的价值判断，愿意按照本协议约定的条款和条件，以可转股债权增资的方式对目标公司进行投资。

为此，依据《公司法》、《民法典》及其他相关法律法规的规定，双方经充分、友好协商，就标的股权转让有关事宜，签订本协议条款如下。

1 定义

在本协议中，除非上下文另有解释或文义另作说明，下列用语具有以下所规定之含义。

1.1 目标公司、公司或公司：指【填写目标公司名称】，统一社会信用代码为【________】。

1.2 标的股权：指协议各方最终确认的乙方债转股实现后持有的目标公司股权。

1.3 投资方、乙方：指【填写投资公司名称】，统一社会信用代码为【________】。

1.4 原股东、甲方：指【填写股东名称】，统一社会信用代码为【________】。

1.5 控股股东：指标的公司控股股东，【填写股东名称】，统一社会信用代码为【________】。

1.6 债转股：指乙方行使转股权将债权转为股权。

1.7 过渡期：指乙方书面确认进行债转股之日(含)至债转股完成、标的公司就股东变更在工商行政主管部门完成变更备案之日。

1.8 各方、协议各方：指目标公司、投资方、原股东。

1.9 投资额、增资价款：指投资方因进行债转股投资所应支付的协议价款，为人民币【________】万元。

1.10　协议生效日:指本协议正式生效的起始时间,以协议正式签订日为准。

1.11　交割:指投资方按本协议第 3 条约定将债权转为股权,将债转股价款按本协议约定汇入指定账户的行为。

1.12　交割日:指投资方按本协议第 3 条的约定将全部债转股价款汇入标的公司指定账户(增资)或汇入股东指定账户(股权转让)的当日。

1.13　登记日:指债转股增资或股权转让完成工商变更登记之日。

1.14　关联方:指一方控制、共同控制另一方或对另一方施加重大影响,以及两方或两方以上同受一方控制、共同控制或重大影响。"控制"指就某一法人而言,指一人(或一致行动的多人)直接或间接控制,包括:(i)该法人 50% 以上有表决权的资本,该表决权通常可在该法人的股东会上行使;(ii)该法人的董事会会议或类似机构的会议上 50% 以上的表决权;(iii)该法人董事会或类似机构大多数成员的任免;(iv)该法人通过《一致行动人协议》或类似条款、协议获得可在股东会上行使 50% 以上表决权;且"受控制"应作相应解释。

1.15　中国:指中华人民共和国,基于本协议之目的,不包括香港特别行政区、澳门特别行政区和台湾地区。

1.16　中国法律:指就任何人士而言,适用于该人士的中国政府、监管部门、法院或证券交易所的任何法律、法规或部门规章、指令、通知、条约、判决、裁定、命令或解释。就本协议而言,不包括香港特别行政区、澳门特别行政区的法律、法规、判例和台湾地区的有关规定。

1.17　中国证监会:指中国证券监督管理委员会。

1.18　工商局:指【________】工商行政管理局。

1.19　人民币:指中国法定货币人民币元。除非另有特指,本报告涉及的金额均指人民币。

1.20　元:指人民币元。

1.21　工作日:指除周六、周日及中国法定节假日以外的任何一个日期。

1.22　资产处置:指资产占用单位转移、变更和核销其占有、使用的资产部分或全部所有权、使用权,以及改变资产性质或用途的行为。资产处置的主要方式有调拨、变卖、报损、报废等。

2 债权投资的主要内容

2.1 乙方拟向丙方发放委托贷款(委托贷款银行手续费由丙方承担)共计¥________元(大写:人民币________圆整),贷款期限【】个月,自______年____月____日起至______年____月____日止。贷款约定利率【________】/年,甲方或【】以股权、土地使用权、设备使用权等作为担保。

2.2 在贷款期限内,借款的实际提款日和还款日以贷款银行批准的借据为准;其他记载事项与本协议不一致的,以本协议为准,借据是本协议的组成部分。

2.3 本协议项下的贷款利息,以每年360天为基数,从借款人提款之日起,按实际贷款余额和占用天数计收(包括第一天,除去最后一天)。

2.4 贷款银行在每一结息日向丙方计收利息。贷款到期,利随本清。

2.5 丙方将借入的资金用于【________】;如业务发展需要,丙方也可将该笔本金用于【________】。乙方有权随时对资金去向向丙方索取书面说明。

2.6 本协议约定的贷款期满前,乙方提出按照本协议约定的条件向丙方增资或者受让主要股东股份的,丙方和甲方应当同意。

3 账户监管

3.1 为保证本协议项下权利、义务的落实,丙方在此不可撤销地委托贷款银行根据银行账户管理规定和本协议的约定在本协议有效期内对丙方按本条约定开立的账户进行监管。

3.2 账户监管包括:

3.2.1 监督借款人专款专用,对非用于本协议约定用款用途的开支有权拒付;

3.2.2 监督借款人按规定的用款顺序支付款项。

3.3 借款人应在委托贷款行开立并保持资金专用账户,直至本协议项下的贷款本息及贷款人依据本协议而获得的其他债权全部还清为止。

4 债权转股权行使的方式、价格、数量

4.1 债转股的主要内容

4.1.1 乙方确认行使本协议第2.6条约定的增资权或股权受让权以前,非经乙方书面同意,丙方的注册资本保持【________】万元不变。

4.1.2 乙方按照本协议约定的条件可以选择通过以下方式【________】实现债权转股权投资:

(a)以增资的方式获得丙方股权;

(b)以受让甲方或其他主要股东股权的方式获得丙方股权;

(c)同时通过增资和受让甲方或其他主要股东股权的方式获得丙方股权。

4.1.3　乙方可以选择将本协议第2条约定的债权进行全部债转股或部分债转股。

4.1.4　无论乙方选择以何种方式、数额实现债权转换成为股权,其完成债转股程序后持有丙方股权的数额为【________】股股份,占丙方总股本的【____】%。

4.1.5　乙方选择债权转股权的,丙方偿还乙方贷款本息后,乙方再进行缴纳增资款及支付股权受让款。乙方有权自主决定债转股金额和实际转股方式,并可根据委托贷款的实际偿还本息对债转股的股份数进行适当调整,但调整后的股份数额不应超过本协议第4.1.4项约定的持股数额。

4.2　债转股价格及数量

4.2.1　各方同意本次增资和/或股权转让的价格为经各方认可的有证券从业资格的会计师事务所审计的丙方(【________】有限公司)于【______】年【____】月【____】日的净利润的【】倍股价收益比率(PE),即投后估值不超过【________】元人民币。

4.2.2　除非本协议各方另有书面约定,乙方债转股后,丙方的股份数不超过【____】股。

5　投资额及增资价款的支付

5.1　双方同意选择【________】作为标的股权对价的支付方式。甲方/丙方在本条(B)中指定的账户与其在本条(A)中指定的账户相同。

(A)一次性付款方式

双方同意,在乙方书面确认进行债转股之日且丙方按照本协议第4.1.5项偿还委托贷款本息后【____】日内,乙方应将本协议第3条约定的标的股权转让价款一次性全额划付至甲方指定的如下账户:

账户名称:

开户银行:

账号:

双方同意,在乙方书面确认进行债转股之日且丙方按照本协议第4.1.5项偿还委托贷款本息后【____】日内，乙方应将本协议第3条约定的标的股权增资价款一次性全额划付至丙方指定的如下账户：

账户名称：

开户银行：

账号：

(B)分期付款方式

乙方选择分期付款方式的，其付款计划由协议各方以书面形式另行确认。

6 标的股权股东名册变更

6.1 若乙方选择受让甲方股权的，在乙方按照本协议的约定支付完毕全部标的股权转让价款后，甲方应向目标公司交付出资证明书或其他能够证明甲方已经向目标公司交付相应出资的证明文件(如有)，并向目标公司发出标的股权已经发生转让的书面通知；若乙方选择通过股权增资的方式实现债转股的，目标公司应向乙方发出股权出资证明书。

6.2 如果出现非因甲方、丙方的原因而导致目标公司无法完成股东名册变更登记手续等相关情形，则甲方履行完毕第6.1条的义务，即视为甲方履行完毕必要的配合、协助义务，本协议约定的过渡期自甲方向目标公司发出标的股权已经发生转让的书面通知之日提前结束。

7 标的股权工商变更登记

7.1 在股东名册变更日后，由乙方负责要求目标公司在相应的工商行政管理机关办理标的股权的变更登记手续，甲方将给予相应的协助、配合，但甲方的配合义务限于提交办理完成手续必需的相关资料。

7.2 办理标的股权工商变更登记所发生的相关税费由【________】承担。

8 债权转股权行使的其他相关约定

8.1 利润分配

8.1.1 各方一致同意，自交割日起丙方的资本公积金、盈余公积金、累计未分配利润由增资/股权转让完成后的所有在册股东按各自的股权(或股份)比例共同享有。

8.2 过渡期安排

8.2.1 在过渡期内，甲方/丙方拥有对标的股权的自主管理权，按照下列原则管理标的股权：(1)遵守国家相关法律、法规的规定；(2)遵守甲方及丙方有关股权资产管理和处置的规定。

8.2.2　在过渡期内,乙方享有对重大经营决策事项的知情权。

8.2.3　甲方/丙方承诺不故意从事导致标的股权价值减损的行为。

8.2.4　在过渡期内,乙方确认不拥有对标的股权的管理权,在过渡期结束后,乙方始得拥有对标的股权的管理权。

8.3　反稀释条款

8.3.1　在过渡期内,在同样的条件下乙方对丙方的增资享有优先认购权,以维持其在新一轮增资或发行之前的股权比例;该等优先认购权的行使,需以乙方提交书面认购意向书为必要条件。

8.3.2　过渡期后、丙方首次公开发行股票之前,若丙方进行任何以新单位价格低于本协议确定的单位价格之新一轮融资,乙方均有权要求甲方无偿转让一定比例的股权数额。

无偿转让的股权数额计算公式如下:

无偿转让的股权数额 = 乙方标的股权对价/新单位价格 - 乙方标的股权对价/本轮投资单位价格

8.4　股权回购

8.4.1　乙方选择债转股的,丙方未能在【______】年【____】月【____】日前实现发行上市的,乙方有权要求丙方主要股、甲方对乙方股权全部进行回购,回购价格为使乙方内部收益率达到【____】%。

8.4.2　若丙方在上述期限内已经达到上市条件但主要股东或者丙方选择不上市申报或者不上市的,回购价格为使内部收益率达到【________】。

8.4.3　主要股东、甲方及丙方均对第 8.4.1、8.4.2 项回购义务承担连带责任。

8.5　业绩承诺及估值调整

8.5.1　本协议约定的委托贷款放款的前三个会计年度,丙方经审计的归属于母公司所有者的税后净利润分别不低于人民币【________】万元、【________】万元、【________】万元。税后净利润以经有证券从业资格的会计师事务所审计确认的、扣除非经常性损益前后的税后净利润中的较低者为准。

8.5.2　乙方选择债转股前,若丙方未达到业绩承诺的,各方同意按照当年业绩承诺的实现比例调整债转股价格。

8.5.3 乙方选择债转股后，若丙方未达到业绩承诺的，乙方有权选择通过主要股东无偿股权转让或者乙方认可的其他方式调整股权比例，亦有权选择主要股东向乙方提供现金补偿。丙方对主要股东的该项义务承担连带责任。

8.5.4 股权调整公式：乙方持股比例 = 乙方该年持股比例 × 该年承诺净利润/该年实际净利润。

现金补偿的计算公式如下：

现金补偿金额 = 投资余额 ×（1 − 该年实际净利润/该年承诺净利润）×（1 + 15% N）（N 指乙方债转股之日至主要股东或者目标公司返还现金日之间的年数）

9 董事及监事

9.1 乙方于本次项目合作期间（包括委托贷款期间和过渡期内）有权至少委派【________】名董事、【________】名监事。

9.2 丙方需经乙方委派董事同意的事项：

9.2.1 公司合并、分立、解散或清算；

9.2.2 任何可能导致股份总额、注册资本变化的事项；

9.2.3 出售或另行处分其价值超过目标公司上一年度末经审计的净资产额 10% 的目标公司的财产或资产（或其任何权益）；

9.2.4 修订公司章程；

9.2.5 向股东进行利润分配；

9.2.6 在其日常业务经营过程以外，收购价值超过人民币 1000 万元的任何财产或资产（或其任何权益）或者签订合同从事该等行为；

9.2.7 发生导致资产负债率超过 50% 的借款/经营活动；

9.2.8 向任何第三方债务提供担保；

9.2.9 主营业务变更；

9.2.10 向任何第三方提供借款金额超过人民币 50 万元；

9.2.11 单笔或者同一会计年度累计达到人民币 30 万元的关联交易。

10 乙方的优先受让和共同出售权

10.1 优先受让及共同出售

10.1.1 乙方本次投资期间（包括委托贷款期间和股权投资期间）至目标公司首次公开募集股份并上市前，甲方转让目标公司股权，需经乙方同意。若乙方同意则有权选择：（1）同等条件优先购买全部或部分该等股权，或（2）同等条件等比例地出售乙方持有的股权。

10.2　清算优先权

10.2.1　乙方选择债转股后，当目标公司发生清算事件时，乙方持有的目标公司股权应优先于目标公司现有股东所持有的股权获得清算财产分配，乙方清算收益应使内部收益率达到【____】%。

10.3　其他条款

10.3.1　若主要股东以外的其他股东在投资退出、基于公司业绩的股权调整、增持或减持公司股权、董事会及股东会的表决权等方面享有法律、法规规定以外且较乙方更为优惠的特殊权利，乙方亦有权同等享有。

10.3.2　本协议项下乙方的权利义务，可由乙方指定的乙方管理的有限合伙企业或乙方的其他关联方享有或履行。

11　陈述、保证和承诺

11.1　甲方及丙方个别及共同地向乙方作出如下承诺：

11.1.1　签约和履约资格保证。甲方/丙方保证具有签署本协议的主体资格，并已获得签署和履行本协议的相应授权或批准。

11.1.2　非欺骗保证。甲方/丙方保证标的股权真实存在（转让情况）或可以按照公司内部流程设立（增资情况），且该股权尚未设定担保负担，对标的股权拥有合法的处分权。甲方/丙方不存在故意隐瞒或欺诈的情况，甲方/丙方向乙方所出示、提供、移交的有关目标公司资产和负债等全部财务资料及数据均为合法、真实、有效，有限公司不存在重大隐性债权债务纠纷。

11.1.3　合法且持续经营。迄今为止，丙方开展的业务行为在所有实质方面均符合中国法律及其章程的规定。丙方在乙方本项目合作期间，非经乙方书面同意，不改变公司目前的主营业务，亦不终止目前进行的主营业务活动。

11.1.4　及时告知。甲方/丙方应将其知晓的并且可能对目标公司业务的特点和性质有重大影响的有关事项的任何公告或其他信息通知乙方，不存在任何与丙方资产或业务有关的可能对目标资产或业务产生重大不利影响而且目标公司及其控股股东未向投资方披露的任何事实。

11.1.5　不冲突保证。甲方/丙方签署并履行本协议不与由其签署的任何已生效的契约性法律文件规定的义务相冲突。

11.1.6　提升管理水平。本协议签署后，丙方将按照上市公司的标准改善财务、会计及信息披露体系，规范财务管理，提升成本核算、绩效考核等管理水平，并对关联交易、对外担保予以规范。交割日前，如存在任何对外担保或者未经投资方同意的关联交易，且该等情形未向投资方披露的，控股股东同时承诺，若届时目标公司需承担任何担保责任或导致任何损失，则控股股东将补偿投资方因此所遭受之损失。

11.1.7　甲方及丙方承诺，债转股完成后，如丙方需要根据适用的中国法律为其聘用的员工补缴任何在债转股完成日前应缴纳的社会保险费和住房公积金，则该等补缴义务将全部由甲方及丙方承担。

11.2　甲方向乙方同意、保证和承诺：

11.2.1　非竞争。其本身及其任何关联方均不进行任何形式的竞争性合作。就此而言，“竞争性合作”指作为委托人、代理人、股东、合资合营方、被许可方、许可方或以其他身份与任何其他第三方一起从事任何与公司目前开展的或者将来规划的业务相竞争的活动或在任何该等相竞争的活动中拥有利益。

11.2.2　竞业禁止。甲方中担任董事、监事、高级管理人员（各方同意在本次交易完成后并且确定相关的高管人员后共同协商确定具体人员的范围）的应与公司签订雇佣协议和竞业禁止协议，并保证在其任职期间及离职后两年内不得从事与公司有竞争的行业。

11.3　自本协议签署日至交割日，上述陈述与保证均是真实、完整和准确的。

11.4　甲方及丙方签署本合同，确认已经向乙方告知标的股权的所有风险、瑕疵，使乙方明确知悉目标公司的重大负债（包括或有负债）、重大违法行为、重大诉讼、重大仲裁事件或其他重大事宜（如有）。

12　生效和终止

12.1　本协议自满足下列条件之日起生效：

12.1.1　本协议经各方法定代表人或授权代表签字并盖章；

12.1.2　若乙方选择以股权受让的方式实现债转股，丙方其他股东放弃优先购买权，并向乙方提供放弃优先购买权的证明；

12.1.3　本协议项下的委托贷款获得委贷行的同意且签署相关的《借款协议》；

12.1.4　本协议项下的委托贷款及债转股获得有关政府部门或上级主管部

门的批准(如需)。如乙方为境外主体,须获得中华人民共和国商务部或其授权的审批部门向丙方颁发或换发的外商投资企业批准证书。

12.2　本协议于下列情形之一发生时终止:

12.2.1　经各方协商一致终止;

12.2.2　本次投资由于不可抗力或者各方以外的其他客观原因而不能实施;

12.2.3　由于本协议一方严重违反本协议(包括但不限于本协议第11条的陈述和保证)或适用法律的规定,致使本协议的履行和完成成为不可能,在此情形下,其他方有权单方以书面通知方式终止本协议。

12.3　各方同意

12.3.1　如果本协议根据以上第12.2.1、12.2.2项,第14条的规定终止,各方均无须向他方承担任何违约责任。在此情形下,各方应本着恢复原状的原则,签署一切文件及采取一切必需的行动或者应各方的要求(该要求不得被不合理地拒绝)签署一切文件或采取一切行动,协助任何一方恢复至签署日的状态。

12.3.2　如果本协议根据第12.2.3项的规定而终止,各方除应履行以上第12.2.3项所述的义务外,违约方还应当就其因此而给守约方造成的损失向守约方做出足额补偿。

13　保密

13.1　本协议订立前以及在本协议期限内,协议一方("披露方")曾经或者可能不时向其他方("接收方")披露该方的非公开信息或专有信息("保密信息"),在本协议期限内以及随后两年内,接收方必须:

13.1.1　对信息进行保密;

13.1.2　不基于除协议明确约定的目的之外的其他目的使用保密信息;

13.1.3　除为履行其职责而确有必要知悉保密信息的该方或其关联机构雇员、该方律师、会计师或者其他顾问(合称"允许披露方")外,不得向任何其他第三方、个人披露,且上述允许披露方须已签署书面保密协议,其中条款的严格程度不得低于本条的规定。

13.2　保密除外规定

上述保密义务对以下信息不适用:

13.2.1 接收方有证据证明其在披露方向其披露前已经掌握;

13.2.2 目前或将来并非由于接收方违反本协议而进入公共领域的信息;

13.2.3 接收方依其自身能力,可以从非保密信息中合理推导、获得的与保密信息相类似、相同的信息;

13.2.4 接收方从对该信息无保密义务的第三方获得。

13.3 协议内容保密

本协议的存在及其内容应当被认为属于保密信息,须遵守本协议的保密义务约定进行保密,不得向其他任何主体或个人予以全部或部分披露,但向以下各方披露的除外:

13.3.1 向依据相关法律或该方为规则对象的证券交易所的规则,得到授权的证券市场监管机构或交易所披露;

13.3.2 依照相关法律向有关政府机构披露;

13.3.3 一方为履行其基于本协议项下或与本协议相关的义务或者行使其于本协议项下或与本协议相关的权利,向允许披露方以外的第三方进行披露。

当上述需披露事由出现时,保密信息接收方应立即以书面的形式将披露事由通知其他方,并由披露方负责向上述相关方进行说明,确定信息披露范围;但属于法律强制披露的除外。

13.4 资料返还

在协议期满日,保密信息的处理依照下列情形进行安排。

接收方可以保留一份用于本协议及其相关子协议争议解决的资料副本;该副本仅可用于与项目关联方的争端解决,上述保留副本的信息内容需经披露方和接收方共同确认。除此之外,经披露方随时提出要求,接收方应:

13.4.1 向披露方归还(或经披露方要求销毁)包含披露方保密信息的所有材料(包括其复制件)。

13.4.2 在披露方提出此项要求后10日内按要求归还或销毁上述材料并向披露方出具已归还或销毁的书面保证。

14 不可抗力

14.1 定义

本协议所称的不可抗力,是指依合同法规定在本协议签订并生效后,非由于甲方、乙方或者丙方的过失或疏忽,发生了三方不能预见、不能避免并不能克服的使本协议不能履行或不能如期履行的客观情况。

14.2　通知义务

当不可抗力事件发生并影响本协议的履行时，发生事件的一方当事人应当立即将事件情况如实通知其他方。

14.3　证明责任

发生不可抗力事件的一方当事人应当在不可抗力事件发生15日内请求并获得事件发生地的政府有关部门或公证机构出具的证明文件。

14.4　法律后果

因不可抗力不能履行协议的，根据不可抗力的影响，部分或者全部免除责任，但法律另有规定的除外。

15　税费

15.1　各方同意因本次投资而产生的任何税项应根据法律、法规的规定由各方分别承担。

15.2　各方应各自承担其为商谈、草拟、签订及执行本协议而产生的一切费用和开支。

16　适用法律和争议的解决

16.1　本协议的成立、效力、解释和履行适用中华人民共和国法律。

16.2　各方之间产生于本协议或与本协议有关的争议，应首先通过友好协商的方式解决。如在争议发生之日起60日内不能通过协商解决该争议，因本协议引起或与本协议有关的一切争议，双方均应友好协商解决；如果不能协商解决的，任何一方均有权选择【________】争议解决方式：

（A）向【________】方所在地有管辖权的人民法院提起诉讼。

（B）向合同签订地有管辖权的人民法院提起诉讼。

（C）向【________】仲裁委员会提起仲裁。

17　违约责任

17.1　如甲方或丙方向乙方提交虚假信息或资料，或违反本协议项下的任何一期还款义务，乙方可以选择：（1）按照本协议第17.5条违约救济措施的约定进行补救；（2）宣布本协议贷款提前到期，自乙方宣布贷款提前到期之日起，丙方应立即偿还全部贷款本金、利息和其他所有应付费用；（3）按照本协议约定的对价进行债转股。

17.2　本协议项下委托贷款到期(包括乙方根据本协议第 17.1 项相关条款宣布贷款提前到期),丙方未偿还或未全部偿还贷款本金、利息和行政管理费,且乙方不选择按照本协议约定进行债转股的,乙方有权对逾期未还贷款按日计收罚息;乙方有权对逾期未付或未全部支付的行政管理费以罚息利率按日计收违约金。罚息利率为每日【 】。

17.3　丙方违反本协议约定的用途使用贷款,乙方有权就违约使用的部分按第 17.2 项罚息利率计收罚息,丙方应按合同约定的时间还款。如丙方需要将借款展期,应在借款到期前 5 日内向委贷银行提出申请;如丙方经营不善发生亏损或虚盈实亏,危及贷款安全时,乙方有权提前收回贷款。

17.4　若乙方选择债转股,但非基于乙方原因或出现本协议约定的免责事由而无法实现的,甲方及主要股东应当按照第 8.4.1 项规定的内部收益率按照 3 年计收违约金,丙方应承担连带清偿责任。违约金的支付期限为乙方知道债转股无法实现之日起 20 个工作日。

17.5　违约救济措施

除本协议其他条款另有约定,如果一方("违约方")未履行其在本协议项下某项主要义务或以其他方式对本协议重大违反,则其他方("守约方")可以:

17.5.1　向违约方发出书面通知,说明违约的性质以及范围,并且要求违约方在通知中规定的合理期限内自费予以补救("补救期")(但违反本协议第 11 条"承诺及保证"或者违反保密义务的,则没有补救期);

17.5.2　如果违约方未在补救期内予以补救(或者如果没有补救期,那么在该等违约后的任何时候),则除了本条或有关法律另行规定的救济之外,守约方有权要求违约方赔偿其违约给守约方造成的直接和可预见的全部损失,该损失包括但不限于直接经济损失、商誉损失、商业机会的丧失、调查费、鉴定费、公证费、律师费、评估费、仲裁费用以及相关方为减少损失而支付的必要费用等。

18　通知

18.1　本协议约定一方向其他方发出单方书面通知或书面函件(包括但不限于本协议项下所有的要约、书面文件或通知)均应以中文制作,并以以下方式之一送达其他方:

18.1.1　当面递交;

18.1.2　专递信函;

18.1.3　传真。

18.2　以下情形应视为已经送达：

18.2.1　如果以当面递交方式送达，送达指定地址并签署回执或其他送达证明。

18.2.2　如果是以专递信函方式送达，文件被签收视为送达；无人签收或者拒绝签收的，以邮戳记载的日期为送达日。

18.2.3　如果是以传真方式送达，为发送传真方的传真机发送的报告确认书上所标记的日期（若发送传真时间为北京时间当日 18 时至次日 8 时，则次日 9 时视为送达）。

18.3　在协议有效期内，任何一方联系方式变更，该方应根据前项规定于变更事由发生前 10 个工作日内及时通知其他方。

19　其他约定

19.1　本协议签署前形成的与本次交易相关的任何文件如与本协议相冲突，应以本协议为准。

19.2　如果本协议的某条款被宣布为无效，应不影响本协议任何其他条款的效力。

19.3　本协议中所有条款的标题仅为查阅方便，在任何情况下均不得被解释为本协议之组成部分，或构成对其所指示之条款的限制。

19.4　本次可转股债权投资项目发生的费用，本协议没有约定的，由履行义务的一方承担；法律有规定的，按法律规定执行。

19.5　如有未尽事宜，三方可签订补充合同。附件、补充协议为本协议不可分割的一部分，与本协议具有同等效力。

19.6　本协议一式【____】份，均具有同等法律效力，甲方执【____】份，乙方执【____】份，丙方执【____】份，其余【____】份报相关政府部门。

－－（此页以下无正文）－－

（此页无正文，为编号为【________】的【________】有限公司与【________】关于【________】有限公司《可转股债权投资协议》的【________】有限公司签署页）

【________】有限公司

（盖章）

法定代表人(或授权代表)(签字):

(此页无正文,为编号为【________】的【________】有限公司与【________】关于【________】有限公司《可转股债权投资协议》的【________】有限公司签署页)

【________】有限公司

(盖章)

法定代表人(或授权代表)(签字):

(此页无正文,为编号为【________】的【________】有限公司与【________】关于【________】有限公司《可转股债权投资协议》的【________】有限公司签署页)

【________】有限公司

(盖章)

法定代表人(或授权代表)(签字):

第五节 资产收益权转让类文本

资产收益权转让协议书

甲方:

社会信用代码:

地址:

联系电话:

乙方:

社会信用代码:

地址:

联系电话:

为明确双方的权利义务关系，甲乙双方根据《民法典》及相关法律、法规，本着平等、互利的原则，经友好协商，就本协议项下甲方以其持有的资产收益权转让给乙方之相关事宜达成一致，于【______】年【____】月【____】日在【________】签订本协议，以资共同遵照执行。

第一条　转让内容

甲乙双方达成一致，由甲方自愿将其享有的____________资产收益权转让给乙方，上述资产收益权包括：____________，所涉资产的所有权人不发生转移。

第二条　转让时间

资产收益权的转让期限为从______年____月____日至______年____月____日。

第三条　特别授权

为确保甲方权利，如借款人（债务人）出现逾期还款，或借款人（债务人）出现逃避债务、拒绝沟通或拒绝承认欠款事实等恶意行为的，甲方不可撤销地授权乙方对借款人（债务人）进行催告通知，并决定对借款人（债务人）提起诉讼/仲裁/执行/支付令（为方便表述，统称为“诉讼”）；同时，甲方同意在诉讼前将标的债权转让给乙方或乙方指定的第三方，由乙方或该第三方统一向借款人（债务人）追索，为此，甲方应当在催收回款金额范围内承担催收服务费，追索回款扣除催收服务费后属于甲方所有。

第四条　权利与义务

4.1　甲乙双方均有签署并属行本协议的主体资格。

4.2　甲方应完整、真实、准确地向乙方披露标的债权及收益权相关情况。

4.3　乙方确认对其从甲方获得标的债权收益权的债权情况有充分且完整的了解。

4.4　甲乙双方应于本协议生效后实施协议约定的为实现乙方受让的标的债权相应权益而应当履行的一切必要行为。

4.5　因签署、履行本协议所发生的各项税费，按相关法律规定由协议双方各自承担己方税费。

第五条　保密条款

5.1　甲乙双方均需对本协议任何洽谈协商内容（包括但不限于本协议生效前、中、后的：口头沟通、法律文件、录音录像等影音材料）负有严格的永久保密义务，除非法律、法规有强制性规定，不得向任何第三人透露，包括但不限于以下情形：

（1）通过媒体、自媒体、微信朋友圈、QQ、其他社交媒体软件、论坛等任何载体或途径进行报道、评论等；

（2）向第三方口头或书面披露或者暗示任何内容；

（3）向国家机关、企事业单位、社会团体进行投诉、反映情况；

（4）其他向第三方披露本协议相关内容的行为。

5.2　甲乙双方对本协议约定的保密义务持续有效，不因本协议的终止而终止。

5.3　任何一方违反本条约定对外披露或泄露保密信息的，均由责任方独立承担责任，另一方不对此承担连带责任，且有权就因此遭受的损失向责任方主张赔偿。

5.4　任一方违反上述承诺及保密义务，应赔偿由此给守约方造成的全部损失。

第六条　违约责任

6.1　本协议生效后，双方应本着诚实信用的原则，严格履行本协议约定的各项义务。任何一方当事人不履行本协议约定义务的，或者履行内容不符合本协议约定的，视为违约，除本协议另有约定外，违约方应向守约方赔偿因此受到的损失。该损失包括但不限于直接经济损失、商誉损失、商业机会的丧失、调查费、鉴定费、公证费、律师费、评估费、仲裁费用以及相关方为减少损失而支付的必要费用等。

6.2　如双方合作的市场环境发生变化或遇监管政策变化或者政府监管部门限制等情形，一方暂缓执行或终止履行本协议，此情形不构成违约。

第七条　通知与送达

基于通知之目的，双方确认于本协议首部提供的联系方式为送达书面通知地址，书面通知的形式包括但不限于公告、电子邮件、服务平台站内信息、手机短信和传真等电子方式，在采用电子方式进行通知的情况下发送当日即视为送达。协议任一方有权决定以前述任何一种或几种形式书面通知对方。一方以多种方式向对方发送通知的，通知送达时间以最先送达的为准。

双方同意仲裁机构、司法机关、行政机关可采取电话、短信、电子邮件等电子送达方式或者按本协议中约定的一种或多种送达方式送达法律文书等，采取多种方式送达的，送达时间以上述送达方式中最先到达的为准。双方确认前述送达方式适用于司法、仲裁的各个阶段，如仲裁程序、一审、二审、再审、执行以及督促程序（含支付令送达等）。

一方应在更改联系方式或变更主体信息时及时通知对方。

第八条　适用法律和争议的解决

8.1　本协议的成立、效力、解释和履行适用中华人民共和国法律。

8.2　各方之间产生于本协议或与本协议有关的争议，应首先通过友好协商的方式解决。如在争议发生之日起60日内不能通过协商解决该争议，因本协议引起或与本协议有关的一切争议，双方均应友好协商解决；如果不能协商解决的，任何一方均有权选择【____】争议解决方式：

（A）向【________】方所在地有管辖权的人民法院提起诉讼。

（B）向合同签订地有管辖权的人民法院提起诉讼。

（C）向【________】仲裁委员会提起仲裁。

第九条　其他

9.1　本协议签署前形成的与本次交易相关的任何文件如与本协议相冲突，应以本协议为准。

9.2　如果本协议的某条款被宣布为无效，应不影响本协议任何其他条款的效力。

9.3　本协议中所有条款的标题仅为查阅方便，在任何情况下均不得被解释为本协议之组成部分，或构成对其所指示之条款的限制。

9.4　协议的生效：甲乙双方知悉并确认，本协议自甲乙双方签章后成立生效，一式【____】份，具有同等法律效力。

－－（此页以下无正文）－－

（此页无正文，为编号为【________】的【________】有限公司与【________】有限公司《________》的签署页）

甲方：【________】有限公司

（盖章）

法定代表人（或授权代表）（签字）：

乙方：【________】有限公司
（盖章）
法定代表人（或授权代表）（签字）：

第六节　破产重整类文本

一、公司破产清算/和解/重整申请书

公司破产清算/和解/重整申请书

申请人：____________公司，住所地____________。

法定代表人：____________

请求事项：申请____________公司破产清算/和解/重整。

事实与理由：申请人系一家民营有限责任公司，________年____月在____________市工商局登记注册，注册资本为____________万元人民币，主要经营范围是________________________。

申请人因经营不善，到目前为止，已严重资不抵债。截至______年____月____日，申请人账面资产总额为____________元，负债总额为____________元。在公司的应付账款或借款中，绝大部分为到期债务，包括____________银行____________分行的贷款____________万元，公司已连续很长时间无法偿还。

以上情况有申请人公司财务审计报告、债务清册、债权清册、资产清册可以证明。根据《民事诉讼法》第199条之规定，特向贵院提出破产清算/和解/重整申请。

此致

____________人民法院

申请人：____________

______年____月____日

二、企业破产清算、和解、重整股东会决议

____________公司______年第____次股东会决议

会议时间：____________年____月____日

会议地点：____________

会议性质：临时股东会会议

会议通知及股东到会情况：

本次会议由____________以电话/书面/邮件方式通知全体股东。股东会会议应到股东____________人，实到股东____________人，到会股东占全体股东的____________%。

会议议题：

协商表决本公司申请破产清算/和解/重整事宜。

决议内容：

根据《公司法》及本公司章程相关规定，本次股东会会议由____________召集并主持，通过决议如下。

1. 本公司因严重亏损，不能清偿到期债务，股东会同意公司依法向有管辖权的法院提交破产清算/和解/重整申请。

2. 公司自本决议作出之日起停止生产、经营活动。

签署时间：______年____月____日

全体股东签字、盖章：

×××××公司（公章）：

三、企业注销登记申请书

企业注销登记申请书

<table>
<tr><td colspan="4">√基本信息(必填项)</td></tr>
<tr><td>名称</td><td>上海金融人资讯有限责任公司</td><td>统一社会信用代码</td><td>××××
××××</td></tr>
<tr><td colspan="4">□普通注销原因(仅限普通注销登记,根据企业类型勾选)</td></tr>
<tr><td>□有限责任公司及股份有限公司</td><td colspan="3">□公司章程规定的营业期限届满或其他解散事由出现。
□股东决定、股东会、股东大会、外商投资公司的董事会决议解散。
□因公司合并或者分立需要解散。
□依法被吊销营业执照、责令关闭或者被撤销。
□人民法院依法予以解散。
□公司被依法宣告破产。
□法律、行政法规规定的其他情形________。</td></tr>
<tr><td>□非公司企业法人</td><td colspan="3">□企业法人歇业。
□依法被吊销营业执照、责令关闭或者被撤销。
□人民法院宣告破产。
□因合并而终止。
□法律、行政法规规定的其他情形________。</td></tr>
<tr><td>□合伙企业</td><td colspan="3">□合伙期限届满,合伙人决定不再经营。
□合伙协议约定的解散事由出现。
□全体合伙人决定解散。
□合伙人已不具备法定人数满 30 天。
□合伙协议约定的合伙目的已经实现或者无法实现。
□依法被吊销营业执照、责令关闭或者被撤销。
□法律、行政法规规定的其他原因________。</td></tr>
<tr><td>□个人独资企业</td><td colspan="3">□投资人决定解散。
□投资人死亡或者被宣告死亡,无继承人或者继承人决定放弃继承。
□被依法吊销营业执照。
□法律、行政法规规定的其他情形________。</td></tr>
<tr><td colspan="4">□普通注销(仅限普通注销登记填写)</td></tr>
</table>

续表

公告情况(内资非公司企业法人、个人独资企业无须填写)	□已通过国家企业信用信息公示系统发布债权人公告 公告日期:________________ □已通过报纸发布债权人公告 公告报纸名称:新民晚报　公告日期:2020年4月1日
分公司(分支机构)注销登记情况	□已注销完毕　　　□无分公司(无分支机构)

注:1. 本申请书适用于公司、非公司企业法人、合伙企业(以上类型包含内资和外资)、个人独资企业办理注销登记。

2. 申请书应当使用A4纸,依本表打印生成的,使用黑色墨水钢笔或签字笔签署;手工填写的,使用黑色墨水钢笔或签字笔工整填写、签署。

四、债权申报材料

____________公司破产清算/和解/重整案

债权申报表

申报编号:

债权人基本情况	债权人名称		
	身份证/护照号码		
	统一社会信用代码		
	法定代表人		
	法定代表人身份证号码		
委托代理人基本情况	姓名		
	工作单位		
	身份证号码/律师证号		
申报债权总额		本金	
		利息	
		其他(请列明,如违约金、罚息等)	

续表

<table>
<tr><td rowspan="2">有财产担保或优先权的金额</td><td rowspan="2"></td><td>担保标的物</td><td></td></tr>
<tr><td>担保物价值</td><td></td></tr>
<tr><td>有无连带债务人或主债务人(如有,注明金额及简要说明)</td><td colspan="3">(请简要说明债权是否为连带债权,是否有其他连带债务人,如破产企业保证人的,请注明主债务人及主债务还款情况)</td></tr>
<tr><td>有无生效判决书、调解书或仲裁裁决书</td><td>○无　○有</td><td>有无申请执行</td><td>○无　○有</td></tr>
<tr><td>债权人确认事项</td><td colspan="3">1. 本债权人已收悉《民事裁定书》、《决定书》、《＿＿＿＿＿＿公司破产清算/和解/重整案债权申报说明》及其附件;
2. 本债权人确认上述填写的信息均真实有效,可作为管理人在＿＿＿＿＿＿公司破产清算/和解/重整案中核实本债权人身份及债权情况的有效信息,如因信息不真实、不完整、不准确造成任何不利后果,均由本债权人自行承担</td></tr>
<tr><td>其他情况</td><td colspan="3"></td></tr>
</table>

申报人:＿＿＿＿＿＿

签字/盖章

＿＿＿年＿＿月＿＿日

债权申报书

申报人:

一、申报事项:

申报债权总额人民币＿＿＿＿＿＿元,其中包括(请将债权按类别分项列明金额,例如,本金、利息、违约金、其他费用,等等):

1. 人民币【＿＿】元,该项债权的性质为普通债权/有财产担保债权/法定优先债权;

2. 人民币【＿＿】元,该项债权的性质为普通债权/有财产担保债权/法定优先债权;

3. 人民币【＿＿】元,该项债权的性质为普通债权/有财产担保债权/法定优先债权。

二、利息/罚息/违约金/滞纳金计算方式及标准(可另附计算表)

申报本金____________,币种____________,利息/罚息/违约金/滞纳金/迟延履行金等总额____________,币种____________,其中包括(以下选项中涉及部分请勾选,不涉及的无须填写,勾选的请填写相应计算公式以及金额,计算公式应注明利率、天数以及对应本金数,计算公式相对复杂的,请单独附表说明):

□利息计算公式:	(小写/币种)
□罚息计算公式:	(小写/币种)
□违约金计算公式:	(小写/币种)
□滞纳金计算公式:	(小写/币种)
□迟延履行金计算公式:	(小写/币种)

事实和理由(可附页):

(请写明债权形成原因、经过、有无财产担保、债务清偿过程、其他方提供担保以及催讨的情况等相关事项)

特此申报。

申报人:____________

签字/盖章

(应与债权申报表落款一致)

______年____月____日

____________公司破产清算/和解/重整案

债权申报材料清单

债权申报人:

	序号	申报材料名称	页码	备注
申报材料	1	主体资格证明文件(例如,营业执照等复印件、身份证/护照复印件等)		
	2	法定代表人/负责人身份证明书(如适用)		
	3	法定代表人/负责人身份证明复印件(如适用)		
	4	授权委托书(如适用)		

续表

	序号	申报材料名称	页码	备注
	5	委托代理人身份证明复印件及律师事务所公函(如适用)		
	6	债权人送达地址及联系方式确认书		
	7	债权申报表		
	8	债权申报书		
	9	债权凭证		

申报人:____________

签字/盖章

年　　月　　日

____________公司破产清算/和解/重整案

债权人送达地址及联系方式确认书

债权人	
分配款收款账户	开户银行: 账号:

续表

债权人地址及其他联系方式	邮寄地址(必填)： 邮编： 联系人(必填)： 手机号(必填)： 固定电话： 电子邮箱地址(必填)： 传真号码：
债权人对地址及联系方式的确认	本债权人对以上所填写内容的真实性负责，保证上述联系方式准确、有效，请求管理人及人民法院按照上述联系方式向本债权人送达本案法律文书。如因上述内容错误或缺失，导致本案法律文书无法送达的，本债权人自愿承担相应的法律后果。 债权人签名或盖章：____________ ______年____月____日
备注	

授权委托书

现委托下列人员在____________________公司破产清算/和解/重整案中，作为我单位/本人参加破产程序的委托代理人：

姓名：　　　　　　　　身份证号码：

工作单位：

联系地址：

联系电话：

委托代理人的代理权限如下：

1. 代为申报债权、与管理人确认债权；

2. 代为承认、放弃及变更债权申报金额；

3. 代为出席债权人会议，并行使表决权、异议权；

4. 代为表决清算、和解、重整计划草案；

5. 代为接收法律文书；

6. 代为进行和解；

7. ____。

代理期限为：自委托之日起至____________公司破产清算/和解/重整案终结为止。

委托人签章：________

______年____月____日

法定代表人(负责人)身份证明书

兹证明____________（身份证号：____________________），在我单位任____________（职务），系我单位的法定代表人（负责人）。

特此证明。

单位名称：________

（单位公章）

______年____月____日

附：法定代表人（负责人）身份证复印件（盖单位公章）

丛书总主编简介

李　华

盈科律师事务所创始合伙人、盈科全国业务指导委员会主任。

李华律师作为盈科全国业务指导委员会主任，负责盈科体系内的专业化建设，带领盈科律师，构建出完整的专业化法律服务体系，包括研究院、专业委员会及综合性法律中心，推动盈科律师专业化的法律服务，以适应法律服务市场不断细分的需要。在此基础上，通过集成各专业委员会纵深化的法律服务能力为客户提供综合性的法律服务。

曾荣获全国律师行业优秀党员律师、北京市优秀律师、朝阳区优秀律师、朝阳区首届优秀女律师、朝阳区优秀党员的荣誉称号，钱伯斯《大中华区指南2023》TMT：数据保护&隐私领域上榜律师。

郭　韧

盈科律师事务所全球合伙人律师，盈科上海房地产法律事务部主任、盈科全国房地产法律专业委员会副主任，同时担任上海市律师协会银行专业委员会委员。执业领域为不良资产处置、房地产、银行金融领域、民商事争议解决等。

郭韧律师拥有近20年法律从业经验，担任多家金融机构及银行的法律顾问，多次为金融机构、银行等提供不良资产处置方面的法律专项服务；熟悉银行、金融机构等业务产品，擅长资源整合，能够结合案件实际情况通过诉讼方式，或谈判和解、债务重组、寻找投资人受让不良债权等非诉方式解决银行不良贷款问题，通过多方协调加速不良资产的处置。曾出版多本专业书籍，并曾在专业报刊中发表文章，相关专业成果具有较大的实务参考价值。